mentor Grundwissen

Geschichte

bis zur 10. Klasse

Alle wichtigen Themen

Dr. Bettina Marquis
Dr. Martina Stoyanoff-Odoy

mentor
Eine Klasse besse

Über die Autorinnen:
Die Historikerin Dr. Bettina Marquis ist Autorin und Lektorin und hat u. a. an der Erarbeitung eines mehrbändigen historischen Nachschlagewerkes mitgearbeitet.
Die Historikerin Dr. Martina Stoyanoff-Odoy hat bereits zahlreiche geschichtliche Sachbücher veröffentlicht und an historischen Dokumentarfilmen mitgewirkt.

Redaktion: Twin Books, München
Fotonachweis: S. 281
Layout: Peter Pleischl, München
Vignetten: Ulf Marckwort, Kassel

Umwelthinweis: Gedruckt auf chlorfrei gebleichtem Papier.

mentor Grundwissen Band 12

Satz/Repro: Franzis print & media GmbH; München
Druck: aprinta Druck, Wemding
Printed in Germany
ISBN 3-580-64012-7
www.mentor.de

Von den Anfängen des Menschen

Antike und Wandel der Mittelmeerwelt

Das Mittelalter

Auf dem Weg in die Neuzeit

Absolutismus und Aufklärung

Das Zeitalter der Revolutionen

Deutsches Reich und Erster Weltkrieg

Weimarer Republik und Zwanzigerjahre

Nationalsozialismus – Zweiter Weltkrieg

Deutschland in der Nachkriegszeit

Deutschland seit 1949

Die zweite Hälfte des 20. Jahrhunderts

Einleitung: Was ist Geschichte?

Geschichte »macht klug für immer«, erklärte der griechische Historiker Thukydides (um 460–400 v. Chr.). Bereits in der Antike war es durchaus üblich, die Geschichte zu erforschen, um aus ihr zu lernen. Das Vergangene soll dabei helfen, die Gegenwart zu meistern und das Kommende zu gestalten. Das macht Geschichte zu einem der wichtigsten Erkenntnisinstrumente. Ihre Quellen sind sowohl die Psychologie des Einzelnen als auch die allgemeinen sozialen Verhältnisse, die Machtkalküle der Politiker ebenso wie die Visionen der Künstler. Der Stoff wird nicht ausgehen, so lange es Zeit und Raum gibt, die von darin handelnden Menschen belebt werden.

Der eingangs erwähnte Thukydides hinterließ uns eine Beschreibung des Peloponnesischen Krieges, in dem die Stadtstaaten Athen und Sparta 27 Jahre lang blutig um die Vorherrschaft in Griechenland rangen. Obwohl wir uns heute grundsätzlich darüber einig sind, dass Kriege etwas Schlechtes und zu vermeiden sind, prägen sie bis in unsere Zeit die Realität auf dem gesamten Planeten. Hatte Thukydides unrecht? Macht Geschichte wirklich klug? Offenbar nicht. Auch dieses Buch behandelt Kriege und Schlachten, und die Verdichtung, zu der die komprimierte Form eines »Grundwissens« zwingt, verschärft diesen Eindruck. Der Gang der Welt wurde oftmals durch herausragende Ereignisse vorangetrieben. Lange schwelende Konflikte können in einer einzigen Schlacht so kulminieren, dass mehr als nur über den Ausgang eines Krieges entschieden wird. Wäre beispielsweise die Schlacht am Kahlenberg unweit von Wien im Jahr 1683 anders ausgegangen, hätte auch der Islam die vorherrschende Religion in Mitteleuropa werden können.

Der Konjunktiv hat allerdings in Denken und Sprache der Historiker keinen Platz. Die Geschichte ist eine Folge von Fakten und Prozessen, die alle mehr oder weniger verdeckte Zusammenhänge aufweisen. Deshalb ist es wichtig, die Eckdaten zu kennen, die das Raster bilden für Interpretation und Erkenntnis. Denn die Geschichte und ihre Betrachtung sind selbst ständiger Veränderung unterworfen.

So hat Geschichte immer auch Auswirkungen auf den Einzelnen. Selbstverständlich bestehen zwischen einem Schüler unserer Zeit, der an seinem global vernetzten Computer nahezu unbegrenzt über Informationen verfügen kann, gewaltige Unterschiede zu einem gleichaltrigen Novizen des Mittelalters, der in klösterlicher Abgeschiedenheit mit einem Gänsekiel das Schreiben lernt. Aber die Bewältigung der heutigen Informationsfülle setzt die Fähigkeit des Einordnens voraus, und diese erwirbt sich, wer historische Verläufe und Zusammenhänge erkennen kann. Ein Grundwissen in Geschichte ist also gefragter denn je.

Von den Anfängen des Menschen

Mit der Altsteinzeit beginnt die Menschheitsgeschichte. Technische Entwicklungen wie die Herstellung von Werkzeugen und der Bau fester Wohnstätten legen den Grundstein für die beginnende Zivilisation. In den frühen Hochkulturen, wie etwa in Ägypten, werden architektonische Meisterleistungen vollbracht, in Phönizien wird die Buchstabenschrift erfunden. Um 1250 v. Chr. führt Moses die Israeliten aus Ägypten.

1 Vor- und Frühgeschichte

1.1 Altsteinzeit (Paläolithikum)

Vor 2–3 Millionen Jahren: Beginn der Altsteinzeit. Steinerne Werkzeuge als erste Spuren menschlicher Kultur.

Die Altsteinzeit ist die früheste Epoche der Menschheitsgeschichte. Sie erstreckt sich über die ersten drei Eiszeiten und die dazwischen liegenden Erwärmungsperioden. Aus dieser Zeit stammen die ältesten Spuren menschlicher Kultur: steinerne Werkzeuge wie Faustkeile, Spitzen, Stichel und Schaber. Anfangs waren sie nur roh behauen, aber nach und nach verfeinerten die Jäger und Sammler der Altsteinzeit ihre Bearbeitungsmethoden.

1.2 Mittelsteinzeit (Mesolithikum)

Zu den Urmenschen der Mittelsteinzeit gehört auch der Neandertaler. Erste Siedlungen entstehen.

Die Mittelsteinzeit begann mit dem Ende der letzten Eiszeit und stellt einen fließenden Übergang zwischen Alt- und Jungsteinzeit dar. Je nach geographischer Lage variiert die zeitliche Bestimmung stark. Die Urmenschen jener Zeit, zu denen auch der Neandertaler zählte, erlebten eine Periode der zunehmenden Erwärmung. Dies hatte zur Folge, dass die eiszeitlichen Jagdtiere abwanderten oder ausstarben. So musste sich der Urmensch auf eine sich verändernde Ernährung einstellen. Er begann nun, Kleinwild und Vögel zu jagen, sammelte Muscheln und Schnecken und erlernte den Fischfang. Zu diesem Zweck entwickelte er den Einbaum, das älteste heute bekannte Wasserfahrzeug. Die immer üppiger werdende Vegetation machte Pflanzen zu einem be-

Das Handwerk

Der Mensch der Mittelsteinzeit perfektionierte seine handwerklichen Methoden, sodass er immer kleinere Werkstücke, zum Beispiel Pfeilspitzen aus Feuerstein, herstellen konnte. Pfeil und Bogen waren die wichtigsten Jagd- und Streitwaffen. Auch das mit einem Schaft versehene Beil zählte zu den Erfindungen dieser Zeit. Als Werkstoffe dienten außer Steinen nun auch Holz, Knochen und Horn. Reusen und Netze für den Fischfang stellte man aus Bast her.

deutenden Bestandteil des Speisezettels. Durch das verbesserte Nahrungsangebot wurden nun viele kleine Gruppen sesshaft. Sie bauten erste Siedlungen aus Hölzern, Reisig und Schilf. Ihr erstes Haustier wurde der Hund.
Die Menschen der Mittelsteinzeit bestatteten ihre Toten einzeln oder in Gruppen und errichteten bereits erste Hügelgräber.

1.3 Jungsteinzeit (Neolithikum)

Von ihrem Ursprung im südlichen und östlichen Mittelmeerraum drang die jungsteinzeitliche Kultur auch nach Europa vor.

Der Homo sapiens

Das ist die Zeit, in der der Homo sapiens, der heutige »denkende« Mensch, erstmals in Erscheinung trat. Seine wichtigste kulturelle Leistung ist der systematische Landbau. Hirse, Gerste und Weizen waren die bedeutendsten Getreidearten. Zudem begann er, Haus- und Nutztiere zu domestizieren. Während zunächst die Hackbauweise vorherrschte, setzte sich nach der Erfindung des Pfluges die Bearbeitung des Bodens mit Zugtieren durch. Hier kamen Rinder zum Einsatz. Der Homo sapiens der Jungsteinzeit erlernte darüber hinaus die Herstellung von Keramik und schuf daraus Gebrauchsgegenstände und Figuren.

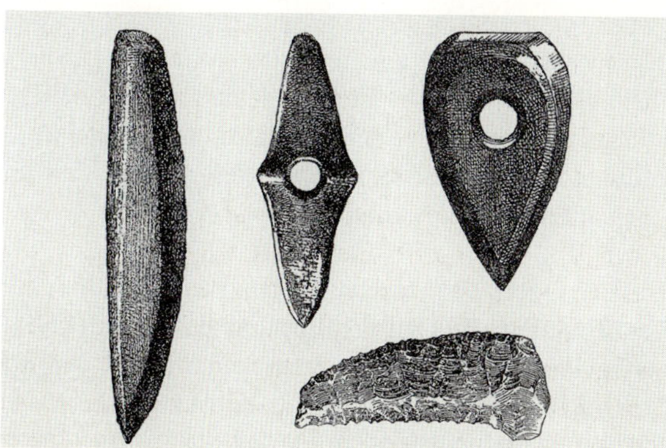

Diese Steinwerkzeuge entstanden in der Jungsteinzeit.

In der letzten Phase der Jungsteinzeit wusste man bereits um die Verarbeitung von Kupfer. Steine wurden nun nicht mehr nur grob behauen, sondern auch geschliffen, so etwa zu Klingen und Speeren. Holz, Weidengeflecht und Lehm dienten als Baumaterial für feste Behausungen. Dörfer und größere Siedlungen entstanden. Die Großsteingräber der Megalithkultur geben Hinweise darauf, dass die Menschen Begräbnisriten hatten. Die Perfektionierung der handwerklichen Methoden zog eine Spezialisierung der verschiedenen Bereiche nach sich. Man begann, mit den Erzeugnissen der Handwerker, mit Nutztieren usw. Handel zu treiben. Die Gesellschaft teilte sich in verschiedene Gruppen auf, deren Führung eine sich langsam herausbildende Adels- und Priesterschicht übernahm.

1.4 Bronzezeit

2. Jahrtausend v. Chr.: Beginn der Bronzezeit in Europa. Große Produktion kunstvoll verzierter Gegenstände und reger Handel.

Von der kretisch-mykenischen Kultur der Ägäis gelangte die Kenntnis von der Bronzeherstellung und -verarbeitung in das übrige Europa. An den Fundorten der Erzvorkommen und entlang der Handelswege bildeten sich wirtschaftliche und kulturelle Zentren heraus. Die gesellschaftliche Oberschicht hatte einen großen Bedarf an kunstvoll verzierten bronzenen Gebrauchsgegenständen und Schmuck.

Grabbeigaben

Diese Stücke von großer handwerklicher und künstlerischer Qualität dienten oft als Beigaben reich ausgestatteter Fürstengräber und sind aus diesem Grund relativ unversehrt bis heute erhalten geblieben. In den Urnen- und Hügelgräbern der Bronzezeit fanden sich neben Schmuckstücken wie Ringen, Anhängern, Armreifen, Gürtelschließen und Fibeln auch Waffen, Schilde, Helme und anderes Rüstungszubehör.

Für einen regen Warenaustausch sprechen auch die Funde von Schmuckstücken aus Bernstein und Gold sowie von Fayenceperlen, die in Ägypten hergestellt wurden. Aus der Bronzezeit stammen auch die als Kultstätten dienenden Steinkreise wie Stonehenge in England.

2 Frühe Hochkulturen

2.1 Ägypten

Frühzeit

Die ägyptische Frühzeit beginnt mit der Herrschaft der ersten zwei der insgesamt 30 Dynastien, die das Land am Nil in der Antike regierten.

3000–2640 v. Chr.: Ägyptische Frühzeit.

Von besonderer Bedeutung war die zwischen 3000 und 2900 v. Chr. vollzogene Vereinigung von Ober- und Unterägypten zu einem einheitlichen Staat mit der Hauptstadt Memphis. Um die regelmäßigen Überschwemmungen des Nils vorhersagen zu können, die den für die Landwirtschaft lebenswichtigen fruchtbaren Schlamm mitbrachten, berechnete man einen Kalender. Dieser teilte das Sonnenjahr in 365 Tage ein. Die Jahre zählte man nach den Regierungsjahren der Pharaonen.

Um 3000 v. Chr.: Beginn der Vereinigung von Ober- und Unterägypten. Entstehung des ägyptischen Kalenders.

Die Ägypter der Frühzeit verehrten bereits mehrere Tiergottheiten, kannten aber noch keine Götter in Menschengestalt.

Altes Reich

Während der 3. Dynastie begann der Bau von Königsgräbern in zunächst noch stufenförmiger Pyramidenform. In der 4. Dynastie ließen die Pharaonen dann die mit einer glatten Oberfläche versehenen Pyramiden von Gizeh erbauen. Eine davon war die Cheopspyramide für den gleichnamigen König (um 2545–2520 v. Chr.). Sie wurde mit ihren

2640–2155 v. Chr.: Altes Reich.

Um 2640 v. Chr.: Bau der ersten Pyramiden.

Pyramiden

Obwohl die Ägypter noch keinen Kompass kannten, gelang es ihnen, die Pyramiden von Gizeh exakt nach Norden auszurichten. Auch die Eingänge zu den Grabkammern lagen in dieser Richtung. Dort, beim Polarstern, vermuteten die Priester das Jenseits. Sorgfältig einbalsamiert, vor Verwesung geschützt und in prächtigen Sarkophagen setzte man die Pharaonen im Innern der Pyramiden bei. Nahrungsmittel und luxuriöse Grabbeigaben sollten sie für das Leben im Jenseits rüsten.

147 Metern das größte Bauwerk der antiken Welt. Zur selben Zeit entstand in Gizeh auch das berühmte Monumentalstandbild der Sphinx.

Um 2545–2520 v. Chr.: Bau der Sphinx.

Die Form der Pyramide symbolisiert auch das streng hierarchisch gegliederte ägyptische Staatswesen mit dem Pharao an der Spitze. Als Hauptgott verehrte man den Sonnengott Re oder Ra. Ihm weihte man in der Zeit der 5. Dynastie Obelisken. Während der Herrschaft der 6. Dynastie verlor die Zentralgewalt immer mehr an Macht, was schließlich zum Auseinanderbrechen des Alten Reiches führte.

Mittleres Reich

In der »Ersten Zwischenzeit« (um 2155–2040 v. Chr.), die dem Alten Reich folgte, versank Ägypten infolge von Bürgerkriegen und Hungersnöten im Chaos. Aus den Kämpfen der Dynastien ging Theben siegreich hervor und begründete um 2040 v. Chr. das Mittlere Reich, in dem kurz darauf auch die Wiedervereinigung von Ober- und Unterägypten gelang. Es war eine Epoche neuer kultureller und wirtschaftlicher Blüte, zu der besonders auch die Eroberung Nubiens, das reiche Goldvorkommen besaß, beitrug. Als höchster Gott galt Amun, dessen Tempel in Karnak bei Luxor stand.

Um 2040–1650 v. Chr.: Mittleres Reich

Neues Reich

Dem Mittleren Reich folgte mit der »Zweiten Zwischenzeit« (1785–1551 v. Chr.) erneut eine Phase der Wirren. Die politische und wirtschaftliche Macht des Landes schwand dahin. Auch das reiche Nubien ging verloren. Das Pharaonenreich musste sich Angriffen feindlicher Nachbarn erwehren und geriet in der Zeit der 15. und 16. Dynastie sogar unter Fremdherrschaft. Erst der 17. Dynastie aus Theben gelang es, Ober- und Unterägypten wieder zusammenzufügen. Mit dem Regie-

Die Schönheit der Büste Nofretetes zieht noch heute viele Menschen in ihren Bann.

1551–1070 v. Chr.: Neues Reich

rungsantritt der 18. Dynastie im Jahr 1551 v. Chr. begann der Aufstieg Ägyptens zu einer Großmacht. Thutmosis I. (um 1506–1494 v. Chr.) dehnte das Pharaonenreich bis an den Euphrat aus und brachte Syrien, Palästina und erneut auch Nubien unter seine Herrschaft. Seit dieser Zeit setzte man die Pharaonen nicht mehr in Pyramiden, sondern in Felsengräbern im »Tal der Könige« bei.
Neben zahlreichen anderen Gottheiten galt Amun weiterhin als Haupt- und Staatsgott. Unter Amenophis III. (1402 bis 1364 v. Chr.) und seiner Gemahlin Teje erlangte der Kult um Amun eine besondere Ausprägung.

Echnaton (1364–1347 v. Chr.)
Um 1360 v. Chr. untersagte Amenophis IV. den bisherigen Götterkult, was eine tief greifende Umwälzung in Religion, Staat und Gesellschaft bedeutete und große Unzufriedenheit im Volk hervorrief. Zum einzigen Gott erklärte Amenophis IV., der sich nun Echnaton (»Dem Aton wohlgefällig«) nannte, den Sonnengott Re (»Aton«). Damit begründete dieser Pharao die erste monotheistische Religion der Geschichte. Er selbst trat an die Stelle der Priester und wurde alleiniger Vermittler zwischen Mensch und Gott.

Echnaton (1364–1347 v. Chr.) erklärt den Sonnengott Re (Aton) zum alleinigen und einzigen Gott.

Als neue Hauptstadt ließ Echnaton Amarna errichten. Doch bereits unter seinem Nachfolger und Schwiegersohn Tutanchamun (1347–1337 v. Chr.) wurde Theben wieder Hauptstadt. Der monotheistische Atonkult konnte sich nicht behaupten, die Menschen huldigten wieder Amun. Auch der Kult um andere Götter wurde wieder zugelassen.
Ramses I. (1306–1304 v. Chr.) vollzog die endgültige Rückkehr zu den alten Göttern. Die Religion Echnatons wurde verboten.

Ramses II. (1290–1224 v. Chr.): Geistige und kulturelle Blütezeit. Bau von Abu Simbel.

Unter Ramses II. (1290–1224 v. Chr.) erlebte das Pharaonenreich noch einmal eine geistige und kulturelle Blüte, die sich auch in den monumentalen Bauwerken von Abu Simbel und Luxor manifestierte. Den Nachfolgern von Ramses II. gelang es nicht, diese Position zu festigen. Von anderen Mittelmeerländern zunehmend bedroht verfiel das Neue Reich.

Spätzeit

1070–332 v. Chr.: Ägyptische Spätzeit

Als die 21. Dynastie Tanis als Residenzstadt wählte, bildeten die Hohen Priester des Gottes Amun in Theben einen eigenen Tempelstaat. Auch Nubien und Palästina sagten sich los. Im Jahr 945 v. Chr. geriet Ägypten unter libysche Herrschaft. Den Libyern folgten die Nubier, die das Land 712 v. Chr. wieder vereinigten. 671 v. Chr. eroberten die Assyrer Nordägypten und vertrieben die Herrscher der 26. Dynastie. Der assyrischen Expansionspolitik setzten die Perser unter Kambyses II. im Jahr 525 v. Chr. ein Ende. Dieser machte Ägypten zu einem Satrapenstaat, einem Verwaltungsbezirk innerhalb des Perserreichs. Von 404 v. Chr. bis zur 30. Dynastie war das Land noch einmal unabhängig, bevor es erneut von den Perser erobert wurde.

332 v. Chr.: Alexander der Große unterwirft Ägypten.

332 v. Chr. unterwarf Alexander der Große Ägypten. Er gründete die neue Hauptstadt Alexandria, die sich zu einem der glanzvollsten Zentren der antiken Welt entwickelte.

2.2 Mesopotamien

Das »Zweistromland« liegt zwischen den Flüssen Euphrat und Tigris.

Mesopotamien (griechisch: »Das Land zwischen den Flüssen«), das sich zwischen Euphrat, Tigris und dem Persischen Golf erstreckte, aber auch große Teile benachbarter Gebiete beherrschte, war das Zentrum verschiedener früher Hochkulturen. Schon 9000 v. Chr. gab es hier erste Siedlungen.

Die Sumerer und Akkader

Zwischen 3500 und 3300 v. Chr. wanderten die Sumerer aus dem Osten nach Babylonien ein, dem südlichsten, am Unterlauf von Euphrat und Tigris gelegenen Landstrich Mesopotamiens. Aus den ersten Siedlungen erwuchsen die Stadtstaaten Ur, Lagasch, Uruk, Nippur und Kisch. Die Sumerer trieben

Die Keilschrift

Die Verwaltung lag in der Hand einer straff organisierten Bürokratie. Um Gesetze, Vorschriften und Verträge verbindlich festzulegen, entwickelten die Sumerer um 3000 v. Chr. die Keilschrift. Diese älteste Schrift der Welt fand noch bis in die Zeit um Christi Geburt Verwendung.

Handel bis an den Nil und den Indus. Ihre von mehr als 2000 höheren Wesen bevölkerte Götterwelt war ein Spiegelbild ihrer wohl geordneten irdischen Welt. Staatliches und religiöses Oberhaupt, also König und Priesterfürst, war in der Frühzeit der so genannte Lugal. Später beschränkte sich seine Macht auf die Leitung der Staatsgeschäfte.

Um 2600 v. Chr. wanderte von Norden der semitische Stamm der Akkader ein. Im Jahr 2330 v. Chr. besiegte er unter der Führung von Sargon I. (2330–2284 v. Chr.) die Sumerer und eroberte ganz Mesopotamien. Sargon I. begründete in der Folgezeit das erste Großreich der Geschichte, das sich bis nach Kappadokien und an das Mittelmeer erstreckte.

2330–2150 v. Chr.: Herrschaft der Dynastie von Akkad.

Im Neusumerischen Reich der 3. Dynastie von Ur gewannen die sumerischen Stadtstaaten zwischen 2111 und 1955 v. Chr. vorübergehend ihre alte Machtposition zurück. Doch die sumerische Kultur ging zusehends in der akkadischen auf, was dazu führte, dass sumerische Elemente bald nur noch im religiösen Bereich zum Ausdruck kamen.

Babylon

Einfallende fremde Nomadenvölker und die Rivalität der einzelnen Stadtstaaten prägten eine Zeit des Verfalls im Zweistromland. 1830 v. Chr. gelangte dann eine Dynastie aus der Stadt Babylon an die Macht.

Der bedeutendste Herrscher dieser Dynastie war Hammurabi (1729–1686 v. Chr.). Durch geschicktes Taktieren und einige erfolgreiche Feldzüge schaltete er die benachbarten Mächte aus, sodass er zum Schluss nicht nur Babylonien, sondern das gesamte Mesopotamien und das nördliche Assyrien beherrschte. Er vereinte sie zu einem großen Reich.

1830–1531 v. Chr.: Die Babylonier beherrschen Mesopotamien. Ihr bedeutendster Führer ist König Hammurabi (1729–1686 v. Chr.).

König Hammurabi (1729–1686 v. Chr.)

König Hammurabi gab eine für seine Zeit vorbildliche Gesetzessammlung heraus, den »Codex Hammurabi«. Die so geschaffene Rechtssicherheit festigte das Land. In dieser Zeit entstand auch das »Sexagesimalsystem«, ein auf der Zahl 60 beruhendes Zahlensystem, mit dem die Babylonier rechneten.

Ab Mitte des 2. Jahrtausends v. Chr. stellte vor allem das in Anatolien ansässige Bergvolk der Hethiter eine Bedrohung für das Zweistromland dar. Diese beherrschten die Verarbeitung von Eisen und verwendeten Pferde und Streitwagen für den Einsatz im Krieg. Im Jahr 1595 v. Chr. eroberten sie Babylon, wurden aber bald von den Kassiten verdrängt. In der Folge erlebte Babylon eine 400 Jahre währende Friedensperiode. In jener Zeit gelangte die babylonische Literatur zu höchster Blüte, deren bedeutendstes Werk das »Gilgamesch-Epos« darstellt.

Um 1200 v. Chr.: Entstehung des »Gilgamesch-Epos«, größtes literarisches Werk der Babylonier.

Assyrer

Neben Babylon wuchsen weitere Regionalmächte heran. Zum einen erstarkte das von den Churriten zwischen Babylon und dem Reich der Hethiter im Norden gegründete Mitannireich. Es bestand von 1500 bis 1250 v. Chr. Zum anderen dehnte sich das Reich der Assyrer weiter aus. Seine am Tigris gelegene Hauptstadt war nach dem Hauptgott Assur benannt. Die Assyrer eroberten 725 v. Chr. Babylonien, das in der Folgezeit zu einer assyrischen Provinz herabsank. Bis zum 7. Jahrhundert v. Chr. hatten sich die Assyrer ein Großreich geschaffen. Es erstreckte sich auf dem Höhepunkt seiner Macht an Euphrat und Tigris entlang bis nach Anatolien und im Süden bis an den Nil. Der letzte bedeutende König dieses Reiches war Assurbanipal (668–631 v. Chr.). In seiner am Tigris gelegenen Hauptstadt Ninive legte er eine einzigartige Bibliothek von Keilschriftdokumenten an.

Im 7. Jahrhundert v. Chr. erreicht das Assyrische Reich seine größte Ausdehnung.

Chaldäer

Nach den Assyrern übernahmen die Chaldäer die Herrschaft über Babylon und erhoben es wieder zur Hauptstadt. Ihr König Nebukadnezar II. (605–562 v. Chr.) zerstörte im Jahr 587 v. Chr. Jerusalem und verschleppte die Bewohner nach Babylon. Unter Nebukadnezar II. erfolgte der Wiederaufbau Babyloniens und der Hauptstadt Babylon. Dort ließ er auch den berühmten stufenförmigen »Turm von Babylon« vollenden. Diese kurze Blütezeit dauerte nur bis zum Jahr 539 v. Chr., als die Perser unter König Kyros II. (559–529 v. Chr.) Babylon eroberten.

Nebukadnezar II. (605–562 v. Chr.) führt Babylonien zu einer neuen, aber kurzen Blütezeit.

2.3 Phönizien

Phönizien (griechisch: »Purpurland«), auch Kanaan genannt, erstreckte sich entlang der östlichen Mittelmeerküste, die heute zu Syrien, dem Libanon und Israel gehört. Die unter ägyptischer Oberhoheit stehenden Phönizier siedelten dort seit dem zweiten vorchristlichen Jahrtausend.

Das phönizische Alphabet

Von der Kultur Ägyptens und Mesopotamiens gleichermaßen beeinflusst kannten die Phönizier bereits Hieroglyphen und Keilschrift. Aus diesen beiden Schriften bildeten sie um 1500 v. Chr. für ihre kanaanäische Sprache ein eigenes phönizisches Buchstabenalphabet. Später übernahmen die Israeliten, die Aramäer und Araber dieses Alphabet als Grundlage ihrer eigenen Schriften. Gleiches galt auch für die Griechen und Römer, die den in der Schrift der Phönizier nicht erfassten Vokalen eigene Buchstaben zuwiesen.

Die Religion der Phönizier war durch einen Fruchtbarkeitskult geprägt, zu dem auch das Opfern von Kindern gehörte. Als oberste Gottheit huldigte man El, besondere Verehrung galt auch dem für Wetter und Vegetation zuständigen Gott Baal. Die wichtigsten Städte der Phönizier waren das heutige Beirut sowie Sidon, Byblos und Tyros. Sie lieferten Purpurstoffe, Kunsthandwerk und Bauholz bis nach Ägypten, Zypern und in die Ägäis. 1200 v. Chr. erlangte es die Unabhängigkeit von Ägypten. In der Folgezeit begannen die Phönizier mit der Gründung von Handelsniederlassungen und Kolonien im gesamten Mittelmeerraum. Dazu zählten Malta, Palermo, Sardinien, Cádiz, Málaga und Córdoba in Spanien sowie Tunis und Karthago in Nordafrika. Um das Jahr 1100 v. Chr. durchsegelten die Phönizier erstmals in der Geschichte der Schifffahrt die Straße von Gibraltar.

Die Phönizier sind ein Volk von Seefahrern und Händlern. Um 1100 v. Chr.: Erstmalige Durchquerung der Straße von Gibraltar.

Nachdem Phönizien bereits seit 200 Jahren Tributzahlungen an die Assyrer leisten musste, wurde es im 7. Jahrhundert v. Chr. vollständig unterworfen. 572 v. Chr. nahmen die Babylonier unter Nebukadnezar II. Tyros ein. Ihnen folgte im Jahr 332 v. Chr. Alexander der Große.

2.4 Palästina

Palästina (»Land der Philister«) war schon sehr früh von verschiedenen Stämmen bewohnt. In den südlichen Küstenstädten siedelten die Philister, im Norden die Phönizier und im Zentrum die Samaritaner. Im Landesinnern lagen Galiläa und Judäa.

Flucht nach Palästina

Um 1250 v. Chr. sahen sich die schon seit einigen Jahrhunderten in Ägypten ansässigen israelitischen Stämme wachsenden Repressalien ausgesetzt. Ramses II. verpflichtete sie sogar zu Frondiensten. Um der drohenden Versklavung zu entgehen, entschlossen sie sich zur Flucht nach Palästina, von wo die Vorfahren der Josephstämme einst ausgewandert waren. Auf der Grundlage dieses im Alten Testament bezeugten, von Moses angeführten »Auszugs aus Ägypten« schlossen sie den Bund mit dem Gott »Jahwe« und gelobten, nur ihm zu dienen. Die Basis dieses Bundes bildeten die Zehn Gebote, die Bundeslade stand im Mittelpunkt der Religion.

Der Bund mit Gott und das daraus gewachsene Bewusstsein, das auserwählte Volk zu sein, sorgte für einen starken Zusammenhalt der israelitischen Stämme. Moses' Nachfolger Joshua führte die Israeliten weiter in das Land Kanaan.
Es folgten lange Jahre kriegerischer Auseinandersetzungen mit den anderen Stämmen Palästinas. Auf einer Siegesstele des Pharaos Merenptah (1224–1214 v. Chr.) tauchte erstmals der Begriff »Israel« als Bezeichnung für alle Stämme westlich und östlich des Jordans auf.

König David (um 1000–970 v. Chr.) vereint die israelitischen Stämme zu dem Staat Israel. Jerusalem wird Hauptstadt.

Um das Jahr 1020 v. Chr. riefen die Israeliten Saul zu ihrem ersten König aus. Die Bildung eines einheitlichen Staates gelang erst seinem Nachfolger David (um 1000–970 v. Chr.), nachdem er über die Philister und andere in Kanaan siedelnde Stämme gesiegt hatte. Das ebenfalls eroberte Jerusalem wurde die Hauptstadt des neuen Reiches.
Unter Davids Sohn und Nachfolger König Salomon (965 bis 926 v. Chr.) erlebte Israel eine wirtschaftliche und kulturelle Blütezeit. Der Handel mit den verbündeten Phöniziern und

mit Arabien brachte Salomon großen Reichtum ein. Neben Befestigungs- und Repräsentativbauten ließ der König in Jerusalem den Tempel des Jahwe bauen. Dieser war fortan das Zentrum des jüdischen Glaubens. Salomon förderte auch die Kultur. Unter seinen Nachfolgern zerfiel Israel in das größere Nordreich Israel und in das kleinere Juda. Beiden Reichen gelang es nicht, sich zwischen den konkurrierenden Großmächten Ägypten, Babylonien und Assyrien zu behaupten. Das Nordreich wurde 722 v. Chr. von den Assyrern zerstört, Juda wurde tributpflichtig.

Unter König Salomon (965–926 v. Chr.) erlebt Israel eine Blütezeit.

Die »Babylonische Gefangenschaft«

Das große Unglück, das der Prophet Jeremia kurz zuvor angekündigt hatte, brach im Jahr 587 v. Chr. über die Israeliten herein: Der babylonische König Nebukadnezar II. eroberte Jerusalem und ließ Stadt und Tempel dem Erdboden gleichmachen. Einen großen Teil der Bevölkerung, vor allem die Angehörigen der Oberschicht, verschleppte er in die »Babylonische Gefangenschaft«. Hier wurde erstmals die Ankunft des Heilsbringers, des Messias (hebräisch: »Gesalbter«) prophezeit.

Erst nach der Eroberung Babylons durch den Perserkönig Kyros II. 539 v. Chr. konnten die Israeliten nach Jerusalem zurückkehren und den Tempel wieder aufbauen. Jerusalem wurde nun Hauptstadt der persischen Provinz Juda. Im Jahr 332 v. Chr. eroberte Alexander der Große Palästina, das fortan dem hellenistischen Kulturraum zugehörte. 63 v. Chr. fiel es dann an Rom. Jerusalem blieb auch unter der fremden Herrschaft religiöses und geistiges Zentrum des Judentums.

2.5 Persien

Schon um 1000 v. Chr. siedelte im Nordwesten des heutigen Iran das Hirtenvolk der Perser, dessen genaue Herkunft ungeklärt ist. Seine altiranische Religion, die verschiedene Götter verehrte, reformierte der Priester Zarathustra (griechisch: Zoroaster), der vermutlich zwischen 1000 und 600 v. Chr. lebte. Er setzte den Monotheismus und den Glauben an den einzigen Gott Ahuramazda (»Weiser Herr«) durch.

Zarathustra setzt den Glauben an einen einzigen Gott durch.

Im 7. und 6. Jahrhundert v. Chr. standen die Perser unter der Oberhoheit der Meder. Von dem in Fars im südlichen Iran liegenden Siedlungszentrum aus gelang es dem persischen Achaimenidenfürsten Kyros II. (559–529 v. Chr.) zwischen 550 und 539 v. Chr., die Meder zu besiegen. Er zerstörte das von König Kroisos beherrschte Lydien und eroberte Babylon sowie das gesamte Reich der Chaldäer. Sein Nachfolger Kambyses II. nahm 525 v. Chr. Ägypten ein und vergrößerte das neu geschaffene persische Weltreich noch um die Provinzen Nubien und Libyen.

Dareios I. (521–486 v. Chr.)

Großkönig Dareios I. festigte das Reich, das er in 20 von Satrapen (Statthaltern) regierte Provinzen unterteilte. Zu seinen weiteren Leistungen zählt der Bau von Fernstraßen, die Organisation eines Kurierwesens und die Einführung einer einheitlichen Währung sowie einheitlicher Maße und Gewichte. Unter Dareios I. erlebte Persien auch eine kulturelle Blüte. In der neuen Hauptstadt Persepolis und in anderen Städten des Reiches entstanden prächtige Palastanlagen. Für die altpersische Sprache entwickelte sich eine eigene Keilschrift.

Mit dem Aufstand der griechischen Küstenstädte in Kleinasien begannen die »Perserkriege« (492–449 v. Chr.). Xerxes I. (486–465 v. Chr.) musste trotz anfänglicher Erfolge wie der Zerstörung Athens und der Besetzung des griechischen Festlands vor der Macht des attisch-delischen Seebunds der vereinten Griechen kapitulieren. Nach seinem Tod begann der Niedergang des Perserreichs. Dazu trug das Unabhängigkeitsstreben der eroberten Länder und ihrer Satrapen ebenso bei wie die Rivalitäten innerhalb der achaimenidischen Herrscherdynastie. Dareios III., der letzte König dieses Hauses, wurde 333 v. Chr. bei Issos und 331 v. Chr. bei Gaugamela von Alexander dem Großen geschlagen. 330 v. Chr. ermordete ihn ein Satrap.

2.6 China

Bereits während der Shang-Dynastie (um 1700–1025 v. Chr.) gab es in Mittelchina eine städtische Kultur. Ihre Hauptstadt Yin wurde 1122 v. Chr. durch eine andere Dynastie, die Stammesgemeinschaft der Chou, erobert und zerstört. Der von der Chou-Dynastie geschaffene Staat beruhte auf einem Lehenswesen. In der »Frühlings- und Herbstperiode« (Chunqiu) zwischen 722 und 481 v. Chr. bekämpften sich die mehr als 1000 Teilstaaten Chinas gegenseitig. Am Ende blieben sieben Großstaaten übrig. In dieser Zeit der Wirren trat Konfuzius (551–479 v. Chr.) auf, der die Besinnung auf die alten chinesischen Werte und ethischen Normen forderte.

Konfuzius (551–479 v. Chr.) erinnert an alte Werte, Grundlage des Konfuzianismus bis heute.

221 v. Chr. eroberte König Cheng von Ch'in die anderen sechs Großstaaten und vereinte erstmals das Chinesische Reich.

Die Ch'in-Dynastie führte in ganz China einheitliche Gesetze, eine einheitliche Schrift sowie einheitliche Maße und Gewichte ein. Zum Schutz der Nordgrenze des Reiches erbaute man die Große Mauer.

221 v. Chr.: Erstes vereintes Chinesisches Reich. Bau der Großen Mauer.

Konfuzius (551–479 v. Chr.)

Konfuzius, ein hoher Beamter aus dem Stadtstaat Li, lehrte ein System, das auf uralter chinesischer Tradition beruhte und das Zusammenleben der Menschen sowohl in der Familie als auch im Staat regelte. Dabei muss jeder einzelne Mensch die fünf Kardinaltugenden Nächstenliebe, Rechtschaffenheit, Weisheit, Sittlichkeit und Aufrichtigkeit befolgen. Die zweite Grundlage bilden die »drei unumstößlichen Beziehungen«: die Unterordnung der Frau unter den Mann, die des Sohnes unter den Vater und die des Volkes unter den Herrscher. Bis zum Ende des Chinesischen Kaiserreichs im Jahr 1912 blieb der Konfuzianismus, der auch noch das moderne China prägt, offizielle Staatsdoktrin.

Auf einen Blick: Von den Anfängen des Menschen

2 Mio.–70 000 v. Chr.

Die Altsteinzeit (Paläolithikum) erstreckt sich über die ersten drei Eiszeiten; steinerne Werkzeuge entstehen als erste Zeugnisse menschlicher Kultur; Benutzung von Feuer; die Jagd bildet die Hauptgrundlage der menschlichen Ernährung.

60 000–40 000 v. Chr.

Die Mittelsteinzeit (Mesolithikum) fällt in die Nacheiszeit; Umstellung der Ernährung: Sammeln von Wildfrüchten und -getreide. Verbessertes Nahrungsangebot hat Sesshaftigkeit zur Folge.

30 000–10 000 v. Chr.

Die Jungsteinzeit (Neolithikum) breitet sich vom Vorderen Orient über Afrika nach Europa aus. Agrarische Revolution: Pflanzenbau und Domestizierung von Tieren (Schaf, Rind, Ziege).

3000–800 v. Chr.

Bronzezeit: Aus den Ursprungsländern (Ägypten, Indien und China) gelangt die Kenntnis von der Bronzeherstellung in den ägäischen Raum. Von dort Ausbreitung (1800–800 v. Chr. Eisenzeit in Europa).

3000 v. Chr.

Entwicklung der Hieroglyphenschrift in Ägypten.

2640–2155 v. Chr.: Im Alten Reich entstehen die ersten Pyramiden.

2040–1650 v. Chr.: Das Mittlere Reich war Epoche kultureller und wirtschaftlicher Blüte.

1551–1070 v. Chr.: Neues Reich: Ägyptische Könige erobern Palästina und Syrien; unter Pharao Thutmosis III größte Ausdehnung des ägyptischen Reiches; Errichtung des Tempelbezirks in Luxor.

1700–1025 v. Chr.

Die Shang-Dynastie gilt als erstes Staatswesen auf chinesischem Boden. Das Gesellschaftssystem beruhte auf einer Klassengesellschaft, die von Königen regiert wurde. Die zweite Phase der Shang-Zivilisation (1401–1122 v. Chr.), die Yin-Dynastie, wurde durch den Chou-Staat gestürzt. Es entstand ein Lehenswesen, an dessen Spitze der König stand.

Antike und Wandel der Mittelmeerwelt

Im Zeitraum zwischen 3000 v. Chr. und 500 n. Chr. werden die Fundamente der europäischen Kultur gelegt. Die im klassischen Altertum entwickelte Philosophie, die politischen Organisationsformen und die Ausbildung städtischer Zivilisation wirkten bis in unsere heutigen Strukturen hinein.

1 Griechenland

1.1 Minoisch-mykenische Kultur

3. Jahrtausend v. Chr.: Beginn der minoischen Kultur auf Kreta.

Bereits im 3. Jahrtausend v. Chr. entwickelte sich auf Kreta die nach dem sagenhaften König Minos benannte minoische Kultur. Es war die erste Hochkultur auf europäischem Boden. Architektonisches Merkmal dieser Zivilisation waren die riesigen, verschachtelt angelegten und luxuriös ausgestatteten Palastanlagen von Knossos, Phaistos, Mallia und Hagia Triada.

Seit 2500 v. Chr. war Knossos ein wirtschaftliches und kulturelles Zentrum des östlichen Mittelmeerraums. Kurz nach 2000 v. Chr. wanderten von Norden her indoeuropäische Stämme in den südlichen Teil der Balkanhalbinsel ein. Sie verschmolzen nach und nach mit der zivilisatorisch bereits weiter entwickelten ägäischen Urbevölkerung. Um 1600 v. Chr. drängten die neu eingewanderten Achaier nach. Damit entstand auf dem griechischen Festland und der Peloponnes die mykenische Kultur. Griechenland bestand in jener Zeit aus zahlreichen Fürstentümern, deren Herrscher sich gewaltige Burganlagen errichten ließen. Der bedeutendste achaische Territorialherrscher war wahrscheinlich der König von Mykene im Nordosten der Peloponnes, dessen Burg zur Namensgeberin der Epoche wurde.

Zwischen 1500 und 1450 v. Chr. wurde Kreta vermutlich durch eine oder mehrere Naturkatastrophen wie Erd- und Seebeben oder durch den Vulkanausbruch von Santorin, der eine gewaltige Flut zur Folge hatte, zerstört. Um 1400 v. Chr. eroberten die Mykener Knossos und brachten anschließend ganz Kreta in ihren Besitz. Seit dieser Zeit benutzten auch die Kreter wie die Mykener die Linear-B-Schrift. Im Zuge ihrer Expansionsbestrebungen belagerten und zerstörten die Mykener wahrscheinlich zwischen 1230 und 1225 v. Chr. auch Troja.

1230–1225 v. Chr.: Trojanischer Krieg (1879 Beginn der Ausgrabung Trojas durch Heinrich Schliemann).

Am Ende des 2. Jahrtausends v. Chr. drangen von Norden und Nordosten her neue, später als Dorer bezeichnete Einwanderer in die Ägäis ein. Sie besetzten zuerst Griechenland, zerstörten dort die großen Burganlagen und unterwarfen 1200 v. Chr. auch Kreta. Das bedeutete das Ende der minoisch-mykenischen Kultur.

1.2 Archaische Zeit

In der archaischen Zeit (etwa 1100–500 v. Chr.) bestand Griechenland weiterhin aus einzelnen verstreuten Fürstentümern der Ägäis. Es begann sich aber allmählich zu einer kulturellen Einheit zu formen. Zum wichtigsten Bindeglied wurde die um 750 v. Chr. aus dem phönizischen Alphabet entwickelte allgemein gültige Schrift für das Griechische. Mit ihren nur 24 Schriftzeichen von Alpha bis Omega war sie die erste reine Buchstabenschrift der Welt.

Um 1100–500 v. Chr.: Archaisches Zeitalter Griechenlands.

In dieser Zeit, zwischen 750 und 650 v. Chr., schrieb der Dichter Homer auch die Epen »Ilias« und »Odyssee« nieder.

Darstellung des Todes von Laokoon. Die griechischen Götter bestraften den Priester in den Epen Homers, weil er den Fall Trojas durch Odysseus vorhersagte.

1.3 Götterwelt und religiöser Kult

Die antike Götterwelt war ein Abbild der mykenischen Adelsgesellschaft. Wie die Könige in ihren Burgen lebte die Familie der Götter dem Glauben nach auf dem Gipfel des Berges Olymp. An der Spitze der zwölf olympischen Götter stand Zeus, ihm zur Seite seine Gemahlin Hera. Kinder des Zeus waren die Göttinnen Athene, Artemis und Aphrodite sowie die Götter Apollon, Ares und Hermes. Daneben gab es noch zahlreiche zweitrangige Götter und die aus Verbindungen des Zeus mit sterblichen Frauen entstammenden Halbgötter, deren bedeutendster Herakles war. Die Geschichte der Entstehung (»Theogonie«) der insgesamt 300 Götter und ihrer Genealogie schrieb um 700 v. Chr. der Dichter Hesiod.

Um 700 v. Chr.: Hesiod verfasst die »Geschichte der Götter«.

Dem Götterkult galten auch die panhellenischen (allgriechischen) Feste, darunter vier große Nationalspiele, zu denen alle Griechen zusammenkamen. Das wichtigste Nationalspiel fand zu Ehren des Zeus alle vier Jahre in Olympia statt.

Olympiade

Die olympischen Wettkämpfe, deren Sieger seit 776 v. Chr. schriftlich vermerkt wurden, bestanden aus Stadionläufen, Wagenfahrten, Pferderennen, Ring- und Faustkämpfen und wurden durch Wettbewerbe im Gesang, in der Dichtkunst und im Tanz ergänzt.

1.4 Kolonisation

Um 750 v. Chr.: Beginn der intensiven Kolonisation. Eigenständige Gemeinwesen mit Kult, Rechtswesen und politischer Verfassung der Mutterstadt.

Um 750 v. Chr. begannen alle griechischen Städte im großen Stil, an den Küsten des östlichen Mittelmeers, des Schwarzen Meers, Siziliens und Süditaliens Kolonien zu bilden. Kolonien wurden nur an Küsten gegründet, wo sich ein natürlicher Hafen befand und die heimischen Kulturpflanzen wie Oliven, Wein und Getreide angebaut werden konnten. Falls der für die Gründung ausersehene Platz schon von Einheimischen bewohnt war, wurden diese vertrieben oder unterworfen. Viele Hafenstädte des Mittelmeerraums wie Istanbul (Byzanz), Neapel (Neapolis) und Marseille (Massalia) wurden als griechische Kolonien gegründet.

1.5 Die Polis

7./6. Jahrhundert v. Chr.: Bildung der Polis.

In mykenischer Zeit war »Polis« die Bezeichnung für die Burg eines Herrschers, in deren Schutz sich die Bevölkerung bald nicht mehr nur in Kriegszeiten begab. So entstanden aus den Burgen allmählich Stadtstaaten. Der Begriff »Polis« blieb, stand jetzt aber für das Gemeinwesen als Ganzes. Zur Unterscheidung wurden die meist auf einer Anhöhe gelegenen Burgen fortan »Akropolis« (Burgberg) genannt.

Dem in einer Oligarchie (Herrschaft der wenigen über viele) herrschenden Adel war es gelungen, die Macht der Heeresversammlungen der Freien zu beschneiden, wie sie beispielsweise in Sparta existierten. In anderen Städten war die königliche Gewalt zugunsten des Adels (griechisch: »Aristokratie« = Herrschaft der Besten) ausgehöhlt oder, wie in

Athen, völlig abgeschafft worden. Das politische Ungleichgewicht, das durch zunehmende Konflikte zwischen Adel und Bauern noch gesteigert wurde, führte im 7. und 6. Jahrhundert v. Chr. in den griechischen Stadtstaaten entweder zur Tyrannis oder zu einer sehr strengen Gesetzgebung.

In der Tyrannis lag die absolute Herrschaft in der Hand eines Einzelnen. Eine andere Regierungsform war die Herrschaft des Nomos (Gesetz), wie sie die Gesetzgeber Drakon und Solon zwischen 625 und 594 v. Chr. in Athen errichteten. Dazu gehörten geschriebene, von allen strikt zu befolgende Gesetze und Verhaltensregeln ebenso wie die Festsetzung von Strafen für die verschiedenen Vergehen. Die Frauen allerdings blieben von jeglicher Teilnahme an politischen Entscheidungen ausgeschlossen, ihr Wirkungskreis war allein auf das Haus und die Familie beschränkt.

7./6. Jahrhundert v. Chr.: Tyrannis oder Nomos (Herrschaft des Gesetzes) beherrschen die griechischen Stadtstaaten.

Demokratie

In ihrer höchsten Entwicklungsstufe besaß die Polis eine Verfassung (griechisch: »Politeia«, was gleichzeitig auch »Bürgerschaft« und »Bürgerrecht« bedeutet). Dort herrschte eine direkte Demokratie des souveränen Volkes. Die Volksversammlung wählte regelmäßig und jeweils nur für einen begrenzten Zeitraum die städtischen Amtsträger oder ermittelte sie per Los. Bei allen Entscheidungen war die Volksversammlung die letzte Instanz.

1.6 Die Kultur des 7. und 6. Jahrhunderts v. Chr.

Mit ihrer Entwicklung zur Demokratie blühten in der griechischen Polis des 7. und 6. Jahrhunderts v. Chr. auch Wissenschaft, Kunst und Kultur. In der reichen, an der ionischen, kleinasiatischen Küste gelegenen Handelsstadt Milet legten die Philosophen und Mathematiker Thales, Anaximander und Anaximenes um 585 v. Chr. den Grundstein zur Philosophie der griechischen Antike. Sie befreiten sich von den Vorstellungen der griechischen Mythologie und befassten sich als Erste mit der Entstehung des Kosmos und der Elemente. Ebenfalls in jene Epoche fiel die Gründung der Schule des Pythagoras von Samos (um 570–480 v. Chr.). Er hielt die

Um 585 v. Chr.: In Milet legen Thales, Anaximander und Anaximenes den Grundstein zur griechischen Philosophie.

Pythagoras (um 570–480 v. Chr.) formuliert den nach ihm benannten geometrischen Lehrsatz $a^2+b^2=c^2$.

Zahlen für das bestimmende Prinzip aller Dinge und suchte nach den zugrunde liegenden mathematischen Formeln. So schuf er den pythagoreischen Lehrsatz der Geometrie.
Das 7. und 6. Jahrhundert v. Chr. war auch die große Zeit der griechischen Lyrik sowie eine Epoche des Fortschritts in der Architektur und Bildhauerei.

1.7 Sparta

Um 1000 v. Chr.: Gründung Spartas.

Um 1000 v. Chr. fielen die Dorer in der im Südosten der Peloponnes gelegenen Landschaft Lakonien ein und unterwarfen die dort ansässige Bevölkerung. Das Land verteilten die Eroberer in Form von Landzuteilungen von jeweils 30 Hektar. Das fruchtbare Tal des Eurotas, an dem auch die Stadt Sparta (auch Lakedaimon genannt) lag, wurde den Spartiaten, den adligen Herren, zugesprochen. Das schlechtere Land erhielt die Mehrzahl der übrigen Eroberer, die fortan Perioiken (Umwohner) genannt wurden. Die Urbevölkerung, die Heloten, wurden zu rechtlosen Staatssklaven, die das Land der Spartiaten bebauen mussten. Die in der Stadt Sparta lebende Herrenschicht widmete sich ausschließlich dem Militär- und Kriegsdienst, der körperlichen Ertüchtigung, der Jagd und dem Staatsdienst.

Sparta entwickelt sich zum reinen Militärstaat. Landbau betreibt nur die versklavte Urbevölkerung (Heloten).

Spartanische Erziehung

Für Jungen begann im Alter von sieben Jahren das Leben in einer strengen soldatischen Gemeinschaft, in der jede Individualität unterdrückt wurde. Gemeinsam wurde die Blutsuppe eingenommen, eine karge und der Abhärtung gegenüber Gefühlen des Ekels dienende Standardspeise. Von früh bis spät wurde exerziert und in Manövern gekämpft. Zu den militärischen Übungen der jungen Spartiaten gehörte auch das Berauben und Einfangen von Heloten. Dabei blieben Morde an diesen Staatssklaven ungesühnt. Daneben wurde exzessiv Sport getrieben, wozu auch die weibliche Bevölkerung herangezogen wurde. Zur Abhärtung gegen körperliche Schmerzen hatten die Spartiaten am Altar der Göttin Artemis regelmäßige Geißelungen zu ertragen.

Aufgrund seiner militärischen Stärke wurde Sparta zur führenden Macht auf der Peloponnes. Es ging mit anderen Stadtstaaten den Peloponnesischen Bund ein, wobei es sie zur Heeresfolge verpflichtete, ihnen aber ansonsten ihre Unabhängigkeit ließ.

Seit 560 v. Chr.: Sparta wird führende Macht des Peloponnesischen Bundes.

1.8 Athen

Athen, das in der archaischen Zeit politisch und militärisch weit weniger Bedeutung hatte als Sparta, entwickelte sich seit dem 6. Jahrhundert v. Chr. zum geistigen und kulturellen Zentrum Griechenlands. Hier fanden auch Demokratie und Polis zu ihrer höchsten Form.

Athen entwickelt sich seit dem 6. Jahrhundert zum kulturellen Zentrum Griechenlands.

Die Burgherren der Akropolis veranlassten immer mehr Herrscher kleinerer attischer Städte zur Übersiedlung nach Athen. Die bisher selbstständigen Städte und ihr Umland wurden in Demen verwandelt, d. h. in Bezirke innerhalb des Gesamtstaats Attika, die von Athen aus zentralistisch regiert wurden. Seit 683 v. Chr. regierte statt eines Königs der vom Adel nur jeweils für ein Jahr gewählte Archon. Das Jahr ihrer Regierung wurde in der Folge mit den Namen der jeweiligen Archonten bezeichnet.

Seit 683/682 v. Chr.: Herrschaft der Archonten, nach denen ihr jeweiliges Regierungsjahr benannt wird.

Auch der militärische Oberbefehlshaber (Polemarch) und das aus sechs Richtern und Gesetzgebern (Thesmotheten) bestehende Gericht wurden vom Adel gewählt. Der Titel Basileus (König) ging auf einen ebenfalls jeweils nur für ein Jahr gewählten, für die religiösen Angelegenheiten zuständigen Amtsträger über. Den Rat und den obersten Gerichtshof stellten die Oberhäupter der einzelnen Adelsfamilien. Nach seinem Versammlungsort, dem Areshügel, erhielt dieser Rat den Namen Areopag. Bei den unteren Volksschichten wurde die oft willkürliche Rechtsprechung dieser adligen Richter zunehmend als ungerecht empfunden. Daher zeichnete der selbst zu den sechs Recht sprechenden Themostheten gehörende Drakon im Jahr 624 v. Chr. die bestehenden Gesetze verbindlich auf.

624 v. Chr.: Gesetzgebung des Drakon. Eindämmung der Blutrache.

Dazu gehörte auch die Festlegung der sprichwörtlich gewordenen harten »drakonischen Strafen« bei Gesetzesverstößen. Ein wichtiges, dem inneren Frieden Athens dienendes Gesetz Drakons war die Eindämmung der unter den

Adelssippen verbreiteten Blutrache. Die bestehende soziale Ordnung ließ Drakon unangetastet. Der größte Teil Attikas gehörte weiterhin den adligen Großgrundbesitzern. Das Land wurde von Sklaven oder hörigen Bauern bearbeitet, die im Fall einer Verschuldung mitsamt ihrer Familie in die Leibeigenschaft des Gläubigers gerieten und sogar als Sklaven verkauft werden konnten.

Als deshalb ein Aufstand des Volkes gegen den Adel drohte, wurde im Jahr 594/593 v. Chr. der aus einer ehemaligen Königsfamilie stammende Solon als ein mit weit reichenden Vollmachten ausgestatteter »Versöhner« (Diallektes) zum Archonten gewählt. Nach den sozialen Auseinandersetzungen, die den Reformen Solons folgten, erlebten Athen und Attika in den Jahren 562/561 und 546–527 v. Chr. die Tyrannis des Peisistratos, der sich auf das Militär und die unteren Schichten stützte.

561–527 v. Chr.: Tyrannis des Peisistratos in Athen.

Dem Zwischenspiel der Tyrannis folgten im Jahr 508/507 v. Chr. die von Kleisthenes durchgeführten Reformen, die eine weitere Demokratisierung förderten. Er ließ auch die unterste Einkommensklasse zur Volksversammlung zu, begrenzte den Einfluss des Adels und führte das Scherbengericht (Ostrakismos) ein. Dabei stimmten die Mitglieder der Volksversammlung durch Abgabe einer Tonscherbe darüber ab, ob ein Tyrann durch Verbannung gestraft werden sollte.

508/507 v. Chr.: Demokratische Reformen des Kleisthenes.

1.9 Die Perserkriege

Im Jahr 499 v. Chr. begann der von Milet und den anderen griechischen Küstenstädten in Kleinasien angezettelte Ionische Aufstand gegen die nach Westen drängenden Perser, den auch Athen und Eretria unterstützten. Der Aufstand endete 494 v. Chr. nach einer Niederlage der griechischen Flotte. Anschließend plante der Perserkönig Dareios I. eine Strafexpedition gegen Athen und Eretria. Nach der Zerstörung Eretrias auf Euböa landete 490 v. Chr. ein überlegenes persisches Heer an der Ostküste Attikas. Es wurde aber von den Athenern unter ihrem Feldherrn Miltiades (um 550–489 v. Chr.) bei Marathon vernichtend geschlagen – die Siegesnachricht überbrachte ein Bote, der nach seinem 42,195 Kilometer langen »Marathonlauf« tot zusammenbrach.

492–449 v. Chr.: Perserkriege.

490 v. Chr.: Das von Miltiades geführte Heer Athens besiegt die Perser bei Marathon.

Im August 480 v. Chr. landete ein von König Xerxes geführtes Heer an der griechischen Ostküste. Auf ihrem Marsch in das Landesinnere siegten die Perser am Thermopylenpass. Damit war der Weg nach Attika und Athen frei, das die Perser vollständig niederbrannten.

480 v. Chr.: Die Perser schlagen den Sparterkönig Leonidas und seine Truppen am Thermopylenpass und erobern Athen.

Die Entscheidung aber fiel auf See. Mit ihrer moderneren Flotte fügten die Griechen den Persern im September 480 v. Chr. bei Salamis eine schwere Niederlage zu. Die Reste der persischen Kriegsflotte wurden 479 v. Chr. bei Samos vernichtet.

1.10 Athen in seiner Glanzzeit

Während der 50 Jahre zwischen dem Ende der Perserkriege und dem Ausbruch des Peloponnesischen Krieges wurde Athen zur politischen und kulturellen Führungsmacht Griechenlands. Innerhalb Athens und Attikas erhielt die Demokratie 462/61 v. Chr. ihre endgültige Struktur.

462/461 v. Chr.: Demokratiereform.

Von nun an besaßen alle männlichen Bürger Attikas ab dem 18. Lebensjahr Stimmrecht in der Volksversammlung (Ekklesia). Jeder hatte das Recht, zu reden und Anträge einzubringen, bei Abstimmungen zählte jede einzelne Stimme gleich. Täglich wechselnde Vorsitzende leiteten die Volksversammlung, die vom Rat der 500 vorbereitet wurde. Es begann die große Zeit der Demagogen, die in der Volksversammlung die meinungsbildenden Reden hielten. Der aus ehemaligen Archonten bestehende Areopag verlor seine herausragende Position, behielt aber die hohe Gerichtsbarkeit bei und fungierte als beratendes Gremium.

Die führende Gestalt dieser klassischen Epoche Athens war der seit 461 v. Chr. immer wieder zum Strategen gewählte und bis 430 v. Chr. fast wie ein Alleinherrscher regierende Staatsmann Perikles (490–429 v. Chr.). Er stärkte die demokratische Polis gegenüber dem Adel durch eine Bürgerrechtsreform und führte ein Wohlfahrtswesen ein. Während des goldenen perikleischen Zeitalters entwickelte sich Athen auch zum Mittelpunkt von Wissenschaft und Kultur. Zu einflussreichen Persönlichkeiten wurden auch die Sophisten. Sie verkündeten eine Art Alltags- und Gebrauchsphilosophie, in der die menschliche Erkenntnisfähigkeit und das ak-

Stärkung der demokratischen Polis durch Perikles.

tuelle Geschehen in der Polis im Mittelpunkt standen. Bei ihnen lernten die Gebildeten und die Demagogen aus den Volksversammlungen das Philosophieren und die Kunst des Debattierens. In Athen entstanden in dieser Zeit auch die ursprünglich nur im Rahmen von kultischen Feiern aufgeführten Tragödien und Komödien. Die wichtigsten Verfasser dieser in der mythischen Zeit der Heroen angesiedelten Stücke waren Aischylos (etwa 525–455 v. Chr.), Sophokles (497 bis ca. 405 v. Chr.) und Euripides (um 485–406 v. Chr.).

5. Jahrhundert v. Chr.: In Athen entstehen die klassischen Tragödien und Komödien von Aischylos, Sophokles und Euripides.

Nach der Zerstörung durch die Perser wurde Athen prächtiger denn je wieder aufgebaut. Die von den Persern niedergebrannte Akropolis erhielt vor allem auf Veranlassung von Perikles ihre großartige architektonische Gestalt.

1.11 Peloponnesischer Krieg

431–404 v. Chr.: Peloponnesischer Krieg.

Das zunehmende politische Gewicht Athens und die Stärke seiner Kriegsflotte rief die anderen Städte auf den Plan, die das Gleichgewicht in Griechenland gefährdet sahen. Zum Hauptgegner Athens wurde Sparta. Athen war seit 430 v. Chr. durch den Ausbruch der Pest, an der 429 auch Perikles starb, stark geschwächt. 425 v. Chr. besiegte Athen die peloponnesische Flotte vor Sizilien. 424 v. Chr. jedoch nahmen die Spartaner die Halbinsel Chalkidike ein. Alle Versuche der Athener, Chalkidike zurückzuerobern, schlugen fehl. 421 v. Chr. schloss der Athener Stratege Nikias mit Sparta auf 50 Jahre den »Frieden des Nikias«, der auch die Rückgabe der eroberten Gebiete zum Inhalt hatte.

421 v. Chr.: Friede des Nikias beendet den Peloponnesischen Krieg.

Das Auftreten von Demagogen gefährdete den inneren Frieden in Athen. Der bedeutendste unter ihnen, Alkibiades, hatte 415 v. Chr. gegen den Willen des Strategen Nikias die Sizilische Expedition (415–413 v. Chr.) gegen Syrakus unternommen. Nach dem fehlgeschlagenen Angriff der Athener auf ihre Stadt versperrten die Syrakusaner der Athener Flotte die Ausfahrt aus ihrem Hafen.

415–413 v. Chr.: Athens Sizilische Expedition gegen Syrakus endet in einer dramatischen Niederlage.

Nach dem katastrophalen Ende der Sizilischen Expedition nahm Sparta Verhandlungen mit den Persern auf und entsandte eine peloponnesische Flotte in die Ägäis. Damit begann der Dekeleische Krieg (413–404 v. Chr.) zwischen Athen und Sparta.

413–404 v. Chr.: Dekeleischer Krieg zwischen Athen und Sparta.

Chios, Milet und andere Städte fielen vom Attischen Seebund ab, während es auf der anderen Seite 411 v. Chr. zu einem Bündnis zwischen dem Peloponnesischen Bund und den Persern kam. Im Jahr 405 v. Chr. sperrte der spartanische Flottenkapitän Lysander den für die See- und Handelsmacht Athen wichtigen Eingang in die Dardanellen, die herbeigeeilte attische Flotte wurde vollständig zerstört. Dies bedeutete 404 v. Chr. das Ende der Vorherrschaft Athens über Attika und Griechenland.

1.12 Der Niedergang der griechischen Stadtstaaten

Nur mithilfe Persiens war es Sparta gelungen, den Sieg über Athen zu erringen. Von nun an traten die Perser als Ordnungsmacht in Griechenland auf, und die Spartaner beanspruchten die Vorherrschaft über die griechischen Stadtstaaten. Theben, Athen, Korinth, Argos und andere Städte in Mittelgriechenland bildeten ein Bündnis gegen Sparta. Mit persischer Hilfe errangen sie 394/393 v. Chr. einen vernichtenden Sieg über die spartanische Flotte. Inzwischen unangefochtene Führungsmacht in der Ägäis gelangten die Perser im »Königsfrieden« von 387 v. Chr. in den Besitz der kleinasiatischen griechischen Städte und zwangen die Griechen zur Auflösung aller Bündnisse. Allen Städten wurde jedoch die Beibehaltung ihrer Autonomie zuerkannt. Außerdem wurde 386 v. Chr. die »Koine Eirene« (Allgemeiner Frieden) für ganz Griechenland verkündet. Sparta allerdings blieb stärkste innergriechische Macht.

387/386 v. Chr.:
Von Persien durchgesetzter »Königsfriede« und »Koine Eirene« (Allgemeiner Frieden) in Griechenland zugunsten Spartas.

Zum äußeren Machtverfall der griechischen Städte und der daraus resultierenden Abhängigkeit von Persien hatte maßgeblich auch der innere Zerfall der Polis beigetragen.

Innerer Zerfall der Polis durch den Einfluss der Sophisten und Demagogen.

Die als Lehrer vor allem der führenden Schichten fungierenden Sophisten (abgeleitet von griechisch »sophos« = weise) betonten die Rechte des einzelnen Menschen. Dieser ist nach dem Grundsatz des Philosophen Protagoras (um 480 bis 421 v. Chr.) »das Maß aller Dinge« gegenüber der Gemeinschaft. Da dies auch die Übertretung von Gesetzen und moralischen Vorschriften betraf, rührte diese Lehre an den Grundlagen der Polis, in der das Gesetz über allem stand.

1.13 Sokrates, Platon und Aristoteles

Wie schon sein Vater war Sokrates (um 470–399 v. Chr.) zunächst als Steinmetz in Athen tätig, bevor er sich ganz der Philosophie zuwandte. Sokrates hielt die Sophisten als Erzieher der Jugend für völlig ungeeignet, weil sie den Egoismus förderten. Außerdem lehrten sie, wie man mit geschickt eingesetzter Rhetorik in einer Debatte den Sieg davontragen konnte, unabhängig davon ob man tatsächlich im Recht war. Von seiner Überzeugung, dass das, was jemand dachte, sich auch in seinen Reden und Taten widerspiegeln musste, ging er auch nicht ab, als er von den Sophisten beschuldigt wurde, die Jugend zu verderben und nicht an die Götter zu glauben. Ein Gericht verurteilte ihn zum Tod. Sein würdevolles Sterben schilderte sein Schüler Platon (427–347 v. Chr.) in seinem Werk »Phaidon«. Im Jahr 387 v. Chr. gründete der Philosoph in Athen seine eigene Schule, die Akademie. Seine philosophische Lehre verbreitete er in zahlreichen, aus Dialogen bestehenden und so auch für Laien verständlichen Werken. Der bedeutendste Schüler Platons war Aristoteles (384–322 v. Chr.). Er gründete in Athen seine eigene philosophische Schule namens »Peripatos« (Peripatos = die Wandelhalle, in der er mit seinen Schülern bei ihren philosophischen Gesprächen umherzugehen pflegte). Basierend auf der Ideenlehre Platons entwickelte Aristoteles seine eigene, um die Erkenntnisse aus Forschung und Erfahrung (Empirik) erweiterte Philosophie.

Sokrates als Gegner der Sophisten.

1.14 Makedonien unter Philipp II.

Während die Herrschaft der griechischen Stadtstaaten über die Ägäis allmählich verfiel, bildete sich im Norden Griechenlands ein neue Macht. Es war das von barbarischen (griechisch: »Barbaros« = der Nichtgrieche) Neueinwanderern um 640 v. Chr. gegründete Königreich Makedonien. König Philipp II. (359–336 v. Chr.) gelang es, sein Reich nach Süden auf griechisches Gebiet auszudehnen. Nachdem Philipp den Widerstand im Norden Griechenlands endgültig gebrochen hatte, wurde Makedonien im Frieden von 346 v. Chr. in die Reihe der griechischen Staaten aufgenommen.

346 v. Chr.: Makedonien wird griechischer Staat.

Doch im Jahr 340 v. Chr. bildete sich unter Führung Athens ein antimakedonischer hellenischer Bund. Nach einem Angriff der Makedonier auf Byzanz und der Beschlagnahmung seiner Getreideschiffe erklärte Athen Philipp II. den Krieg. Der Sieg, den Philipp II. 338 v. Chr. in der Schlacht von Chaironeia errang, machte ihn zum Herrscher über Griechenland. Viele der Besiegten sahen in ihm den Erneuerer der griechischen Einheit. Tatsächlich begann Philipp II. durch die Auflösung aller innergriechischen Bündnisse mit der Neuordnung Griechenlands. Mit allen Stadtstaaten außer Sparta gründete er 338 v. Chr. auf den Grundlagen der »Koine Eirene«, dem Allgemeinen Frieden von 387/371 v. Chr., den Korinthischen Bund.

338 v. Chr.: Philipp II. übernimmt im Korinthischen Bund die Herrschaft über Griechenland.

337 v. Chr. erklärte der Korinthische Bund Persien den Krieg. Philipp II. sollte diesen Krieg, der für die Griechen ein Rachefeldzug gegen die Perser war, jedoch selber nicht mehr erleben. Im Jahr 336 v. Chr. fiel er bei den Hochzeitsfeierlichkeiten seiner Tochter einem Attentat zum Opfer.

1.15 Alexander der Große

Philipps Nachfolge übernahm sein Sohn Alexander III. Im Jahr 334 v. Chr. setzte er an der Spitze seines Heeres nach Kleinasien über. Die Truppen des Korinthischen Bundes, der schon Philipp zu diesem »panhellenischen (allgriechischen) Rachefeldzug« gegen Persien aufgefordert hatte, zogen mit ihm.

334 v. Chr.: Alexander III. beginnt den Feldzug gegen Persien.

Nach dem Sieg über die persischen Satrapen, die die kleinasiatischen Küstengebiete beherrschten, gab Alexander den dortigen griechischen Städten ihre Freiheit zurück. Er verpflichtete sie aber zu Abgaben. Bei Issos kam es im November 333 v. Chr. zur Entscheidungsschlacht zwischen den Truppen des Perserkönigs Dareios III. (404–330 v. Chr.) und den makedonischen Truppen, aus der Alexander als Sieger hervorging.

333 v. Chr.: Alexander der Große siegt bei Issos über den Perserkönig Dareois III.

Nach der Eroberung von Tyros 332 v. Chr. unterwarf sich Zypern freiwillig. Noch im gleichen Jahr eroberte er Ägypten, wo er sich als Befreier von der persischen Herrschaft und als Nachfolger der Pharaonen feiern ließ. Am Westrand des Nildeltas gründete Alexander 331 v. Chr. die nach ihm be-

Dramatische Szene der Alexanderschlacht.

331 v. Chr.: Alexander der Große besiegt die Perser endgültig und wird »König von Asien«.

nannte Hafenstadt Alexandria, die er zu einer glänzenden Hauptstadt auszubauen plante. Am 1. Oktober 331 v. Chr. kam es bei Gaugamela am Tigris zur zweiten und endgültigen Entscheidungsschlacht zwischen Alexander und Dareios III., die Alexander wiederum für sich entschied. Nunmehr mit dem Titel »König von Asien« versehen ließ Alexander der Große 330 v. Chr. die persische Hauptstadt Persepolis in Schutt und Asche legen. Alexander ernannte sich zum offiziellen Nachfolger der persischen Großkönige aus der Dynastie der Achaimeniden. Nach seiner Heirat mit der einheimischen Fürstentochter Roxane begann er 327 n. Chr. seinen Indienfeldzug. Zunächst drang er über den Khaibarpass nach Pandschab vor, unterwarf die dortigen Fürstentümer, überquerte den Indus und marschierte weiter Richtung Osten. Eine Meuterei seiner erschöpften Truppen veranlasste Alexander, seine Truppen nach Süden, zum Mündungsdelta des Indus zu führen, von wo aus sie die Küste entlangmarschierend oder zu Schiff nach Susa zurückkehrten. Während er einen weiteren Feldzug in Richtung Osten vorbereitete, erkrankte Alexander schwer. Am 13. Juni 323 v. Chr. starb er an Bord eines Schiffes vor der Küste der arabischen Halbinsel.

1.16 Das hellenistische Zeitalter

Sofort nach Alexanders plötzlichem Tod begann unter seinen potenziellen Nachfolgern (Diadochen) die Auseinandersetzung, wer dessen Riesenreich regieren sollte. 305 v. Chr. zerfiel das Reich Alexanders endgültig in einzelne, von Diadochen beherrschte Monarchien. Als Hauptstadt des Ptolemäerreichs erlebte Alexandria zwischen dem Tod Alexanders des Großen und Christi Geburt den Aufstieg zur glänzendsten Metropole des hellenistischen Zeitalters. Die Stadt war von der Kunst und Kultur Griechenlands maßgeblich beeinflusst und wurde nun zum Zentrum von Kultur und Wissenschaft. Der Wissenschaft wurde dort mit dem Museion eine eigene Forschungsstätte errichtet. Die Bibliothek von Alexandria besaß 700 000 Schriftrollen und beherbergte damit das gesamte schriftlich festgehaltene Wissen der Antike. Eine ähnliche Stellung wie Alexandria nahm im Mittelmeerraum während der hellenistischen Zeit in Kleinasien die Stadt Pergamon ein. Sie wurde 280 v. Chr. von Philetairos, einem ehemaligen Schatzmeister der Seleukidendynastie als Hauptstadt eines eigenen Königreichs gegründet. Von seinen Nachfolgern terrassenförmig angelegt wurde Pergamon zu einer der prächtigsten und für Kunst und Wissenschaft bedeutendsten Städte des Hellenismus. Zwischen 180 und 159 v. Chr. entstand dort auch der riesige Altar des Zeus, der zu den sieben Weltwundern der Antike zählte. In der Bibliothek der Stadt wurden, kurz bevor Pergamon 131 v. Chr. an die Römer fiel, an die 200 000 Schriftrollen aufbewahrt.

Hellenistisches Zeitalter
zwischen dem Tod Alexanders des Großen 323 v. Chr. und Christi Geburt.

2 Rom

2.1 Die Anfänge

Für die Römer der Antike galt 753 v. Chr. als das Jahr, in dem König Romulus die Stadt Rom gründete.

Tatsächlich gab es auf den sieben Hügeln, die später das Stadtgebiet Roms bildeten, bereits seit dem 10. Jahrhundert v. Chr. bäuerliche Siedlungen von Latinern und Sabinern. Im 7. und 6. Jahrhundert stießen die im Gebiet der späteren Toskana ansässigen Etrusker nach Norden und nach Süden vor. Zu ihren Stadtgründungen im Süden gehörten Pompeji und Herculaneum, Tusculum (Tivoli) und Ruma (Rom), das wahrscheinlich um 575 v. Chr. entstand und die schon bestehenden einzelnen Siedlungen zu einem Gemeinwesen zusammenfasste.

Um 575 v. Chr.: Aus einzelnen Siedlungen gründen die Etrusker die Stadt Rom.

2.2 Religion und Götter der Römer

Die frühen bäuerlichen Bewohner Latiums verehrten vor allem Haus und Hof beschützende Götter. Das waren in erster Linie Janus als Beschützer des Hauseingangs und Vesta als Hüterin des Herdfeuers. Nach der Stadtgründung wurde der Hauskult zum römischen Staatskult. Vor jedem Gebet und vor jedem Opfer wurden Janus und Jupiter, der höchste Gott, angerufen. Ihm zur Seite stand Mars, der sich im Lauf der Zeit vom Gott der Fruchtbarkeit zum Kriegsgott wandelte. Mit der Stadtgründung wurde Vesta zur Göttin des Staatsherdes, zur Beschützerin Roms. Jupiter, Juno und Minerva, die Göttinnen des Handwerks und der Künste, wurden als göttliche Dreieinheit in einem gemeinsamen Heiligtum auf dem Kapitolshügel verehrt. Es war das Zentrum des religiösen Kults, an dem Feldherren und Konsuln ihre Opfer brachten. Als Ort des Staatskults war das Kapitol auch Schauplatz von Volksversammlungen und wichtigen Senatssitzungen. Mit dem Einfluss der griechischen Kultur näherten sich die römischen Götter in Gestalt und Zuständigkeit immer mehr den griechischen an. Jupiter und Juno wurden Zeus und Hera entsprechend zum obersten Götterpaar. Dem Wohlergehen des Staates diente nicht nur der Götterkult, sondern auch Reinigungs- und Sühneopfer. Vor wichtigen Entscheidungen wurden die Auguren, Seher und Priester zugleich, befragt. Sie weissagten nach Betrachtungen des Vogelflugs (Auspizien) und der Eingeweide von Opfertieren, aus denen sie Zeichen für die Zukunft lasen.

2.3 Die frühe Republik, Patrizier und Plebejer

Rom wurde nach 474 v. Chr. (laut römischer Überlieferung schon um 510 v. Chr.) vom Stadtkönigtum nach etruskischem Vorbild in eine vom alteingesessenen adligen Patriziat beherrschte Republik umgewandelt. Ihm gegenüber standen die Plebejer, zu denen die Bauern, Handwerker und Besitzlosen zählten.

Ab 474 v. Chr.: Das Patriziat übernimmt die Macht, die Plebejer haben kein Mitspracherecht.

Die Patrizier übernahmen alle politischen, militärischen und religiösen Funktionen des Königs. Die politische und militärische Führung ging an zwei jeweils für ein Jahr gewählte Praetoren über. In das ebenfalls bislang dem König gebührende Amt des höchsten Priesters wurde ein dem Patriziat entstammender Pontifex maximus gewählt. Der Senat, die Versammlung der Oberhäupter der einzelnen Patrizierfamilien, wurde nun das beratende Gremium der Prätoren. Die aus Bauern, Handwerkern, Kaufleuten und Tagelöhnern gebildete Unterschicht der Plebejer gründete eine Volksversammlung und wählte Volkstribune, die ihre Interessen vertreten sollten.

Auf die Forderung der Plebejer nach politischer Gleichberechtigung und Abschaffung der Willkürherrschaft der Patrizier reagierten diese um 450 v. Chr. mit dem Erlass des Zwölftafelgesetzes, einem geschriebenen Gesetzeskodex, der vor allem Plebejer betreffende Fragen wie Schulden und Schuldknechtschaft sowie Erbschafts- und Strafrecht regelte.

Um 450 v. Chr.: Das Zwölftafelgesetz bildet den ersten Schritt zur Gleichberechtigung der bisher politisch rechtlosen Plebejer.

Seit etwa 367 v. Chr. wurden wohlhabende Plebejer in den Senat aufgenommen und somit Berater der Magistrate, in deren Händen die höchste Amtsgewalt lag. In der Folgezeit erreichten sie auch den Zugang zu den Ämtern der Konsuln (363 v. Chr.) und der Priester (300 v. Chr.). Im Jahr 287 v. Chr. billigte die »Lex Hortensia« den Plebisziten, d.h. den Beschlüssen der Volksversammlung, die Kraft von Gesetzen

287 v. Chr.: Die »Lex Hortensia« beendet die Ständekämpfe zugunsten der Plebejer, Bildung eines patrizisch-plebejischen Amtsadels (Nobilitas).

(Leges) zu. Inzwischen hatte sich aus der Verschmelzung des Grund besitzenden Patriziats mit reichen Plebejerfamilien die Nobilität (Nobilitas) als eine neue, die wichtigen Ämter besetzende Oberschicht gebildet.

2.4 Römische Expansion in Italien

Mitte des 4. Jahrhunderts beherrschten Rom und seine Verbündeten, die in der Umgebung siedelnden Latiner, ganz Latium. Im Latinerkrieg 340–338 v. Chr. verleibte sich Rom den größten Teil des latinischen Gebiets ein und besaß nun schon ein Territorium von 6100 Quadratkilometern. Die Rom treuen Städte der Latiner und die Latinerstädte, die den Status einer römischen Kolonie besaßen, behielten ihre Selbstständigkeit. Als neue expandierende Macht traten in Mittelitalien nun die Samniten auf. Die von ihnen bedrohten Städte und Völker wandten sich an Rom um Hilfe, so im Jahr 326 v. Chr. auch Neapel. Damit begannen die für den Bestand Roms gefährlichen Samnitenkriege. Mit zahlreichen gegen die Samniten gerichteten Bündnissen und der Gründung von Militärkolonien kreiste Rom die Samniten schließlich ein und übernahm die Kontrolle über ganz Süditalien. Im Keltenkrieg 285–283 v. Chr. fiel mit dem Ager Gallicus (Gebiet der Gallier) auch die umbrische Küste an Rom, das sein Gebiet damit bis an die Adria ausdehnte. Bedroht von den Römern, rief die Stadt Tarent 281 v. Chr. König Pyrrhos von Epiros zu Hilfe. Er schlug die Römer zweimal (280 und 279 v. Chr.), erlitt dabei aber hohe Verluste und errang dadurch nur die sprichwörtlich gewordenen »Pyrrhossiege«.

281–275 v. Chr.: Krieg gegen König Pyrrhos von Epiros.

Nach dem Tod von König Pyrrhos im Jahr 272 v. Chr. und dem für die Römer siegreichen Ausgang der Samnitenkriege beherrschte Rom ein sich über ganz Mittel- und Süditalien erstreckendes Bündnissystem.

272 v. Chr.: Die Römer beherrschen ganz Mittel- und Süditalien.

2.5 Die Punischen Kriege

Zum großen Gegenspieler Roms wurde im 3. Jahrhundert v. Chr. Karthago. Diese von den Phöniziern 814 v. Chr. als Kolonie gegründete nordafrikanische Hafenstadt war zu einer bedeutenden Macht im westlichen Mittelmeerraum geworden. Im 1. Punischen Krieg (264–241 v. Chr.) trafen Römer

264–241 v. Chr.: 1. Punischer Krieg gegen die Karthager, Rom gewinnt Sizilien.

und die von ihnen Punier genannten Karthager in Sizilien und Süditalien aufeinander, wobei die Römer erstmals eine Kriegsflotte einsetzten. 241 v. Chr. siegten die Römer in einer Seeschlacht vor den Ägatischen Inseln, und Karthago musste Sizilien und die vorgelagerten Liparischen und Ägatischen Inseln an Rom übergeben, alle gefangenen Römer freilassen und Reparationszahlungen leisten. Beide Mächte verpflichteten sich, ihre Machtbereiche gegenseitig nicht anzutasten. 237 v. Chr. wurden auch Sardinien und Korsika römische Provinzen.

237 v. Chr.: Sardinien und Korsika werden römische Provinzen.

Zum 2. Punischen Krieg kam es, nachdem der karthagische Oberbefehlshaber Hannibal seine Eroberungsfeldzüge in Spanien vertragswidrig über den Ebro hinaus fortsetzte.

218–201 v. Chr.: 2. Punischer Krieg Roms gegen die von Hannibal befehligten Karthager.

Während ein römisches Heer unter Gnaeus Cornelius Scipio nach Spanien aufbrach, begann Hannibal im Sommer 218 v. Chr. von Spanien aus mit der Überschreitung der Alpen, um von Norden her gegen Rom vorzustoßen. Hannibals Überquerung der Alpen mit einer 38 000 Mann starken Streitmacht, 8 000 Pferden und 37 Kriegselefanten gilt als eine der größten strategischen Meisterleistungen der Geschichte.

218 v. Chr.: Hannibal führt sein Heer von Spanien aus über die Alpen nach Norditalien.

In Italien eingetroffen besiegte Hannibal die Römer am Ticino und an der Trebia und 217 v. Chr. auch am Trasimener See im Norden Roms. 216 v. Chr. brachte Hannibal dem zahlenmäßig überlegenen römischen Heer bei Cannae eine vernichtende Niederlage bei. Diese existenzbedrohende »Clades Cannensis« wurde zu einem Trauma der römischen Geschichte. Ebenso der Ruf »Hannibal ante portas!« (Hannibal vor den Toren!), als Hannibal, der seit 215 v. Chr. mit König Philipp V. von Makedonien verbündet war, nach Rom vorrückte. Die Römer ihrerseits eroberten 212 v. Chr. die mit Hannibal verbündeten Städte Syrakus und Capua sowie das spanische Sagunt.

217/216 v. Chr.: Hannibal besiegt die Römer am Trasimener See und bei Cannae.

204 und 203 v. Chr. setzte der römische Oberkommandierende Publius Cornelius Scipio mit seinen Truppen nach Nordafrika über. Nach einem Sieg über die Karthager schlossen Römer und Karthager einen Vertrag, der auch die Rückbeorderung Hannibals aus Italien zum Inhalt hatte. Dieser war jedoch freiwillig zurückgekehrt. Mit Hannibal kündigten

202 v. Chr.: Hannibal unterliegt Scipio. Spanien wird römische Provinz.

die Karthager den mit den Römern geschlossenen Vertrag wieder auf. In der Schlacht bei Zama 202 v. Chr. unterlag Hannibal im Kampf gegen Scipio. Scipio, der nun den Ehrennamen Africanus trug, diktierte Karthago seine Friedensbedingungen. Karthago musste sich auf sein ursprüngliches Staatsgebiet in Nordafrika zurückziehen, fast alle seine Kriegsschiffe und alle Elefanten ausliefern. Spanien fiel an Rom und wurde in die Provinzen Hispania citerior und Hispania ulterior aufgeteilt.

146 v. Chr.: Vollständige Zerstörung der Stadt Karthago durch die Römer. Karthagos Territorium wird römische Provinz.

Trotz der Niederlage und des Verlusts seiner außerafrikanischen Besitzungen erholte sich Karthago sowohl wirtschaftlich als auch politisch bald wieder. Rom aber strebte die alleinige Herrschaft über den Mittelmeerraum an und begann 149 v. Chr. den 3. Punischen Krieg, der drei Jahre später mit der völligen Auslöschung Karthagos endete.

Der Hauptbetreiber einer Vernichtung der Karthager war der römische Staatsmann, Konsul und Schriftsteller Cato der Ältere (234–149 v. Chr.). Jede seiner Reden beendete er mit dem stereotypen Satz: »Ceterum censeo, Carthaginem esse delendam.« (»Im Übrigen meine ich, dass Karthago zerstört werden muss.«) Cato war ein typischer Vertreter des alten republikanischen Roms und seiner Tugenden. Deshalb wetterte er gegen den zunehmenden griechisch-hellenistischen Einfluss, von dem er eine Verweichlichung der strengen altrömischen Sitten befürchtete.

2.6 Die späte Republik – Krisen und Reformen

Durch strategische Ausnutzung des Machtvakuums im hellenischen Raum nach Alexanders Tod, Schenkungen kleinerer lokaler Machthaber, dem Sieg über das nordafrikanische Karthago und der Niederschlagung von Unruhen auf der Iberischen Halbinsel hatte sich das Römische Reich auf den gesamten Mittelmeerraum ausgeweitet.

133 v. Chr.: Der Volkstribun Tiberius Sempronius Gracchus setzt gegen das Votum des Senats in der Volksversammlung eine neue Bauerngesetzgebung durch und wird von den Senatoren ermordet.

Die politischen Strukturen Roms waren nicht auch auf die Regierung eines Weltreichs anwendbar. Die Volkstribune begannen sich, mit der Mehrheit der Volksversammlung im Rücken, gegen die Senatsmehrheiten zu stellen. Im Jahr 133 v. Chr. schlug der selber einem alten Adelsgeschlecht entstammende Volkstribun Tiberius Sempronius Gracchus ein

Gesetz zum Erhalt des Bauerntums vor. Der Senat lehnte es zwar ab, aber dafür wurde es von der Volksversammlung begeistert aufgenommen. Die Senatoren waren empört, dass der Beschluss des allmächtigen adligen Senats zugunsten der Entscheidung der Volksversammlung ignoriert wurde und erschlugen Tiberius Sempronius Gracchus sowie mehrere Hundert seiner Anhänger.

Als neuer Volkstribun 123–122 v. Chr. verfolgte Gaius Sempronius Gracchus die Reformpolitik seines ermordeten Bruders weiter. Die Auseinandersetzungen um eine bessere Versorgung der Plebs und eine Bodenreform führten zu einem Bürgerkrieg, in dessen Verlauf Gaius Sempronius Gracchus ebenfalls ermordet wurde.

121 v. Chr.:
Auch die Reformen des Gaius Sempronius Gracchus scheitern. Nach der Ausrufung des Ausnahmezustands wird er ermordet.

Damit hatten die Optimaten, die Vertreter der alten Ordnung, die Popularen, die für Reformen eintraten, geschlagen. Seit 107 v. Chr. war Marius Konsul und wurde im 111 v. Chr. begonnenen Krieg Oberbefehlshaber gegen den numidischen Herrscher Jugurtha. In diesem Krieg, der 105 v. Chr. mit der Hinrichtung Jugurthas in Rom endete, rekrutierte Marius erstmals ein Heer von Freiwilligen, die aus der Schicht der besitzlosen Proletarier stammten. Mit dieser gut ausgebildeten Truppe schlug Marius 102 und 101 v. Chr. die den Norden des Reiches bedrohenden germanischen Stämme der Teutonen, Ambronen und Kimbern.

102/101 v. Chr.:
Marius schlägt die germanischen Teutonen, Ambronen und Kimbern.

Zum Dank erhielten Marius' Truppen aus diesen Kriegen Land in Afrika. Dies wurde zum Modell der Veteranenversorgung.

Neue Gefahr für Rom drohte aus dem Osten durch die Expansionspolitik von König Mithradates VI. von Pontos. Er hatte unter den 80 000 Römern und Italikern, die sich in seinem Reich aufhielten, ein Massaker anrichten lassen. Im 1. Mithradatischen Krieg (88–85 v. Chr.) erhielt zunächst Konsul Lucius Cornelius Sulla den Oberbefehl. Als dieser auf Marius übertragen wurde, eroberte Sulla mit seinen Truppen Rom und setzte den Senat als oberste Regierungsinstanz wieder ein. Da Rom durch den Bürgerkrieg in einer schwachen Position war, schloss Sulla 85 v. Chr. einen für Mithradates günstigen Frieden. Auch der 2. Mithradatische Krieg (83–81 v. Chr.) brachte Rom keinen Erfolg. An der Spitze

Gefahr für Rom in den Mithradatischen Kriegen 88–85 und 83–81 v. Chr.

82–79 v. Chr.: Diktatur des Sulla in Rom.

eines großen Heeres, das noch durch die Privatarmee des Pompeius vergrößert wurde, zog Sulla 82 v. Chr. in Rom ein. Dort wurde er zum Diktator auf Lebenszeit ernannt. Sulla erließ eine neue Verfassung, die dem von 300 auf 600 Mitglieder erweiterten Senat und damit dem Adel eine beherrschende Rolle zuwies. Nach dem Rücktritt Sullas 79 v. Chr. hoben die Konsuln Pompeius und Crassus die Gesetze Sullas, die die Macht der Volkstribune beschnitten hatten, wieder auf. Pompeius und Crassus waren durch die Niederschlagung des Spartakusaufstands (73–71 v. Chr.) an die Macht gekommen und gehörten seither zu den einflussreichsten Persönlichkeiten Roms.

Spartakusaufstand

Sklaven waren ein Hauptbestandteil der Kriegsbeute bei den römischen Eroberungen. Sie arbeiteten auf Landgütern und in Manufakturen. Ihre sich ständig verschlechternde Lage führte zu Sklavenaufständen. Unter der Führung des thrakischen Sklaven und Gladiators Spartacus erhoben sich 73–71 v. Chr. 70 000 in römische Sklaverei geratene Männer. Es gelang Spartacus, aus den Aufständischen ein diszipliniertes Heer zu bilden. Nach der Niederschlagung ihres Aufstands wurden sie zu Zehntausenden gekreuzigt.

2.7 Vom Konsulat Caesars zu Kaiser Augustus

Im Jahr 63 v. Chr. wurde der Staatsmann, Redner und Philosoph Marcus Tullius Cicero zum Konsul gewählt. Im folgenden Jahr konnte er die gegen ihn gerichtete Verschwörung des Catilina aufdecken, hinter der der an die Macht strebende Gaius Iulius Caesar stand.

Caesar, seit 59 v. Chr. Konsul, besiegt im Gallischen Krieg (58–51 v. Chr.) die Gallier und schreibt darüber das Buch »De bello gallico«.

Ebenfalls 63 v. Chr. ließ sich Caesar durch Bestechung zum Pontifex Maximus wählen und 59 v. Chr. zum Konsul. Schon 60 v. Chr. war Caesar mit Crassus und Pompeius das 1. Triumvirat (Drei-Männer-Bündnis) eingegangen. Dieses Bündnis diente der Durchsetzung ihrer eigenen Interessen, wobei sie mit Unterstützung der Volksversammlung gegen den Senat agierten. Im Jahr 58 v. Chr. begann mit dem Eindringen der Helvetier auf gallisches Gebiet der Gallische Krieg.

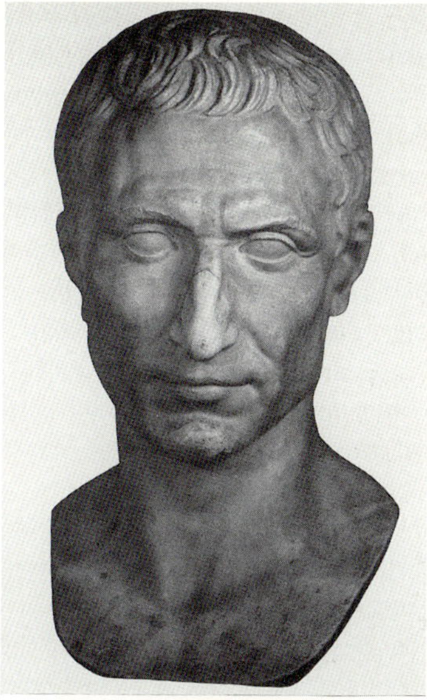

Porträtbüste des römische Imperators Gaius Iulius Caesar

Bis 57 v. Chr. siegte Caesar über die Helvetier sowie über die Germanen unter Ariovist und eroberte den Westen und Norden Frankreichs. 55 v. Chr. schlug er an der Mosel die germanischen Stämme der Usipeter und Tenkterer, ein Jahr später schickte er ein Heer nach Britannien, dem er die Tributpflicht aufzwang. Als sich die Gallier, angeführt von Vercingetorix, 52 v. Chr. gegen die römische Herrschaft erhoben, brachte Caesar ihnen eine vernichtende Niederlage bei. Weil Caesar, gestützt auf sein siegreiches Heer, über eine zu große Macht verfügte, ordnete der Senat 49 v. Chr. die Entlassung seiner Truppen an. Caesar kehrte stattdessen an der Spitze seiner Truppen nach Italien zurück, wobei er den sprichwörtlich gewordenen Rubikon (die Grenze zwischen Italien und der gallischen Provinz) überschritt. In Rom angelangt ließ sich Caesar zum Diktator erheben und anschließend zum Konsul wählen.

49 v. Chr.:
Caesar überschreitet den Rubikon und wird Diktator und Konsul.

Pompeius, der sich gegen ihn stellte, wurde von Caesar im Jahr 48 v. Chr. in Thessalien geschlagen und später in seinem ägyptischen Exil ermordet. Noch im selben Jahr verhalf Caesar der ägyptischen Königin Kleopatra auf den Thron. In Alexandria belagerten ihn 47 v. Chr. die Truppen des ägyptischen Gegenkönigs Ptolemaios XIII., wobei die weltberühmte Bibliothek in Flammen aufging. Caesar konnte die ägyptische Streitmacht ebenso schlagen wie 46 v. Chr. ein römisches Heer, das die Republik retten wollte. Noch im selben Jahr wurde er auf zehn Jahre zum Diktator ernannt. Später erhielt Caesar noch den Titel eines Imperators (Kaiser). Als »divus Iulius« (göttlicher Iulius) wurde er Gegenstand religiöser Verehrung. An den Iden des März, d. h. am 15. März des Jahres 44 v. Chr., wurde Caesar im Senat von einer Gruppe republikanischer Verschwörer, darunter auch Cassius und der ihm vertraute Brutus, erdolcht.

15. 3. 44 v. Chr.: Caesar wird von republikanischen Verschwörern ermordet.

Nach Caesars Tod kämpften die republikanischen Verschwörer, unterstützt von einigen einflussreichen Senatoren, mit den Caesaranhängern um die Macht. Zu Letzteren gehörte auch Caesars Adoptivsohn Octavian, der Konsul Marcus Antonius und Marcus Aemilius Lepidus. 43 v. Chr. wurden Octavian und Q. Pedius zu Konsuln gewählt und ein 2. Triumvirat gebildet, das aus Octavian, Marcus Antonius und Lepidus bestand. Nach dem erzwungenen Selbstmord ihrer letzten Widersacher Cassius und Brutus im Jahr 42 v. Chr. teilten Octavian, Marcus Antonius und Lepidus im Pakt von Brundisium das Reich unter sich auf. Italien war fortan gemeinsamer Besitz: Octavian wurde Herrscher des Westens, Marcus Antonius bekam den Osten und Lepidus Afrika.

42 v. Chr.: Aufteilung des Reiches unter Octavian, Marcus Antonius und Lepidus. Seit 38 v. Chr. führt Octavian den Titel Imperator Caesar.

Zur Bekräftigung seines Führungsanspruchs nannte sich Octavian seit 38 v. Chr. Imperator Caesar. Das Triumvirat begann zu bröckeln. Als Erster wurde 36 v. Chr. Lepidus verdrängt. Die meisten Verordnungen Octavians wie die Landzuteilungen an Veteranen, die Ausgabe von Nahrungsmitteln an das römische Proletariat und ein allgemeiner Schulden- und Steuererlass dienten vor allem dazu, sich beim römischen Volk beliebt zu machen. Marcus Antonius herrschte wie ein Monarch über sein Ostreich und bekräftigte dies noch durch seine Heirat mit der ägyptischen Königin Kleopatra. Besonders dagegen wurde nun vonseiten Octavians vor dem Senat heftigst und mit großem Erfolg polemisiert. Bei Actium siegte Octavian 32 v. Chr. über die Flotte von Marcus Antonius und Kleopatra. Beide konnten nach Ägypten entkommen, wo sie Selbstmord begingen.

Seit 38 v. Chr.: Octavian führt den Titel Imperator Caesar divi filius Augustus.

32 v. Chr.: Seesieg Octavians über Marcus Antonius und Kleopatra. 31 v. Chr.: Selbstmord Marcus Antonius' und Kleopatras.

Im Innern des Reiches herrschte nach Jahren des Bürgerkriegs Ruhe und Wohlstand. In Rom begann unter Augustus eine rege öffentliche Bautätigkeit. Auch die Literatur erreichte ihre Blütezeit.

Der aus politischen Gründen in der Verbannung lebende Dichter Ovid (43 v. Chr.–17 n. Chr.) hinterließ ein bedeuten-

des, vor allem aus Liebeselegien bestehendes Werk. Am bekanntesten wurden seine aus 15 Büchern bestehenden »Metamorphosen«. Vergil (70–19 v. Chr.) schuf mit seinem Heldenepos »Aeneis« den Mythos der von den Göttern bestimmten Gründung Roms. Der Historiker Livius (59 v. Chr. bis 17 n. Chr.) schrieb eine »Ab urbe condita libri« (Die Bücher von der Stadtgründung an) betitelte Geschichte Roms in 142 Bänden. Horaz (65–8 v. Chr.) verfasste in Hexametern gehaltene Satiren, Liebes- und Trinklieder, Festgesänge zu Ehren des Augustus, »Episteln« zu Fragen der Philosophie und der Poesie und schrieb über die »Ars poetica« (Die Dichtkunst).
Außenpolitisch wurde die Regierungszeit des Augustus vor allem durch den Kampf gegen die Germanen geprägt. Zwischen 16 und 13 v. Chr. eroberten seine Stiefsöhne Drusus und Tiberius den Alpenraum, der in die Provinzen Raetien, Vindeliccia und Noricum eingeteilt wurde. In den Jahren 12–9 v. Chr. mussten sich die Römer unter Drusus gegen die Germanen wehren, die von östlich der Elbe her einfielen. 9 n. Chr. schließlich musste der Feldherr Varus in der Schlacht im Teutoburger Wald gegen Arminius eine vernichtende Niederlage hinnehmen. Am 19. August 14 starb Augustus, der erste römische Kaiser.

19. August 14:
Tod des Augustus.

2.8 Die Kaiserzeit

Augustus' Nachfolger wurde sein Stiefsohn Tiberius (14–37), der sich weitgehend von den Regierungsgeschäften fernhielt. Kaiser Caligulas blutigem Regime (37–41) machte ein Mordanschlag seiner eigenen Prätorianergarde ein Ende. Unter Kaiser Claudius (41–54) wurde Britannien römische Provinz. Er heiratete Agrippina und adoptierte deren Sohn Nero. Nach dem Tod des von Agrippina vergifteten Claudius bestieg 54 Nero den Thron. Aufgrund seines exzentrischen Auftretens hielt man ihn bald für wahnsinnig und traute ihm daher auch zu, für den Brand Roms im Jahr 64 verantwortlich zu sein. Nero nahm den Brand zum Anlass für die erste Christenverfolgung. Die Grausamkeiten Neros und sein für den Bestand des Reiches gefährliches politisches Agieren führten dazu, dass ihn der Senat 68 zum Tod verurteilte.

69: Selbstmord Neros, Ende der iulisch-claudischen Dynastie. Vespasian wird erster Kaiser der flavischen Dynastie.

Kurz bevor er verhaftet werden konnte, verübte Nero Selbstmord.

70: Zerstörung Jerusalems durch Titus. Baubeginn des Kolosseums.

79: Vesuvausbruch zerstört Herculaneum und Pompeji.

Da Nero seine sämtlichen Verwandten hatte ermorden lassen, bedeutete dies das Ende der iulisch-claudischen Dynastie. In Ägypten riefen die römischen Truppen ihren Feldherrn Vespasian zum neuen Kaiser aus, der somit die flavische Dynastie begründete. Unter seiner Herrschaft (69–79) fand im Jahr 70 die Zerstörung Jerusalems durch seinen Sohn Titus und die Grundsteinlegung des Kolosseums statt.

Wie sein Vater Vespasian widmete sich auch Titus (79–81) vor allem der Verwaltung des Reiches. In seine Regierungszeit fiel der vom Schriftsteller Plinius d. J. (61–113) beschriebene Ausbruch des Vesuvs im Jahr 79, der Herculaneum und Pompeji zerstörte.

Größte Ausdehnung des Imperium Romanum unter Kaiser Traian (98–117).

Kaiser Domitian (81–96) herrschte zum Unmut des Senats autokratisch und zentralistisch. In seiner Regierungszeit wurde zwischen 83 und 85 der Limes, ein Schutzwall gegen die Germanen im Norden, errichtet. Die Errichtung eines Schreckensregimes in Rom führte 96 zur Ermordung Domitians. Unter Traian (98–117) wurden Dakien, Armenien, Mesopotamien und Assyrien zu römischen Provinzen. Damit erreichte das Römische Reich seine größte Ausdehnung.

Unter Marcus Aurelius (161–180) beginnender Niedergang des Römischen Reiches.

Die Regierungszeit Hadrians (117–138) war von Frieden und allgemeinem Wohlstand gekennzeichnet. Das römische Bürgerrecht wurde auch auf die Provinzen ausgedehnt, was die Bindung der Bevölkerung an Rom verstärkte. Unter Hadrian entstanden der Hadrianswall in Britannien sowie in Rom das Pantheon und die Engelsburg, das Mausoleum Hadrians. Unter Marcus Aurelius (161–180) begann der Niedergang des Reiches.

2.9 Teilung und Untergang des Römischen Reiches – Byzanz und Westrom

Konstantin I. der Große (285–337), der ursprünglich einer der »Augusti« war, errang im Jahr 324 die Alleinherrschaft. 312 schlug er mit seinen in Germanien erprobten Truppen an der Milvischen Brücke seinen Widersacher Maxentius. Vor der Schlacht hatte Konstantin eine Vision gehabt, die ihn veranlasste, auf die Schilde seiner Soldaten das Kreuzeszeichen malen zu lassen. Der überragende Sieg überzeugte ihn von der Überlegenheit des christlichen Gottes über die heidnischen Götter. In seinem 313 in Mailand erlassenen Toleranzedikt stellte er das Christentum den anderen Religionen gleich.

Das Christentum im Römischen Reich

Nach der Kreuzigung Jesu Christi im Jahr 30 bildeten die zwölf Apostel in Jerusalem die Urgemeinde des Christentums. Auch an anderen Orten im Heiligen Land wurden Christengemeinden gegründet. Der jüdische Zeltmacher Saulus, der das römische Bürgerrecht besaß, begann unter seinem neuen christlichen Namen Paulus um 43 in Antiochia seine Missionstätigkeit. Hier tauchte zum ersten Mal die Bezeichnung »Christen« auf. Um das Jahr 100 hatte sich das Christentum bereits im ganzen Römischen Reich verbreitet. 249 befahl Kaiser Decius allen Untertanen die strikte Einhaltung des römischen Götterkults. So sollten die Götter milde gestimmt werden. Da die Christen dies verweigerten, kam es zur ersten staatlich organisierten Christenverfolgung im Römischen Reich. Die letzte und größte Christenverfolgung ließ Kaiser Diokletian 303–311 vornehmen. Schon sein Nachfolger Galerius jedoch erließ ein Toleranzedikt und forderte die Christen ausdrücklich zur Ausübung der christlichen Religion und dem Bau von Kirchen auf.

362 machte Konstantin Byzanz unter dem neuen Namen Konstantinopel (Stadt des Konstantin) zu seiner Hauptstadt. Er wollte aus ihr ein zweites Rom machen. Nicht nur hier, sondern auch in Rom und Jerusalem ließ er zahlreiche Kirchen errichten. Im Jahr 325 berief er das Konzil von Nicaea ein. Konstantin selber ließ sich erst kurz vor seinem Tod im Jahr 337 taufen.

Der seit 337 regierende weströmische Kaiser Constantius II. hatte an den Grenzen seines Reiches so viele Kriege zu führen, dass er erst 357 erstmals seine Hauptstadt Rom besuchen konnte. Bei den Auseinandersetzungen innerhalb der Christenheit verteidigte er die orthodoxe römische Lehre gegen den in Kleinasien und Illyrien verbreiteten Arianismus, den er blutig verfolgen ließ.

Theodosius I. der Große (379–395) ordnet in seinem Ostreich die Annahme des christlichen Glaubens an.

Theodosius der Große führte den christlichen Glauben, den die Bischöfe von Rom und Alexandria vertraten, als offizielle Religion für alle seine Untertanen ein. Dabei ließ er die Bezeichnung »katholisch«, die diese christliche Kirche führte, per Gesetz festlegen. Die Arianer wurden genauso verfolgt wie die Juden, Heiden und Ketzer. Nach dem Tod des Theodosius 395 übernahm sein Sohn Arcadius die Herrschaft über das Ostreich, sein anderer Sohn Honorius regierte, unterstützt von dem vandalischen Heermeister Stilicho, das Westreich. Seither war es Tradition, dass dem Herrscher des Westreiches jeweils ein Heermeister als Mitregent zur Seite stand. Honorius regierte zunächst von Mailand aus, später machte er Ravenna zum Regierungssitz. Während im Jahr 409 Vandalen, Sueben und Alanen Spanien eroberten, begannen schon seit 408 die Westgoten in Italien einzufallen. Ihr Anführer Alarich I. hatte bereits Teile des Balkans eingenommen und trug den Titel eines oströmischen Magister militum (Heerführer). Im Jahr 410 eroberte Alarich Rom, das er drei Tage lang plündern ließ.

Der 425–455 regierende Westkaiser Valentinian III. hatte den illyrischen Heermeister Aetius zum Mitregenten. Aetius kämpfte in Spanien und Gallien gegen germanische Stämme, um den Erhalt der römischen Herrschaft zu sichern. Im Jahr 436 ließ Aetius durch hunnische Hilfstruppen das Reich der burgundischen Nibelungen am Mittelrhein zerstören. Den Südteil ihres Landes von Worms bis an den Alpenrand nahmen die Alamannen ein. Die Vandalen hatten von Spanien aus nach Afrika übergesetzt. Nach zehnjährigem Kampf eroberten sie Karthago und gründeten dort das Vandalenreich in Afrika. Im Jahre 442 wurde es vom weströmischen Kaiser Valentinian III. als erstes unabhängiges Reich eines Germanenstamms auf römischem Territorium anerkannt.

451: Römer und Westgoten besiegen die Hunnen unter König Attila auf den Katalaunischen Feldern.

Nach dem Einfall des Hunnenkönigs Attila in Gallien kam es 451 auf den Katalaunischen Feldern zur Entscheidungsschlacht. Die Römer trugen unter Aetius zusammen mit den verbündeten Westgoten unter König Theoderich den Sieg davon.

Attila zog nach der Niederlage nach Süden, plünderte die Poebene und zerstörte Ravenna. In Mantua traf er auf den als kaiserlichen Gesandten fungierenden Papst Leo I., der ihn vom Marsch auf Rom abhalten konnte. Attila kehrte in sein Hauptquartier an die Theiß zurück, wo er 453 unerwartet starb. Nach dem Tod Valentinians III. begann der endgültige Zerfall des Westreiches, dessen Kaiser und Gegenkaiser sich blutige Bürgerkriege lieferten. Im Jahr 476 wurde der seit 473 regierende Westkaiser Nepos von dem pannonischen Heermeister Orestes vertrieben. Den Thron überließ Orestes seinem Sohn Romulus, der damit zum letzten Kaiser Westroms wurde. Mit seiner Absetzung durch den germanischen König Odoaker, einem in römischen Diensten stehenden Söldnerführer, war das Ende des Weströmischen Reiches gekommen.

476:
Ende des Weströmischen Reiches nach der Absetzung des letzten Kaisers Romulus durch den Germanenkönig Odoaker.

Odoaker, vom Heer zum König ausgerufen, eroberte 476/477 das von den Vandalen besetzte Sizilien. Im Jahr 489 wurde Odoaker bei Verona von dem im Auftrag des oströmischen Kaisers Zenon handelnden Ostgotenkönig Theoderich geschlagen. Odoaker zog sich nach der Niederlage nach Ravenna zurück. Dort öffnete er, durch Theoderichs Zusage einer gemeinsamen Herrschaft veranlasst, nach über zweijähriger Belagerung im Jahr 493 die Tore und wurde von dem wortbrüchigen Theoderich persönlich getötet. Damit begann die bis 552 dauernde Herrschaft der Ostgoten über Italien.

Auf einen Blick: Antike und Wandel der Mittelmeerwelt

3. Jahrtausend v. Chr.

- Beginn der minoischen Kultur auf Kreta.

ca. 2000 v. Chr.

- Besiedelung der südlichen Balkanhalbinsel durch indoeuropäische Stämme.

ca. 1600 v. Chr.

- Einwanderung der Achaier und Gründung der mykenischen Kultur.

ca. 1400 v. Chr.

- Die Mykener erobern Kreta.

bis ca. 700 v. Chr.

- Einigung Attikas unter Führung Athens.

753 v. Chr.

- Der Sage nach wird Rom gegründet.

ca. 750 v. Chr.

- Entstehung der griechischen Buchstabenschrift.
- Der Dichter Homer verfasst die Epen »Ilias« und »Odyssee«.

683 v. Chr.

- Abschaffung des Königtums in Athen.

500–479 v. Chr.

- Kriege der griechischen Stadtstaaten gegen die nach Westen vordringenden Perser.

494 v. Chr.

- Die römischen Plebejer gründen ihre eigene Volksversammlung.

462 v. Chr.

- Reformen des Perikles in Athen.

431–404 v. Chr.

- Peloponnesischer Krieg.

343–272 v. Chr.

- Rom unterwirft Mittelitalien.

338 v. Chr.

- Gründung des Korinthischen Bundes.

337 v. Chr.

- Niederlage Athens gegen Philipp II. von Makedonien.

334 v. Chr.

- Alexander III. (der Große) beginnt den Feldzug gegen Persien.

331 v. Chr.

- Alexander der Große gründet nach der Eroberung Ägyptens Alexandria.
- 1. Oktober: Endgültiger Sieg der Makedonier über die Perser.

323 v. Chr.

- 13. Juni: Tod Alexanders des Großen.

264–146 v. Chr.

- Punische Kriege.

88 v. Chr.

- Beginn der römischen Bürgerkriege.

73–71 v. Chr.

- Spartakusaufstand.

58–51 v. Chr.

- Gaius Iulius Caesar erobert Gallien und Britannien.

44 v. Chr.

- Ermordung Gaius Iulius Caesars.

40 v. Chr.

- Das 2. Triumvirat aus Antonius, Lepidus und Octavian teilt das Römische Reich unter sich auf.

27 v. Chr.

- Octavian ernennt sich zum Kaiser Augustus.

12 v. Chr.–16 n. Chr.

- Feldzüge in Germanien.

30

- Prozess gegen Jesus von Nazareth und Kreuzigung.

64

- Brand Roms.

64–311

- Christenverfolgungen.

117

- Durch die Annexion von Armenien, Assyrien und Mesopotamien erreicht das Territorium des Römischen Reiches seine größte Ausdehnung.

380

- Kaiser Theodosius I. erklärt das Christentum zur Staatsreligion.

395

- Teilung des Römischen Reiches in ein von Rom regiertes Westreich und ein von Konstantinopel regiertes Ostreich.

410

- Eroberung Roms durch die Goten.

455

- Eroberung Roms durch die Vandalen.

476

- Untergang des Weströmischen Reiches.

Das Mittelalter

Diese Epoche umfasst den Zeitraum zwischen der Völkerwanderung und der Reformation. Ihre rund zehn Jahrhunderte sind geprägt von erbitterten Auseinandersetzungen zwischen geistlicher und weltlicher Macht. Ein bedeutsamer Schritt in die Neuzeit ist die Entwicklung des städtischen Lebens.

1 Das Frankenreich – Herrschaft und Gesellschaft

1.1 Die Merowinger

3. bis 6. Jahrhundert: Völkerwanderungszeit zwischen dem Untergang des Weströmischen Reiches und dem Beginn des Mittelalters.

Im Zuge der Völkerwanderung zwischen dem 3. und 6. Jahrhundert hatten germanische Stämme große Teile Europas erobert.

Untereinander verfeindet begann nun der Kampf um die Vorherrschaft in Mittel- und Westeuropa, aus dem die Merowinger siegreich hervorgingen.

Der Merowingerkönig Chlodwig gründet zwischen 482 und 511 das Fränkische Reich.

Zwischen 482 und 511 gelang es dem im Jahr 500 zum Christentum übergetretenen Frankenkönig Chlodwig, alle anderen fränkischen Fürsten auszuschalten sowie die Alamannen und die Westgoten zu besiegen. Im Jahr 511 gab er seinem Frankenreich auf dem Konzil von Orleans eine einheitliche Kirchenordnung. Als Chlodwig im selben Jahr in seiner Residenz starb, erbten seine vier Söhne das Reich. Bis 536 verleibten die Merowingerkönige noch Thüringen und Burgund mitsamt der Provence ihrem Frankenreich ein. 561 wurde es unter den drei Söhnen König Chlotars I. in die Reichsteile Austrien, Neustrien und Burgund aufgespalten.

1.2 Die Karolinger

687: Der austrische Hausmeier Pippin II. übernimmt die Herrschaft über das Frankenreich.

In Austrien wurde das Amt des Hausmeiers, dem ursprünglich die königliche Hofhaltung unterstand, der aber bald die eigentliche Herrschaft an der Spitze der Adligen übernommen hatte, in der Familie der Arnulfinger und Pippiniden erblich. Einer von ihnen, Pippin II. der Mittlere, übernahm 687 die Herrschaft über das ganze Frankenreich.

732: Karl Martell schlägt die Araber und gilt als »Retter des Abendlands«.

Pippins Sohn und Nachfolger (714–741) Karl Martell (»der Hammer«) weitete seine Macht aus. Er unterwarf die Alamannen und die Thüringer, Bayern geriet in Abhängigkeit. 732 schlug er bei Tours und Poitiers ein über die Pyrenäen in das Frankenreich eingedrungenes Heer der Araber. Sie mussten sich auf die Iberische Halbinsel zurückziehen, wo sie 711 mit der Errichtung muslimischer Kalifate begonnen hatten. Karl Martell galt nun als »Retter des Abendlands«, der der Ausbreitung des Islams nach Norden Einhalt geboten hatte, während dort die Christianisierung voranschritt.

Die fränkische Reichsversammlung rief Karl Martells Sohn 751 als Pippin I. zum König aus. Durch die Zustimmung von Papst Zacharias wurde Pippin I. ein König von Gottes Gnaden. Gleichzeitig war eine unzertrennliche Verbindung zwischen politischer und kirchlicher Macht entstanden.

751: Pippin der Jüngere wird als Pippin I. fränkischer König. Bruch mit Geburtskönigtum; Verbindung von politischer und kirchlicher Macht.

Pippin I. versprach, gegen die Langobarden vorzugehen und dem Papst Territorialbesitz in Italien zu verschaffen. Im Gegenzug erhielt Pippin I. 754 für sich und seine Söhne Karl und Karlmann den Ehrentitel eines Patricus Romanorum (Schirmherr der Römer). In zwei erfolgreichen Feldzügen (754 und 756) zwang Pippin I. die Langobarden zur Anerkennung der fränkischen Oberhoheit. Das Küstengebiet zwischen Rimini und Ancona gehörte fortan zum Kirchenstaat.

756: Pippinische Schenkung, Entstehung des Kirchenstaats.

1.3 Karl der Große

Nach dem Tod ihres Vaters Pippin I. erbte Karl das Gebiet zwischen Thüringen und den Pyrenäen und Karlmann das Gebiet zwischen Alamannien und dem Mittelmeer. Nach Karlmanns Tod 771 sicherte sich Karl die Alleinherrschaft. Die Erbansprüche von Karlmanns Söhnen berücksichtigte er nicht. Sie flohen daraufhin an den Hof des Langobardenkönigs Desiderius. Als dieser Papst Hadrian I. zwingen wollte, die Söhne Karlmanns zu fränkischen Königen zu salben, begann Karl auf Ersuchen des Papstes seinen Eroberungszug gegen die Langobarden. Nach der Einnahme von Pavia 773 begab er sich weiter nach Rom. Dort bestätigte und erweiterte er 774 die »Pippinische Schenkung« und nahm den Titel des Königs der Franken und Langobarden an.

768–814: Karl der Große, Namensgeber der karolingischen Herrscherdynastie.

774: Karl erobert das Langobardenreich.

Im Norden der Iberischen Halbinsel dehnte Karl 778 sein Reich auf Kosten der Araber aus und errichtete dort die Spanische Mark. Zwischen 772 und 804 führte Karl zudem etliche Eroberungskriege gegen die noch heidnischen Sachsen und unterwarf 788 das letzte noch weitgehend unabhängige Stammesherzogtum Bayern.

781: Süditalien bis auf die dortigen byzantinischen Besitzungen unter fränkischer Oberhoheit.

Mit der Vergabe von Ämtern und Lehen an die mächtigsten Adelsfamilien versuchte Karl, ihr Interesse am Bestand der Einheit des Reiches zu wecken. Mehr noch setzte Karl auf die Kirche als Trägerin des Reichsgedankens. Er nahm den Klerus verstärkt in den Reichsdienst und sorgte durch

Karl der Große in prachtvollem Krönungsornat

Schenkungen für das Wohlergehen von Kirche und Klöstern. Als Papst Leo III., von Feinden aus dem römischen Adel bedroht, 799 die Stadt verlassen musste, begab er sich in den Schutz Karls nach Paderborn. Im Jahr 800 zogen sie zusammen in Rom ein. Am 25. Dezember nahm Karl dort in der Peterskirche an der von Papst Leo III. zelebrierten Weihnachtsmesse teil. Dabei setzte der Papst dem der Überlieferung nach überraschten Karl eine Krone auf, kniete vor ihm nieder und nannte ihn den von Gott gekrönten Kaiser der Römer.

28.1.814: **Tod Karls des Großen.**

Am 28. Januar 814 starb Kaiser Karl im Alter von 67 Jahren in Aachen. Dort wurde er in der Pfalzkapelle beigesetzt.

Karl der Große (768–814)

Karl der Große, der sein Reich nicht von einer Hauptstadt aus regierte, reiste unermüdlich durch sein Land. Stationen machten er und sein riesiger Begleittross in den Kaiserpfalzen, die er im ganzen Reich erbauen ließ. Der Kaiser ließ Klöster und Domschulen errichten, förderte Wissenschaft und Kunst, ließ Wälder roden, um neue Ackerflächen zu schaffen, und führte die Dreifelderwirtschaft ein, die den Bauern zu besseren Ernten verhalf. Von den anstrengenden Reisen erholte er sich in den warmen Quellen seiner Lieblingspfalz Aachen. Wie sein Biograf Einhard berichtet, entstand in der Aachener Kaiserpfalz eine glänzende Hofhaltung. Umgeben von seiner großen Familie – Karl war fünf Mal verheiratet, hatte etliche Konkubinen und eine Schar von Kindern und Enkelkindern um sich – lebte der Kaiser hier im Kreis von Gelehrten, Dichtern, Philosophen und Sängern.

Karl dem Großen folgte sein Sohn Ludwig der Fromme (814–840) auf den Kaiserthron.

814–840: Kaiser Ludwig der Fromme. Kämpfe seiner Söhne um die Nachfolge.

Als Kaiser Ludwig Karl den Kahlen, seinem Sohn aus zweiter Ehe, ein aus den Landesteilen Elsass, Rätien und Alamannien gebildetes Herzogtum zuteilte, kam es zum Aufstand der drei älteren Söhne aus erster Ehe. Damit begann ein jahrelanger Machtkampf zwischen den Brüdern. Als Kaiser Ludwig der Fromme 840 starb, führten Ludwig der Deutsche und Karl der Kahle Krieg gegen Lothar, der die Kaiserkrone für sich beanspruchte. Die Dreiteilung des Frankenreichs wurde schließlich 843 im Vertrag von Verdun besiegelt.

843: Der Vertrag von Verdun besiegelt die Dreiteilung des Frankenreichs.

Kaiser Lothar I. erhielt Italien, einen Landstreifen, der von Friesland im Norden bis in die Provence und Istrien im Süden reichte, sowie die beiden kaiserlichen Residenzen Aachen und Rom. Ludwig der Deutsche bekam den Ostteil des Frankenreichs (das spätere Deutschland), Karl der Kahle den Westteil (das spätere Frankreich).

1.4 Das Lehnswesen

Im Mittelalter gehörten Land und Grundbesitz ausschließlich dem König, dem Adel und der Kirche. Die Menschen, die es bewirtschafteten, waren Vasallen, schuldeten dem Schutz gewährenden Herrn Treue und Gehorsam und waren zu bestimmten Dienstleistungen, vor allem zur Heeresfolge, verpflichtet. Bereits im 9. Jahrhundert wurden erste Rechtsnormen für das Lehnsrecht festgelegt. Aufgezeichnet wurde es jedoch erst im 13. Jahrhundert, zum Beispiel im »Sachsenspiegel« oder im »Schwabenspiegel«.

Erste Rechtsnormen im 9. Jahrhundert; Kodifizierung des Lehnsrechts erst im 13. Jahrhundert.

Die Adligen waren ihrerseits Vasallen des Königs, der ihnen Grafschaften oder Herzogtümer als Lehen überlassen konnte. An der Spitze der Lehnspyramide stand der König, eine Stufe darunter folgten Adel und Kirche, die den Großteil an Grund und Boden besaßen. Jeder, der dem Adel, d. h. mindestens dem Ritterstand angehörte, konnte Lehnshöfe vergeben. Es bestand zwar immer noch die Treuepflicht gegenüber dem Lehnsherrn, wichtiger jedoch wurden mit der Zeit die Abgaben, die ein Lehnsgut dem Lehnsherrn zu entrichten hatte.

1.5 Kirche und Mönchtum

Das Christentum hatte sich zur Reichskirche entwickelt. Nach dem Untergang des Weströmischen Reiches sorgte sie für Kontinuität. Dabei kam es schon bald zum Konflikt zwischen dem Papst in Rom, dem Nachfolger des Apostel Petrus, und Byzanz, das auf der Gleichrangigkeit seines Metropoliten bestand.

Papst Gregor (509–604): Anerkennung der byzantinischen Kaiser als Oberhaupt der Christen. Beginn der Missionierung als Grundlage für spätere Führungsrolle der Päpste im Abendland.

Papst Gregor der Große (509–604) erkannte den byzantinischen Kaiser als Oberhaupt der Christenheit an. Gleichzeitig schuf er aber die Grundlage für die spätere Führungsrolle der Päpste im Abendland. Dies war die Missionierung der heidnischen Völker im Norden, die er in die Hand der Mönchsorden legte. Schon im Urchristentum galt ein in Gebet, Armut, Keuschheit und Ehelosigkeit verbrachtes Leben als das Ideal. Der Mönch kam diesem Ideal am nächsten. Um sich fern von aller Ablenkung nur dem Gebet hingeben zu können, zogen viele der frühen Mönche als Eremiten in die Wüsten Syriens und Ägyptens oder gründeten in Gemeinschaft mit anderen Klöster in völliger Abgeschiedenheit. Ganz anders als das orientalische Mönchstum entwickelte sich das abendländische. Statt eines einsamen und der religiösen Versenkung gewidmeten Lebens nahmen die Klöster

Die Benediktusregel

Die »Regula Benedicti« des Benedikt von Nursia regelte das Klosterleben und wurde Muster für alle späteren Mönchsorden. Die Hauptregeln sind der Gehorsam der Mönche gegenüber dem Abt als Stellvertreter Christi, ferner Armut, Entsagung und Keuschheit. Die wichtigsten Pflichten der Benediktinermönche sind »Ora et labora« (Bete und arbeite). Das Gebet dient der Verherrlichung Gottes; die körperliche Arbeit, die jeder Bruder seinen Fähigkeiten entsprechend zu leisten hat, ist Dienst an Gott und an den Mitmenschen. Zu den Pflichten der Benediktiner gehörte auch das Lesen und die Auseinandersetzung mit der Wissenschaft. So wurden die Klöster zu Zentren und Vermittlern von Wissenschaft und Kultur.

des Abendlands eine wichtige Rolle in der christlichen Gemeinschaft ein.
Der bedeutendste westliche Klostergründer war Benedikt von Nursia (um 480–547), der Begründer des Benediktinerordens.

1.6 Die Missionierung des Abendlands

Schon im 5. Jahrhundert missionierte der aus einer römisch-britannischen Familie stammende Heilige Patrick (etwa 385–460) in Irland. Ein Meilenstein auf dem Weg zur Christianisierung Westeuropas war die Taufe des Frankenkönigs Chlodwig im Jahr 498. Ein weiterer entscheidender Schritt war die Errichtung einer fränkischen Reichskirche auf dem von Chlodwig 511 in Reims einberufenen ersten fränkischen Nationalkonzil.

498:
Taufe des Frankenkönigs Chlodwig.
511:
Errichtung einer fränkischen Reichskirche.

Einige der germanischen Stämme der Völkerwanderungszeit waren zunächst Anhänger des Arianismus geworden. In dieser Lehre wurde Christus nicht als wesensgleich mit Gott, sondern nur als wesensähnlich gesehen. Erst im 6. Jahrhundert gelang es, die Könige der Burgunder, der Sueben und der Westgoten in Spanien und damit gezwungenermaßen auch ihre Untertanen zur Übernahme des katholischen Glaubens zu bewegen. Im selben Jahrhundert wurden auch Bayern und das übrige Süddeutschland christianisiert. Im Jahr 596 begann die Missionierung der Angelsachsen. Ende des 7. Jahrhunderts kam es zu ersten Missionierungsversuchen in Friesland und in Sachsen, Anfang des 8. Jahrhunderts auch in Hessen und in Thüringen.

2 Weltliche und geistliche Gewalt im Mittelalter

2.1 Die Ottonen

Trotz aller Bemühungen der Könige war der Hochadel nicht dazu bereit, sich der Königsherrschaft vollständig zu unterwerfen oder dem König durch die Übernahme eines Amtes zu dienen. Daher betraute Otto I. in zunehmendem Maß hohe Geistliche mit Regierungsaufgaben. Ottos größter militärischer Schlag gelang am 10. August 955, als er auf dem Lechfeld bei Augsburg die Ungarn so vernichtend schlug, dass sie nie mehr in das Reich vordrangen.

10. August 955: Otto I. bringt den Ungarn auf dem Lechfeld bei Augsburg eine vernichtende Niederlage bei.

2. Februar 962: Otto I. wird in Rom zum römischen Kaiser gekrönt, ein Titel der fortan nur den deutschen Königen zusteht.

961 begab sich Otto I. zum zweiten Mal nach Italien. Dort wurde er am 2. Februar 962 in der Peterskirche in Rom von Papst Johannes XII. zum römischen Kaiser gekrönt. Seither trugen die deutschen Könige die Krone des weströmischen Kaiserreichs.

Mit der Krönung Ottos I. zum Kaiser und der Krönung seines Sohnes Otto II. zum Mitkaiser im Jahr 967 brach der Konflikt mit Byzanz erneut auf. Er wurde durch den Verzicht Ottos I. auf Apulien und die Verheiratung (972) seines Sohnes Otto II. mit Theophanu, der Nichte des byzantinischen Kaisers Johannes Tzimiskes, diplomatisch gelöst. Ein besonderes Anliegen war es Otto I., die Ostgrenze des Reiches über die Siedlungsgebiete der unterworfenen Slawen auszudehnen. Dafür gründete er zwischen Havel, Spree und Oder eine neue Grenzmark, die er von Missionaren christianisieren ließ. Zentrum dieser Slawenmission war das 967 mit Billigung Papst Johannes' XIII. errichtete Erzbistum Magdeburg, in dessen Dom Otto I. 973 seine letzte Ruhestätte fand.

973: Otto II. folgt seinem Vater Otto I. auf den Thron.

Das kolonisatorische und missionarische Lebenswerk Ottos I. hatte jedoch nicht lange Bestand. Noch während der Regierungszeit seines Sohnes und Nachfolgers Otto II. führten Aufstände der Bayern, Dänen und Slawen zum Zerfall.

Sein tief religiöser Nachfolger Otto III. strebte eine »Erneuerung des Römischen Reiches« im christlichen Glauben an. In Rom setzte er als ersten Deutschen seinen Vetter Brun von Kärnten unter dem Namen Gregor V. als Papst ein und ließ sich 996 von ihm zum Kaiser krönen. Schon 997 begab sich

Otto III. erneut nach Rom, beseitigte dort die oppositionelle Adelsherrschaft und machte Rom zur Hauptstadt seines Reiches. Dabei handelte er im Widerspruch zur Konstantinischen Schenkung, die er zu Recht als Fälschung bezeichnete.

Die Konstantinische Schenkung

Eine um die Wende vom 8. zum 9. Jahrhundert in Rom gefälschte Urkunde war ein angeblich von Kaiser Konstantin im 4. Jahrhundert vor seiner Übersiedelung in seine neue Hauptstadt Konstantinopel verfertigtes Dokument. Darin soll er den Papst zum Herrscher Roms, Italiens und des gesamten Weströmischen Reiches gemacht haben. Von dieser gefälschten Urkunde leiteten die Päpste des Mittelalters ihren Herrschaftsanspruch auch über die Kaiser her.

Otto III. war von der seinerzeit weit verbreiteten Furcht vor dem Untergang der Welt im Jahr 1000 geleitet. Eine seiner vielen Wallfahrten führte ihn um die Jahrtausendwende nach Gnesen, das er zum Erzbistum erhob. Dem polnischen Herrscher Boleslaw Chrobry verlieh er die Königswürde und veranlasste ihn zur Christianisierung seines Volkes.

1000:
Otto III. gründet das Erzbistum Gnesen und leitet die Christianisierung der Polen ein.

Letzter Ottonenkaiser war Heinrich II., der sich trotz Gebietsverlusten in Polen erfolgreich um den Erhalt des Reiches und seine Machterweiterung bemühte. Er starb 1024 und wurde 1146 heilig gesprochen.

13. Juli 1024:
Tod des letzten Ottonenkaisers Heinrichs II.; Nachfolger wird der erste Salier, Konrad II.

2.2 Die Salier

Konrad II., ein fränkischer Graf und direkter Nachfahre Ottos I., wurde nach dem Tod Heinrichs II. im Jahr 1024 zum neuen König gewählt. 1027 erhielt er in Rom die Kaiserkrone und erbte im Jahr 1033 auch das Königreich Burgund.

1033:
Konrad II. erbt das Königreich Burgund.

Das Burgunderreich, das sich zwischen Oberrhein und Mittelmeer erstreckte, stellte mit seinen Pässen über die Westalpen nach Italien auch in strategischer Hinsicht einen bedeutenden Gewinn dar. Im Reich gewann Konrad II. den Rückhalt der kleinen Vasallen für sich, deren Lehen er erblich machte und sie damit aus der Abhängigkeit der großen

Adelsherren befreite. Durch die Vergabe von Lehen an Ministeriale trug er wesentlich zum sozialen Aufstieg dieser bisher unfreien Schicht bei. Auch in Italien gewann Konrad II. vor allem unter dem niederen Adel Anhänger, als er auch ihre Lehen erblich machte.

1039: Tod Konrad II.; Nachfolger wird sein Sohn Heinrich III.

Nach dem Tod Konrads II. im Jahr 1039 wurde sein Sohn Heinrich III. deutscher König. 1046 beendete er auf dem Konzil von Sutri ein Schisma, in dem drei Päpste um den Stuhl Petri kämpften. Er setzte alle drei ab und erhob Bischof Suidger von Bamberg als Clemens II. zum Papst. Dieser setzte ihm und seiner Gemahlin Agnes von Poitou Weihnachten 1046 in Rom die Kaiserkrone auf das Haupt. Mit Heinrich III. erreichte die Macht der deutschen Herrscher über die Kirche einen Höhepunkt. Als Heinrich III. 1056 starb, war sein Sohn, der schon 1053 zum König gekrönte Heinrich IV., erst sechs Jahre alt. Im Jahr 1065 übernahm er die Regentschaft von seiner Mutter, Kaiserin Agnes.

1056: Tod Heinrichs III.; Nachfolger wird sein sechsjähriger Sohn Heinrich IV.

2.3 Kirchenreform, Investiturstreit und Wormser Konkordat

Während König Heinrich IV. in seinen ersten Regierungsjahren nur mit Mühe der aufständischen Sachsen Herr werden konnte, war ihm mit Gregor VII. in Rom ein weit mächtigerer Gegner erwachsen.

Papst Gregor VII. (1073–1085)

Der 1073 auf den Stuhl Petri gelangte Papst Gregor VII. war strikter Verfechter einer Reform der Kirche. An ihrer Spitze sollte der von keiner weltlichen Macht abhängige Papst stehen. Als Gottes irdischer Stellvertreter war er allen weltlichen Herrschern übergeordnet. Auch Kaiser und Könige schuldeten ihm Gehorsam. Ihnen untersagte er die Laieninvestitur, d.h., er verbat ihnen, Bischöfe und Äbte einzusetzen. Zudem konnte er die Untertanen eines ungerechten Herrschers von ihrem Treueid entbinden und sogar den Herrscher selbst absetzen. Im »Dictatus Papae« erhielt der Papst somit das Recht, in weltliche Angelegenheiten einzugreifen.

In Deutschland waren die Bischöfe zugleich auch Reichsfürsten und eine wichtige Stütze des Königtums. Daher konnte es der deutsche König keinesfalls hinnehmen, dass sie in Zukunft vom Papst eingesetzt wurden.

Heinrich IV. setzte in Deutschland und Italien weiterhin Bischöfe ein, was scharfe Proteste des Papstes zur Folge hatte. Daraufhin verweigerte 1076 die Mehrzahl der deutschen Kirchenfürsten ebenso wie auch italienische Bischöfe dem Papst den Gehorsam. Heinrich IV. forderte Gregor VII. wegen der umstrittenen Umstände seiner Wahl zum Rücktritt auf. Im Gegenzug sprach der Papst über den deutschen König den Kirchenbann aus, entzog ihm das Recht der Herrschaft und entband alle Untertanen Heinrichs IV. vom Eid auf den Herrscher.

1075: Heinrich IV. widersetzt sich der Kirchenreform Gregors VII. und setzt Bischöfe ein.

1076: Gregor VII. spricht den Kirchenbann über Heinrich IV. aus.

Die in Opposition zu Heinrich IV. stehenden deutschen Fürsten drohten nun mit der Wahl eines Gegenkönigs, falls Heinrich nicht durch entsprechenden Gehorsam dem Papst gegenüber innerhalb eines Jahres die Aufhebung des Kirchenbanns erreichen könne. Als die Fürsten auch noch Gregor VII. aufforderten, in Deutschland als Schiedsrichter aufzutreten, kam Heinrich IV. diesem drohenden Bündnis zwischen den Reichsfürsten und dem Papst zuvor und begab sich im Januar 1077 nach Italien.

Barfuß im hohen Schnee und nur mit einem Büßerhemd bekleidet, wartete der König vor der Burg von Canossa, in der sich der Papst aufhielt. Nach drei Tagen endlich hob Gregor VII. den Kirchenbann auf. Dafür musste Heinrich IV. die Schiedsrichterrolle des Papstes bei seiner Auseinandersetzung mit den Reichsfürsten akzeptieren. Diese allerdings wählten trotzdem mit Rudolf von Rheinfelden, Herzog von Supplinburg, einen in allen Punkten willfährigen Gegenkönig. Bei den nun ausbrechenden kriegerischen Auseinandersetzungen in Deutschland kam Rudolf ums Leben, und Heinrich IV. gelang es, sich wieder als König zu behaupten. Ein neuerlicher Bannspruch des Papstes 1080 führte dazu, dass sich die Mehrzahl der deutschen und lombardischen Bischöfe auf die Seite Heinrichs IV. stellten. Dieser erhob daraufhin in Brixen den Erzbischof von Ravenna als Clemens III. zum Gegenpapst.

1077: Heinrichs IV. Gang nach Canossa, Aufhebung des Kirchenbanns.

1080: Erneuter Bann über Heinrich IV., der nun einen Gegenpapst einsetzt.

1084: Kaiserkrönung durch Clemens III.

Nachdem 1084 auch die Römer zu Heinrich IV. übergelaufen waren, ließ er sich noch im selben Jahr von Papst Clemens III. zum Kaiser krönen. Eine Zeit relativen Friedens zwischen dem Kaiser und Rom folgte. Sie endete jedoch schon 1088 mit der Wahl Urbans II. zum Papst. Er verbündete sich mit kaiserfeindlichen deutschen Fürsten und italienischen Städten. 1104 erhob sich der schon 1098 zum deutschen König gewählte Heinrich V. gegen seinen Vater Kaiser Heinrich IV. und zwang ihn 1105 zur Abdankung. Als Heinrich V. nach dem Tod Heinrichs IV. im Jahr 1106 die Herrschaft übernahm, verteidigte er wie sein Vater die Laieninvestitur. Nach zwei Italienzügen und der Kaiserkrönung Heinrichs V. in Rom im Jahr 1111 nahm der Investiturstreit 1122 mit dem Wormser Konkordat sein Ende. Fortan wurde zwischen dem geistlichen und weltlichen Amt der Kirchenfürsten unterschieden. Für die geistliche Investitur mit Ring und Bischofsstab war der Papst zuständig, für die Aushändigung der weltlichen Hoheitsrechte der deutsche König. Dieser hatte zudem ein gewisses Mitspracherecht bei der Einsetzung der deutschen Bischöfe. Mit Heinrich V. starb im Jahr 1125 der letzte Salier.

1122: Wormser Konkordat zwischen deutschem König und Papst; Beilegung des Investiturstreits um das Recht der Einsetzung von Bischöfen und Äbten.
1125: Tod Heinrichs V., des letzten Saliers.

Die folgenden Jahrzehnte waren von heftigen Machtkämpfen zwischen den Staufern und den Welfen gekennzeichnet.

1152: Friedrich III. von Schwaben wird als Friedrich I. (Barbarossa) deutscher König.

2.4 Kaiser Friedrich I. Barbarossa

Da der 1152 gestorbene König Konrad III. über keinen direkten männlichen Nachfolger verfügte, wurde sein Neffe, der Staufer Friedrich III. von Schwaben, als Friedrich I. zum deutschen König gewählt. Den Beinamen Barbarossa (Rotbart) erhielt er später in Italien. Obwohl er, noch von Papst Eugen III. zu Hilfe gerufen, weder den römischen Aufstand niederschlagen noch die Normannen zurückdrängen konnte, erhielt er 1155 vom neuen Papst Hadrian IV. die Kaiserkrone. Während seines zweiten Zugs nach Italien wollte er nicht nur die reichen lombardischen Städte seiner persönlichen Herrschaft unterstellen, sondern generell seinen kaiserlichen Herrschaftsanspruch demonstrieren. Auf einem 1158 rasch einberufenen Reichstag in Roncaglia ließ der Kaiser eine neue Ordnung ausarbeiten, die ihm fast alle Herr-

1155: Kaiserkrönung Friedrich I. Barbarossas in Rom.

1158–1162: Zweiter Italienzug Friedrich Barbarossas zur Wiederherstellung der kaiserlichen Macht in Ober- und Mittelitalien.

schaftsrechte über die lombardischen Städte und damit vor allem die Teilhabe an ihren Einkünften einräumte. Als Mailand sich dem widersetzte, wurde es zerstört.

Der dritte Italienzug Kaiser Friedrich Barbarossas 1163–1164 blieb ergebnislos. Der geplante Kampf gegen die Normannen kam nicht zustande. Zudem schlossen sich die norditalienischen Städte zum Veroneser Bund zusammen.

1163–1164: Dritter Italienzug Friedrich Barbarossas. Norditalienische Städte schließen Veroneser Bund.

Auf seinem vierten Italienzug 1166–1168 gelang ein Sieg über die Streitkräfte des antikaiserlich eingestellten Roms. Papst Alexander III. musste fliehen, sein Nachfolger wurde der kaiserfreundliche Paschalis III. Im Sommer 1167 brach in Rom eine Seuche aus, die die kaiserlichen Truppen stark dezimierte und Kaiser Friedrich Barbarossa zum Rückzug nach Norditalien zwang. Dort hatten jedoch die in der Lombardischen Liga verbundenen Städte gerade die kaiserliche Herrschaft abgeschüttelt. Nur knapp und in einer Verkleidung entging der Kaiser der Gefangennahme.

1166–1168: Vierter Italienzug. Sieg über das antikaiserliche Rom.

1174 zog Friedrich Barbarossa zum fünften Mal nach Italien, wo er bei Legnano eine vernichtende Niederlage gegen die Lombardische Liga hinnehmen musste. Durch die Anerkennung des Papstes Alexanders III. brachte er jedoch den bisherigen stärksten Verbündeten der Lombardischen Liga auf seine Seite und erreichte 1177 im Frieden von Venedig die Wiederanerkennung eines Großteils seiner kaiserlichen Rechte in Italien. 1183 kam es in Konstanz zum endgültigen Friedensschluss mit der Lombardischen Liga, in dem die Städte unter anderem die kaiserlichen Rechte auf Steuereinnahmen und Zölle anerkannten. In Deutschland war indessen der mächtige, in seinen Ländern wie ein König herrschende Heinrich der Löwe zu einem ernst zu nehmenden Konkurrenten geworden. Weil er einer Gerichtsladung des Kaisers nicht nachkam, verhängte Friedrich Barbarossa 1180 die Reichsacht über Heinrich den Löwen. Damit wurden ihm auch seine Reichslehen genommen.

1174–78: Fünfter Italienzug. Niederlage gegen die Lombardische Liga. Anerkennung des Papstes Alexander III.

1177: Friede von Venedig.

1180: Ächtung Heinrichs des Löwen, der sein Reichslehen verliert.

Der Westen Sachsens ging unter der Bezeichnung Westfalen an den Erzbischof von Köln, der Osten an Bernhard von Askanien. Die Steiermark wurde zum eigenen Herzogtum, und Pfalzgraf Otto von Wittelsbach erhielt Bayern, das seine Nachkommen bis 1918 regierten. Heinrich der Löwe, der sich letztlich unterwarf und sich an den Hof seines Schwiegervaters, des Königs von England, begab, behielt nur seine Stammsitze Braunschweig und Lüneburg. Nachdem er Heinrich den Löwen niedergerungen hatte, begab sich Friedrich Barbarossa 1184 auf seinen sechsten Italienzug.

1184–1186: Sechster Italienzug Friedrich Barbarossas.

Seinem Wunsch, den Sohn Heinrich VI. zum Kaiser zu krönen, kommt der Papst erst nach, als sich Friedrich 1189 dem dritten Kreuzzug anschloss. Doch Kaiser Friedrich I. Barbarossa sollte das Heilige Land nie erreichen. Auf dem Weg dorthin ertrank er am 10. Juni 1190 in dem Fluss Saleph in Kleinasien.

10. Juni 1190: Kaiser Friedrich I. Barbarossa ertrinkt auf dem dritten Kreuzzug im Fluss Saleph.

2.5 Kaiser Heinrich VI. und die doppelte Königswahl

Heinrichs VI. Plan, weiter nach Süditalien zu ziehen und das Normannenreich in Besitz zu nehmen, scheiterte. Zurück in Deutschland sah sich Heinrich VI. einem von Heinrich dem Löwen geführten Aufstand der weltlichen und geistlichen Fürsten gegenüber. Angesichts der Bedrohung seiner Macht verbündete sich der Kaiser mit dem mit England verfeindeten König Philipp II. August von Frankreich. Beider Ziel war die Gefangennahme des auf dem Landweg vom Kreuzzug zurückkehrenden englischen Königs Richard Löwenherz. Als dieser 1192 österreichisches Territorium betrat, ließ ihn Herzog Leopold V. von Österreich ergreifen und in der Burg Dürnstein festsetzen.

1192: Festnahme des englischen Königs Richard Löwenherz in Österreich, Auslieferung an Kaiser Heinrich VI. 1193, Freilassung 1194.

1193 wurde Richard Löwenherz dem Kaiser übergeben, der ihn in Ehrenhaft nehmen ließ. Als Richard Löwenherz auf alle Bedingungen einging, ließ ihn Kaiser Heinrich VI. Anfang 1194 nach England zurückkehren. Dem durch diese Behandlung seines Verwandten und Verbündeten geschwächten Heinrich dem Löwen blieb nichts anderes übrig, als sich mit dem Kaiser zu versöhnen. Im Mai 1194 brach Heinrich VI. zu seinem zweiten Italienzug auf. Kurz zuvor war Tankred von Lecce gestorben. Nach einem Sieg über die Normannen bei Catania wurde der Kaiser Weihnachten 1194 zum König von Sizilien gekrönt. 1197 starb Heinrich VI. überraschend.

1194: Krönung Kaiser Heinrichs VI. zum König von Sizilien.

Das Doppelkönigtum

In Deutschland kam es 1198 zu einer doppelten Königswahl. Die Mehrheit der deutschen Fürsten wählte Heinrichs VI. jüngeren Bruder Philipp von Schwaben. Die von Richard Löwenherz unterstützte welfische Partei wählte Otto (IV.), den Sohn Heinrichs des Löwen, zum Gegenkönig. Er gewann 1200 die Unterstützung Papst Innozenz' III., der keinesfalls von staufischer Macht im Norden und im Süden des Kirchenstaats umzingelt sein wollte. Er eignete sich in den in Deutschland ausbrechenden Kämpfen die Schiedsrichterrolle an. Nach der Ermordung des 1205 in Aachen gekrönten Philipps von Schwaben im Jahr 1208 wählte auch die staufische Partei Otto IV. zum König. Nach dessen Kaiserkrönung in Rom 1209 widerrief er alle vorher dem Papst gegenüber gemachten Zugeständnisse. Er erreichte die Wiederherstellung seiner Hoheitsrechte in Nord- und Mittelitalien und eroberte 1210 das Königreich Sizilien. Daraufhin belegte ihn Innozenz III. 1211 mit dem Kirchenbann und setzte 1212 die neuerliche Wahl des 1196 schon einmal gewählten Friedrichs II. zum deutschen König durch.

2.6 Kaiser Friedrich II.

In den jahrelangen Auseinandersetzungen um die Krone hatten die Staufer viel an Macht und Besitz verloren. Auf Zugeständnisse angewiesen verzichtete Friedrich 1213 auf dem Reichstag von Eger auf die Rechte, die die Könige bisher gegenüber der Kirche in Deutschland besessen hatten. Nach dem Sieg, den Friedrich II. 1214 bei Bouvines über Kaiser Otto IV. errang, wurde er in Mainz zum deutschen König gekrönt. Im Jahr 1220 wurde Friedrich II. in Rom zum Kaiser gekrönt.

1220:
Kaiserkrönung Friedrichs II. in Rom.

Dauerhafte Residenz Friedrichs II. wurde seit seiner Kaiserkrönung Palermo. Aus Sizilien machte Friedrich II. in den folgenden Jahren ein straff organisiertes Staatswesen. Während des fünften Kreuzzugs erreichte er durch Verhandlungen mit dem Sultan von Ägypten die Überlassung der heiligen Stätten und der Krone des Königreichs Jerusalem.

1228/1229:
Fünfter Kreuzzug, Friedrich II. wird König von Jerusalem.

Das wehrhafte Castel del Monte im Süden Italiens entstand unter Friedrich II.

Wieder in Deutschland verzichtete Friedrich II. während des Mainzer Hoftags von 1215 auf sämtliche königlichen Rechte (z. B. Münzrecht, Bau von Städten und Burgen) auf den Territorien der weltlichen Reichsfürsten. Sie wurden damit zu selbstständigen Landesherren.

1235: Mainzer Reichslandfriede: Die weltlichen Reichsfürsten werden selbstständige Herren ihres Landes.

Während Friedrich II. so Frieden mit den Reichsfürsten geschlossen hatte, wurde der Kampf mit dem Papst immer unerbittlicher geführt. Nach seiner erneuten Bannung 1239 eroberte Friedrich II. den Kirchenstaat.

13. Dezember 1250: Tod Kaiser Friedrichs II.

Letzter Staufer war Herzog Konradin von Schwaben, der vergeblich um sein italienisches Erbe kämpfte. Nach der verlorenen Schlacht von Tagliacozzo wurde er auf Befehl des Franzosen Karl von Anjou in Neapel hingerichtet. Die deutsche Königswürde wurde zum Streitobjekt ausländischer Mächte. Erst im Jahr 1273 fand die Zeit des Interregnums mit ihrem Doppelkönigtum und dem Fehlen einer zentralen königlichen Macht in Deutschland ein Ende.

1256–1273: Interregnum in Deutschland.

3 Christentum und Islam

3.1 Die Ausbreitung des Islam

Um 570–632:
Prophet Mohammed,
Begründer des Islam.

Der Islam, die jüngste der drei großen monotheistischen Weltreligionen, geht auf den um das Jahr 570 in Mekka geborenen Propheten Mohammed zurück.

Im Jahr 610 empfing er die Vision, von Gott zum Propheten und Begründer einer neuen Religion bestimmt zu sein. Seine Offenbarungen verkündete er zunächst mit geringem Erfolg in seiner Heimatstadt Mekka. Unruhen in Mekka zwangen ihn und seine Anhänger 622 zur Übersiedelung (Hedschra) nach Medina. Dort errang er bald die weltliche Herrschaft und kehrte 630 als Eroberer nach Mekka zurück. Er ließ das schon aus vorislamischer Zeit stammende Hauptheiligtum der Araber, die würfelförmige Kaaba, bestehen und bestimmte es zum Hauptwallfahrtsort der Mohammedaner.

Der Koran

Etwa 20 Jahre nach dem Tod Mohammeds ließ der Kalif Othman dessen Offenbarungen schriftlich im Koran zusammenfassen. Später wurden noch Zitate des Propheten und Berichte über Ereignisse aus seinem Leben hinzugefügt. Der Text besteht aus 114 Abschnitten, den so genannten Suren. Sie sind nicht nach ihrer Entstehungszeit, sondern ihrer Länge nach geordnet. Mit den umfangreichen Suren beginnt der Koran, die kurzen Suren stehen am Schluss. Der Koran dient den Gläubigen seither nicht nur in religiöser Hinsicht als Richtschnur, sondern bestimmt alle Details ihres Lebens und Handelns.

Schon vor seinem Tod im Jahr 632 hatte Mohammed die Araber in der Umma, der religiösen und politischen Gemeinde der Muslime geeint und damit auch alle innerarabischen Zwistigkeiten beseitigt. So konnten sie ihre militärische Macht dazu nutzen, den Islam mit Feuer und Schwert zu verbreiten. Bereits 633 begannen die Araber mit der Eroberung Palästinas, Syriens, Ägyptens und Nordafrikas. 710 waren sie bis an die Nordwestspitze Afrikas vorgedrungen.

Von hier aus setzten sie auf die Iberische Halbinsel über und eroberten 711 das spanische Reich der Westgoten.

3.2 Byzanz

Nach der Teilung des Römischen Reiches im Jahr 395 und dem Untergang des Weströmischen Reiches im Jahr 476 war Byzanz der alleinige Erbe des antiken Imperium Romanum und Hüter seiner Traditionen. Staatsreligion war das Christentum. Über dessen korrekte Auslegung wachte der Kaiser, indem er Streifragen auf Konzilen entscheiden ließ. Seit dem 5. Jahrhundert waren sich die orthodoxe (»rechtgläubige«) Kirche und die katholisch-universale Kirche in vielen Fragen der Bibelinterpretation uneins. Im Großen Schisma von 1054 trennten sie sich endgültig voneinander. Vom Imperium Romanum hatte das Byzantinische Reich die straff organisierte Verwaltung, das Steuer- und Finanzsystem und die lateinische Amtssprache übernommen.

1054:
Großes Schisma; Trennung zwischen orthodoxer und katholischer Kirche.

717–843:
Der Ikonoklasmus (Bilderstreit) führt zur religiösen und politischen Krise.

Der Bilderstreit (Ikonoklasmus)

Im Osten war es Tradition, Gott und die Heiligen in Bildern darzustellen und diese zu verehren. Die Gegner stützten sich dagegen auf das alttestamentarische Bilderverbot und verurteilten den Bilderkult als »Götzendienst«. Das Verbot der Bilderverehrung im Jahr 726 durch Kaiser Leo III. löste in Byzanz den Bilderstreit (Ikonoklasmus) aus. Er führte den Staat in eine tiefe religiöse und politische Krise, denn es ging dabei auch um eine Kritik an der Kirche und am byzantinischen Kaisertum, welches eine göttergleiche Verehrung forderte. Erst 843 beendete die Kaiserinwitwe Theodora die Auseinandersetzung, indem sie eine Synode zugunsten der Bilderverehrung entscheiden ließ und den Ikonoklasmus verbat.

Unter Kaiser Michael III. (842–867) begann sich mit der Entsendung der Slawenapostel Kyrillos und Methodios nach Bulgarien der byzantinische Einfluss auf den Norden der Balkanhalbinsel und bis nach Russland auszudehnen.
Für die slawischen Sprachen entwickelte der Apostel Kyrillos das nach ihm benannte kyrillische Alphabet. Dabei benutzte

er griechische Buchstaben, denen er selbst erdachte Schriftzeichen für die slawischen Zischlaute hinzufügte.

Kaiser Michael III. (842–867) entsendet die Slawenapostel Kyrillos und Methodios nach Bulgarien. Entwicklung des kyrillischen Alphabets.

Nach der Kaiserkrönung Karls des Großen 800 in Rom und der Anlehnung des Papstes an das Frankenreich büßte Byzanz in Italien an Einfluss ein. Doch mit der Verheiratung der byzantinischen Prinzessin Anna mit dem Großfürsten Wladimir von Kiew II. im Jahr 988 begann die ganz auf Byzanz und seinen Ritus ausgerichtete Christianisierung Russlands. Die russisch-orthodoxe Kirche wurde dem Patriarchen von Konstantinopel unterstellt. Nach dem Untergang von Byzanz im Jahr 1453 bezeichnete sich daher Moskau als dessen legitime Erbin und damit als das »dritte Rom«.

988: Heirat der byzantinischen Prinzessin Anna mit Großfürst Wladimir von Kiew. Russland wird orthodox.

3.3 Die Kreuzzüge

Auf dem Konzil von Piacenza bat der byzantinische Kaiser Alexios Komnenos 1094 Papst Urban II. um Hilfe gegen die Seldschuken. Der Papst rief daraufhin am 27. November 1095 auf dem Konzil von Clermont die Ritter des Abendlands zur Befreiung der orientalischen Christen von der Herrschaft der »Ungläubigen« auf. Der erste Kreuzzug 1096 bis 1099 war vor allem eine Sache des Papstes und der französischen und normannischen Ritter.

1096–1099: Erster Kreuzzug.

Am 15. Juli 1099 eroberten die Kreuzritter Jerusalem und richteten in der Stadt ein grausames Blutbad an.

15. Juli 1099: Eroberung Jerusalems durch die Kreuzritter.

Alle eroberten Gebiete wurden entgegen der Abmachung nicht dem byzantinischen Kaiser übergeben.

Das Königreich Jerusalem (1099–1187)

Die Kreuzfahrer gründeten das Königreich Jerusalem. Herrscher über den Kreuzfahrerstaat wurde als »Beschützer des Heiligen Grabes« der lothringische Lehnsmann des Kaisers Gottfried von Bouillon. Sein Sohn nahm den Titel eines Königs von Jerusalem an. Eine wichtige Stütze der Kreuzfahrer waren die geistlichen Ritterorden der Templer und Johanniter. Als Ritter zogen sie an der Seite der anderen Kreuzritter in den Kampf, beschützten aber auch die Pilger im Heiligen Land und widmeten sich der Pflege der Kranken und Verwundeten.

1145 eroberten die Araber Edessa am Euphrat zurück. Durch die Predigten des Bernhard von Clairvaux, des einflussreichen Gründers des Reformordens der Zisterzienser, sahen sich Kaiser Konrad III. und König Ludwig VII. von Frankreich 1147 veranlasst zum zweiten Kreuzzug aufzubrechen. Beide kehrten 1149 geschlagen zurück.

1147–1149: Zweiter Kreuzzug. Kaiser Konrad III. und König Ludwig VII. von Frankreich kehren geschlagen zurück.

Im Jahr 1187 rief Sultan Saladin, der sich in Ägypten und Syrien ein mächtiges Reich aufgebaut hatte, die Araber zum Heiligen Krieg gegen die Christen auf. Nach einer schweren Niederlage des Kreuzfahrerheers am See Genezareth fiel Jerusalem am 6. Oktober 1187 in die Hände Saladins.

6. Oktober 1087: Sultan Saladin erobert Jerusalem.

1189–1192: Dritter Kreuzzug.

Während des dritten Kreuzzugs ertrank nicht nur Friedrich Barbarossa, sondern auch sein Sohn Herzog Friedrich V. von Schwaben fiel 1191 bei der Belagerung der Hafenstadt Akkon. Den Truppen der erst später eintreffenden Könige Philipp II. August und Richard Löwenherz sowie des österreichischen Herzogs Heinrich VI. gelang die Einnahme Akkons.

1202–1204: Vierter Kreuzzug. Plünderung und Zerstörung von Byzanz. Errichtung des Lateinischen Kaiserreichs.

Dem 1198 von Papst Innozenz III. verkündeten Aufruf zum vierten Kreuzzug folgten vor allem französische und flandrische Adlige. Sie wurden von einer venezianischen Flotte nach Byzanz gebracht, das die Kreuzritter am 13. April 1204 plünderten und zerstörten.

Im Jahr 1212 kam es in Frankreich und Deutschland zu dem Phänomen der Kinderkreuzzüge. Einige Tausend Kinder und junge Leute aus dem Volk zogen in Begleitung von Klerikern betend und singend bis nach Genua. Da sie die Überfahrt ins Heilige Land nicht bezahlen konnten, mussten sie ihr Vorhaben aufgeben und nach Hause zurückkehren. Zahlreiche Jungen und Mädchen fielen jedoch betrügerischen Reedern zum Opfer, die die Kinder nach Alexandria verschifften und dort als Sklaven verkauften.

1212: Kinderkreuzzüge.

Nach kurzfristigen Erfolgen in weiteren drei Kreuzzügen, in deren Verlauf Kaiser Friedrich II. in den Besitz der heiligen Stätten Jerusalem, Nazareth und Bethelem kommt und den Titel des Königs von Jerusalem erhält, verlieren die Ordensritter ihre eroberten Territorien wieder. Lediglich die Johanniter erhalten im Jahr 1530 von Kaiser Karl V. die Insel Malta als neuen Ordenssitz.

1228–1229: Fünfter Kreuzzug. Kaiser Friedrich II. wird König von Jerusalem.

1530: Der Johanniterorden erhält Malta.

4 Leben und Gesellschaft im hohen Mittelalter

4.1 Philosophie und Theologie: Die Scholastik

Der Begriff Scholastik bezeichnet die gesamte abendländische Wissenschaft im Mittelalter.

9.–12. Jahrhundert: Frühscholastik. Rationale Begründung für die Wahrheit des Glaubens.

Die Wissenschaft bestand aus den fünf Disziplinen Theologie, Philosophie, Kirchenrecht, weltliches Recht und Medizin. Der Unterricht fand in Schulen und in der universalen Sprache der Gebildeten statt, dem Latein. Schon Karl der Große gründete in Klöstern und Kathedralen Schulen. Dort wurde die christliche Lehre mithilfe der Logik vermittelt und die Welt gleichzeitig theologisch und philosophisch erklärt. Das Ziel der Scholastik war die rationale Begründung der Wahrheit des Glaubens, nicht der Zweifel an ihm. Es entstanden berühmte Schulen in Laon, Melun, Paris und Chartres. Die Theologie erhob sich dabei über die Philosophie, ihr Lehrsatz lautete: »Die Philosophie ist die Magd der Theologie.« Eine Schöpfung der Scholastik waren die Universitäten mit ihrer engen Verbindung zwischen Lehrern und Schülern. Die Universität von Paris war im 13. Jahrhundert das geistige Zentrum des Abendlands.

13./14. Jahrhundert: Hochscholastik. Auseinandersetzung mit den Schriften des Aristoteles.

In der Hochscholastik wurden nach den logischen auch die metaphysischen, politischen und naturwissenschaftlichen Schriften des Aristoteles zum Gegenstand wissenschaftlicher Auseinandersetzungen. Im 13. und 14. Jahrhundert öffneten sich die Universitäten, sie wurden »weltlicher«. Gleichzeitig aber begannen Mönchsgemeinden wie etwa Dominikaner und Franziskaner auch außerhalb ihrer Klöster zu lehren. Die Hochscholastiker sahen ihre Aufgabe darin, philosophische und wissenschaftliche Erkenntnisse mit den religiösen Dogmen des Christentums, d. h. Glauben und Wissen zu verbinden. Der italienische Theologe Thomas von Aquin (1225–1274) nahm dabei unter dem Einfluss seines deutschen Lehrers, des Dominikanermönchs Albertus Magnus (um 1200–1280), die Lehren des Aristoteles auf. In seinem Hauptwerk »Summa theologiae« vereinte Thomas von Aquin Theologie und Philosophie in einem umfassenden theologischen System.

14./15. Jahrhundert: Spätscholastik. Trennung zwischen Religion und Wissenschaft. Entwicklung der Philosophie als Wissenschaft.

In der Spätscholastik löste sich das wissenschaftliche Denken allmählich von den Vorgaben der Theologie und Religion. Ihr Hauptvertreter, der um 1285 geborene englische Theologe und Philosoph Wilhelm von Ockham, trennte Glauben und Wissen.

4.2 Klöster und mönchische Reformbewegungen

Der St. Gallener Klosterplan: eine mustergültige Anlage für mönchisches Leben

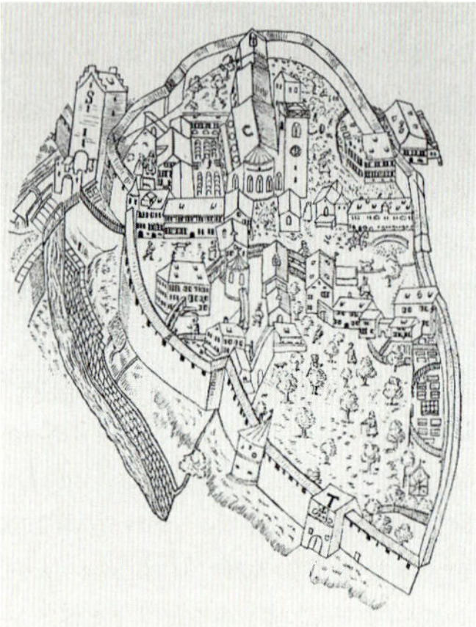

Grundlage des Klosterlebens im Abendland war die vom Heiligen Benedikt (um 480 – um 550) formulierte Benediktusregel. In ihr hatte der Begründer des Benediktinerordens die Regeln des Klosterlebens festgelegt. Die 910 gegründete Benediktinerabtei in Cluny in Burgund nahm im 10. und 11. Jahrhundert eine Vormachtstellung in Europa ein. Von hier ging die Cluniazensische Klosterreform aus, die die zwischenzeitlich aufgeweichte Benediktusregel wieder zu ihrer in der karolingischen Zeit festgelegten Form zurückführte.

10./11. Jahrhundert: Cluniazensische Klosterreform gegen die Verweltlichung des Klosterlebens.

Eine radikale Erneuerung fand das benediktinische Klosterwesen durch die in völliger Askese lebenden Mönche des 1098 gegründeten Klosters Cîteaux bei Dijon, die Zisterzienser. Ihre Ordensstatuten verbreiteten sich unter dem Abt Bernhard von Clairvaux (1090 bis 1153) rasch in ganz Europa.

Die Zisterzienser leben in strenger Askese und sind wirtschaftlich tätig.

Viele junge Menschen, die ein gottgefälliges, asketisches Mönchsleben führen wollten, schlossen sich jetzt verstärkt städtischen Bettelorden an. Groß war auch die Anziehungskraft der vor allem in Südfrankreich wirkenden Katharer und Waldenser, die in freier urchristlicher Gemeinschaft und unabhängig von der Kirche das Armutsideal lebten. Weil sie dem Papst den Gehorsam verweigerten, wurden sie als Ketzer gnadenlos verfolgt und auf Scheiterhaufen verbrannt.

Im 13. Jahrhundert entstand mit den Bettelorden eine neue Form des Mönchstums. Nach der Regel des Franz von Assisi (1181–1226), dem Begründer des Ordens der Franziskaner oder Minoriten (Orden der minderen Brüder), lebten nicht nur die Mönche in Armut, sondern auch die Klöster.

Bettelorden betreiben vor allem Seelsorge. Der Dominikanerorden bekämpft während der Inquisition Ketzer.

4.3 Grundherrschaft und Bauern

Zur Zeit Karls des Großen war ein Großteil der Bauern noch frei und besaß eigenen Grund. Sie hatten das Recht, Waffen zu tragen, und waren in Kriegszeiten verpflichtet, mit dem König zu ziehen. Ihre häufige Abwesenheit während der Kriege führte zur Vernachlässigung ihrer Landwirtschaft. Viele von ihnen starben auf den Schlachtfeldern der Kriege, da sie sich im Gegensatz zu den Rittern keine schützende Rüstung leisten konnten. Um dem Dienst an der Waffe zu entgehen, unterstellten sich freie Bauern daher zunehmend einem adligen Herrn, der mit Söldnern ihren Kriegsdienst übernahm und seine Bauern bei Übergriffen vor den Feinden schützte. Im Gegenzug mussten die Bauern ihrem Herrn Teile ihrer Ernte abgeben und auf dem herrschaftlichen Land Frondienste leisten, d. h. unentgeltliche Arbeiten verrichten. Auf diese Weise gerieten die Bauern allmählich immer stärker in die Abhängigkeit weltlicher oder geistlicher Herren. Viele Bauern hatten sich auch in den Schutz von Bischöfen oder Klöstern begeben.

Der Begriff Grundherrschaft tauchte erst im 15. Jahrhundert auf. Dabei gab es einerseits die Rentengrundherrschaft, bei der der Grundherr die Abgaben der Bauern in Form von Naturalien und/oder als Geldzahlung erhielt. Diese Form der Grundherrschaft war seit dem Spätmittelalter vor allem in Süddeutschland verbreitet und garantierte den Bauern ein relativ freies und eigenverantwortliches Wirtschaften. Allerdings gehörten die Bauern zum Hof- und Hausverband des Herrn, der auch die richterliche Gewalt über sie ausübte. Die andere Form der Grundherrschaft war die in den durch die Ostkolonisation gewonnenen Gebieten vorherrschende Gutsherrschaft. Sie setzte sich im Spätmittelalter in Schlesien und in der Lausitz, in der Mark Brandenburg, in Mecklenburg und in Pommern durch. Dort wechselten die adligen

Entstehung der Grundherrschaft als Herrschafts- und Rechtsverhältnis zwischen dem Grundherrn und seinen Bauern.

Die Bauern unterstehen der richterlichen Gewalt ihrer Gutsherrn und leben in großer Abhängigkeit.

Grundherren um das Jahr 1300 allmählich von der Rentengrundherrschaft zur Gutsherrschaft mit eigenen großen landwirtschaftlichen Betrieben. Dabei vergrößerten die adligen Herren kontinuierlich ihren Landbesitz, indem sie bäuerliche Besitzrechte an Grund und Boden aufkauften – das so genannte Bauernlegen.

4.4 Stadtentwicklung: Handwerker und Kaufleute

Die Stiche geben in anschaulicher Weise Einblick in mittelalterliche Handwerksbetriebe (Kandlgießerei und Münzmeister).

Die ältesten Städte im Deutschen Reich gehen noch auf die Römerzeit zurück und waren schon im frühen Mittelalter Bischofssitze. Dazu zählten Augsburg, Regensburg und Salzburg im Süden sowie Köln, Trier, Mainz und Worms im Westen. Sie waren in früher Zeit von Erdwällen und Palisadenzäunen umgeben und erhielten seit dem 13. Jahrhundert steinerne Stadtmauern mit Toren und Türmen. Lagen die Städte an einem Gewässer, wurden sie mit Wassergräben umgeben, die für mögliche Angreifer ein weiteres Hindernis darstellten. Die Städte dienten im Kriegsfall auch der Bevölkerung aus dem Umland als Zufluchtsorte. Im späten Mittelalter gab es im Deutschen Reich an die 3 000 Städte, von denen die meisten allerdings nicht einmal 1 000 Einwohner hatten. Die größte Stadt im Deutschen Reich war im ausgehenden Mittelalter Köln mit 40 000 Bewohnern.

Köln ist im ausgehenden Mittelalter mit 40 000 Einwohnern die größte Stadt des Deutschen Reiches.

Der Aufschwung des Handwerks in den Städten führte zur Bildung der Zünfte, die über die Qualität der Arbeit wachten und Löhne und Preise bestimmten. Die führende Schicht unter den Kaufleuten bildeten die großen Handelsherren. Sie stellten in den Reichsstädten das Patriziat und in den Landesstädten, die einem fürstlichen Landesherrn unterstanden, die Ratsbürger. Die mittlere Schicht der Bürger setzte sich aus den Handwerkern und Händlern zusammen. Ihre Gesellen, Tagelöhner und sonstigen Hilfskräfte bildeten die städtische Unterschicht. Die wichtigsten Städte hinsichtlich der wirtschaftlichen Bedeutung und der Zahl ihrer Einwohner waren die Königsstädte, die späteren Reichsstädte.

Die Zünfte wachen über Qualität, Löhne und Preise des Handwerks.

Sie waren unabhängige Gemeinwesen und nur dem König oder Kaiser untertan. Die bedeutendsten Reichsstädte waren Nürnberg, Augsburg, Frankfurt am Main, Aachen und Dortmund. Dazu kamen Köln, Regensburg, Hamburg und Bremen, die von Bischofsstädten zu freien Reichsstädten geworden waren. Bedeutend waren auch die Hauptstädte fürstlicher Territorien wie München, Wien und Braunschweig. Regiert und verwaltet wurden die Städte von einem Rat, der sich in den Reichsstädten aus dem Patriziat, in den Landesstädten aus den Ratsbürgern rekrutierte. An der Spitze des Stadtrats stand ein gewählter Bürgermeister. Auf die unfreien Hintersassen und Leibeigenen vom Land übten die Städte eine große Anziehungskraft aus. Wenn sie sich unter dem Motto »Stadtluft macht frei« in einer Stadt ansiedelten, gewannen sie die persönliche Freiheit.

Königsstädte als unabhängige, nur dem König oder Kaiser verpflichtete Gemeinwesen.

4.5 Die Kolonisation im Osten

Mit der Errichtung der Markgrafschaften im Raum von Oder und Elbe durch Kaiser Otto I. (936–973) begann die deutsche Ostkolonisation. In der Mitte des 12. Jahrhunderts rief das polnische Herrscherhaus der Piasten Siedler aus den übervölkerten Gebieten Deutschlands und Skandinaviens ins Land. Dort lebten sie als freie Bauern. Ihre Ansiedlung organisierten adlige Lokatoren, die späteren Großgrundbesitzer. Im Landesinnern, aber vor allem an der Ostseeküste, kam es zu etlichen deutschen Städtegründungen (z. B. Danzig), die das Lübecker oder Magdeburger Stadtrecht besaßen. Im Jahr 1225 rief der polnische Herzog Konrad von Masowien zur Abwehr der heidnischen Pruzzen den Deutschen Orden ins Land.

Beginn der Ostbesiedlung unter Kaiser Otto I. (936–973).

Der Deutsche Orden

Der Deutsche Orden war während der Kreuzzüge zunächst als Krankenpflegerorden gegründet worden. 1198 wurde er in einen Ritterorden umgewandelt. In der Goldenen Bulle von Rimini garantierte Kaiser Friedrich II. 1226 dem Hochmeister des Deutschen Ordens den Besitz und die Oberhoheit über das Kulmer Land und weitere, noch von den Pruzzen zu erobernde Gebiete. Damit schuf er den Deutschen Ordensstaat, den nun der Hochmeister Hermann von Salza (1209–1239) aufzubauen begann. Sitz des Hochmeisters wurde 1309 die Marienburg.

Im Jahr 1237 kam es zur Verschmelzung des Deutschen Ordens mit dem 1202 gegründeten livländischen Schwertbrüderorden, der dem Deutschen Orden Livland und Kurland einbrachte. Zur Zeit seiner größten Ausdehnung grenzte der Ordensstaat im Nordosten an die Stadtrepublik Nowgorod, im Osten an das Großfürstentum Litauen und im Süden an das Königreich Polen, dem er 1309 auch noch Danzig und Pomerellen nahm. Mit der 1386 erfolgten Bildung des Doppelkönigreichs Polen-Litauen unter den Jagiellonen war dem Ordensstaat ein starker Gegner erwachsen. Im Jahr 1410 brachten Polen und Litauer dem Ordensheer bei Tannenberg eine vernichtende Niederlage bei. Im 2. Thorner Frieden von 1466 verlor der Ordensstaat das Kulmer Land, das Ermland, Pomerellen, die wichtige Hafen- und Handelsstadt Danzig sowie ihren Hauptsitz, die Marienburg, an Polen. Der letzte Hochmeister des Deutschen Ordens, Markgraf Albrecht von Brandenburg-Bayreuth, verwandelte die Reste des Ordensstaats 1525 in das weltliche, protestantische Herzogtum Preußen und unterstellte es dem polnischen König.

1525: Gründung des Herzogtums Preußen.

4.6 Die Hanse

Die deutsche Ostsiedlung und die Gründung des deutschen Ordensstaats wurde vom Kaufmannsbund der deutschen Hanse begleitet. Sie gründete dort eigene Städte wie Riga, Reval und Dorpat und erschloss diese Gebiete für den Handel. Zu einem wichtigen Handelsstützpunkt in der Ostsee und zum Stapelplatz für Waren baute die Hanse Wisby auf der Insel Gotland aus. Von Lübeck und Hamburg aus verband die Hanse die Nord- und Ostseeländer zwischen Nowgorod und Brügge, Bergen, Stockholm und London zu einem großen Wirtschafts- und Handelsraum.

Aus dem Bund von Kaufleuten bildete sich im 14. Jahrhundert ein Städtebund. Die Hansestädte, zu denen auch Städte im Binnenland gehörten, so etwa Köln, Dortmund, Soest und Halle, besaßen ein ähnliches Rechts- und Verwaltungswesen. Mit ihren Frachtschiffen transportierten die Kaufleute Pelze, Wachs und Honig aus Russland, Holz aus Livland und den als Fastenspeise überall in Europa begehrten Stockfisch aus den norwegischen Bergen. In umgekehrter Richtung wurden Tuche aus Flandern, Wolle aus England, Wein aus dem Rheinland, und Importe aus dem Orient wie Stoffe und Gewürze verschifft. Mit dem Erstarken der skandinavischen Königreiche und der fürstlichen Territorialherrschaft im Deutschen Reich im 15. Jahrhundert schwand die wirtschaftliche und politische Bedeutung der Hanse. Die Entdeckung Amerikas hatte zur Folge, dass sich die Haupthandelsrouten auf den Atlantik verlagerten.

14. Jahrhundert: Aus dem Kaufmannsbund der Hanse wird ein Städtebund mit regem Handel.

4.7 Adel und Ritter

An der Spitze der gesellschaftlichen Hierarchie stand im Mittelalter der Adel. Der ursprünglich eher einheitliche Adel erlebte mit der Formalisierung des Lehnswesens im 12. Jahr-

Der Adel übt Kirchenherrschaft und Gerichtsbarkeit aus.

Das Rittertum

Das Rittertum entwickelte seine eigenen Kampfformen und einen eigenen ritterlichen Standesethos. Als adliger Ehrenkodex lebte er auch nach dem Niedergang des Rittertums weiter. Einen wichtigen Platz im Dasein eines Ritters nahmen die im 13. Jahrhundert aufkommenden Turniere ein. Im 14. Jahrhundert sah sich die turnierfähige Ritterschaft zunehmend als exklusiver Zirkel, in den nur Aufnahme fand, wer die Ahnenprobe bestand. Dazu mussten 16 dem Ritterstand angehörende Ahnen vorgewiesen werden.

hundert eine allmähliche Einteilung in verschiedene Klassen. Die Reichsfürsten stellten den Hochadel, daneben gab es den ritterschaftlichen Adel, der nur dem König gegenüber verpflichtet war, sowie den niederen Adel, der der Hoheit eines reichsfürstlichen Territorialherrn unterstand. Der reichsfürstliche Hochadel rangierte direkt unter dem König, eine Stufe darunter die Grafen und (Frei-)Herren, unter ihnen der niedere Adel und die Ritter.

4.8 Die Dichtung und die großen Epen

Nach ersten literarischen Versuchen in althochdeutscher Sprache im 8. und 9. Jahrhundert war im 10. Jahrhundert das Latein die Sprache der Dichter. Nach der Cluniazensischen Klosterreform im 11. Jahrhundert wollten die Benediktiner auch den Laien ihre Ideale nahe bringen. Daher predigten und schrieben sie wieder in der deutschen Volkssprache. Mit dem »Ezzolied« (1063) und dem »Annolied« (um 1080) entstanden so die ersten Dichtungen in früher mittelhochdeutscher Sprache.

11. Jahrhundert: Die Benediktiner führen die deutsche Volkssprache für die Literatur ein.

Beeinflusst durch die Kreuzzüge suchten die geistlichen Dichter die Stoffe für ihre Epen im Orient und in der Geschichte. Daraus entstanden Werke wie das »Alexanderlied« (um 1120) des Pfaffen Lamprecht, das »Rolandslied« (um 1145) des Pfaffen Konrad und die »Kaiserchronik« (um 1140). Die höfische Dichtung wurde Ausdruck der Ideale der Ritterlichkeit. Hauptthema der höfischen Epen wurde die Sagenwelt um König Artus und die Ritter der Tafelrunde. Der französische Dichter Chrétien de Troyes widmete sich diesem Thema besonders intensiv und beeinflusste auch deutsche Epiker wie Hartmann von Aue. Dieser erzählt in »Erec« (um 1185) und »Iwein« (um 1200) von Rittern, die erst nach vielen Abenteuern und leidvollen Erfahrungen zum Ideal eines maßvollen Lebens finden. Um das ritterliche Leben kreisen auch Hartmann von Aues Legenden »Gregorius« (1188) und »Der arme Heinrich« (um 1195). Wolfram von Eschenbach lieferte in seinem »Parzifal« (um 1210) zwar ein glänzendes Bild ritterlicher Tugenden, schildert Parzifal aber als »tumben Toren«, der erst im mythischen Reich des Grals und durch Gottes Hilfe die Erfüllung findet. Der dritte große

Die Ritter entwickeln ihre eigene, an den Höfen gepflegte Kultur.

Dichter höfischer Epen, Gottfried von Straßburg, schildert in »Tristan und Isolde« (um 1210) die schicksalhafte Liebe bis in den Tod. Um 1200 wurde auch das seit Jahrhunderten nur mündlich überlieferte »Nibelungenlied« von einem Unbekannten niedergeschrieben.

Um 1200 wird das »Nibelungenlied« von einem Unbekannten niedergeschrieben.

Der Minnesang

Vollkommener Ausdruck der hoch zivilisierten höfischen Gesellschaft war der ritterliche Minnedienst. Minne bedeutete die Verehrung, die ein Ritter einer hoch gestellten und verheirateten Dame entgegenbrachte. Mit Minneliedern warb er um die Unerreichbare, im Turnier kämpfte er um ihre Ehre. Der Ritter bot seiner angebeteten »frouwe« (Herrin) seinen »dienest« an und gelobte ihr Treue und Beständigkeit. Dafür hoffte er ihre »hulde« zu erreichen. Neben dieser Form der Hohen Minne, die sich an eine hoch gestellte adlige Dame richtete, gab es auch die Niedere Minne, die die Liebe zu Mädchen aus dem Volk besang. Ausgehend von der Lyrik der provenzalischen Troubadoure kam die Kunstform des Minnesangs um 1180 auch nach Deutschland.

Der erste, der nicht nur die Themen und Motive, sondern auch die Metrik und die musikalische Form des französischen Vorbilds in seine eigene mittelhochdeutsche Dichtung übernahm, war Friedrich von Hagenau. Zu den Vertretern des frühen höfischen Minnesangs vor 1200 gehörten neben Hartmann von Aue auch Heinrich von Morungen, Friedrich von Hausen und Albrecht von Johannsdorf. Ihren Höhepunkt erreichte die mittelhochdeutsche Minnelyrik um 1200 mit Reinmar von Hagenau und seinem Schüler Walther von der Vogelweide (um 1170–1230).

Um 1170–1230: Walther von der Vogelweide, bedeutendster Dichter des deutschen Mittelalters.

Das Minnelied machte dem Meistersang Platz. In der ersten Hälfte des 14. Jahrhunderts entstand in Zürich die nach einem 1304 gestorbenen Züricher Ratsherrn und Sammler von mittelhochdeutscher Dichtung benannte »Manessische Handschrift«. Diese auch als »Große Heidelberger Liederhandschrift« bekannte Sammlung enthält Lieder und Sprüche von 140 Dichtern aus der Zeit zwischen 1160 bis 1330.

Auf einen Blick: Das Mittelalter

511

- Gründung des Fränkischen Reiches durch den Merowingerkönig Chlodwig.

687–911

- Herrschaft der Karolinger.

726–843

- Bilderstreit in Byzanz.

732

- In der Schlacht von Tours und Poitiers werden unter Karl Martell die nach Mitteleuropa eindringenden Araber auf die Iberische Halbinsel zurückgedrängt.

756

- Mit der »Pippinischen Schenkung« entsteht der Kirchenstaat.

774–781

- Karl der Große erobert das Langobardenreich und große Teile Siziliens sowie Sachsen und Bayern.

800

- 25. Dezember: Papst Leo III. ernennt Karl den Großen zum Kaiser der Römer.

814

- 28. Januar: Tod Karls des Großen.

814–840

- Kämpfe der Söhne Kaiser Ludwigs des Frommen um dessen Nachfolge.

911–1024

- Herrschaft der Ottonen.

955

- 10. August: In der Schlacht auf dem Lechfeld bringt König Otto I. den Ungarn eine vernichtende Niederlage bei.

988

- Heirat der byzantinischen Prinzessin Anna mit dem Großfürsten Wladmimir von Kiew; Russland wird christlich-orthodox.

997

- Kaiser Otto III. macht Rom zur Hauptstadt seines Reiches.

1000

- Mit der Gründung des Erzbistums Gnesen leitet Otto III. die Christianisierung Polens ein.

1024–1125

- Herrschaft der Salier.

1033

- Konrad II. erbt das Königreich Burgund.

1054

- Großes Schisma: Trennung zwischen orthodoxer und katholischer Kirche.

1077

- Mit dem Gang nach Canossa erreicht König Heinrich IV. die Aufhebung des von Papst Gregor VII. im Streit um das Recht zur Einsetzung von Bischöfen verhängten Kirchenbanns.

1080

- Erneuter Kirchenbann über Heinrich IV.

1084

- Heinrich IV. lässt sich von dem von ihm eingesetzten Gegenpapst Clemens III. zum Kaiser krönen.

1096–1270

- Sieben Kreuzzüge ins Heilige Land.

1122

- Mit dem Wormser Konkordat wird der Konflikt zwischen Papst und deutschem König beigelegt.

1125–1254

- Herrschaft der Staufer.

1152

- Wahl Friedrichs III. von Schwaben zum deutschen König Friedrich I. (genannt Barbarossa).

1155

- Kaiserkrönung Friedrichs I.

1158–1186

- Friedrich Barbarossa unternimmt sechs Italienzüge.

1190

- 10. Juni: Friedrich Barbarossa verunglückt während des dritten Kreuzzugs in Kleinasien tödlich.

1198

- Beginn des Doppelkönigtums.

um 1200

- Niederschrift des »Nibelungenlieds« durch einen Unbekannten.

1226

- Kaiser Friedrich II. schafft mit der Goldenen Bulle den deutschen Ordensstaat.

Anfang 14. Jahrhundert

- In der »Manessischen Handschrift« wird mittelhochdeutsche Lyrik zusammengefasst.

1410

- In der Schlacht bei Tannenberg bringen Polen und Litauer dem deutschen Ordensheer eine vernichtende Niederlage bei.

1453

- Untergang von Byzanz.

1525

- Gründung des Herzogtums Preußen.

Auf dem Weg in die Neuzeit

Der Weg des mittelalterlichen Menschen in die Neuzeit ist geprägt von bahnbrechenden Erfindungen und Entdeckungen. Dazu gehört die Entdeckung der Welt durch die Seefahrer ebenso wie die Entdeckung der Individualität des Menschen in der Renaissance. Mut und zunehmendes Selbstbewusstsein der Menschen führen auch zum Aufstieg der Bürger und ihrer Städte sowie zur Abkehr vom katholischen Glauben in der Reformation.

1 Das Papsttum, Schisma und Reformkonzilien

1302: Bulle Unam Sanctam. Papst Bonifaz VIII. stellt den Papst über alle weltlichen Herrscher.

1309–1377: »Babylonische Gefangenschaft« der Päpste in Avignon.

1378: Beginn des Großen Abendländischen Schismas (Kirchenspaltung) durch doppelte Papstwahl.

1414–1418: Konzil von Konstanz. Das Dekret Haec Sancta verkündet die Unterordnung des Papstes unter das Konzil.

Der Beschluss König Philipps IV. von Frankreich, den Klerus besteuern zu lassen, führte zu schweren Konflikten zwischen der Kirche und der französischen Herrschaft. 1302 veröffentlichte Papst Bonifaz VIII. die Bulle Unam Sanctam, in der er die Überordnung des Papstes über alle weltlichen Machthaber verkündete und Philipp IV. zu einer kirchenfreundlicheren Politik aufrief.

Nachdem die Gefangennahme des Papsts gescheitert war, setzte Philipp IV. durch, dass künftige Päpste in Avignon zu residieren hätten. Papst Benedikt XI. beugte sich. Damit begann die bis 1377 währende »babylonische Gefangenschaft« der Päpste in Avignon.

Von nun an stand die Kirche unter massivem Druck der französischen Könige. Der erste Papst, der sich dem französischen Machtanspruch entgegenstellte, war Urban V. (1362 bis 1370). Er reiste 1367 nach Rom und versuchte mithilfe des 1355 dort durch einen päpstlichen Legaten zum Kaiser gekrönten Karls IV. seine Macht zurückzugewinnen. Dies gelang jedoch erst seinem Neffen Papst Gregor XI. (1370 bis 1378). Er bezog 1377 den Vatikan, der seither die dauerhafte Residenz der Päpste ist. Mit der 1378 erfolgten Doppelwahl Urbans VI. zum Papst und Clemens VII. zum Gegenpapst begann das bis 1417 andauernde Große Abendländische Schisma, die Kirchenspaltung.

Um das Schisma zu beenden, veranlasste der deutsche König Sigismund Papst Johannes XXIII. (1414–1415) zur Einberufung des Konzils von Konstanz, zu dem Kleriker und Herrscher aus dem ganzen christlichen Abendland erschienen. Wichtigstes Ergebnis des Konzils war die Wahl des gemeinsamen Papstes Martin V. Doch als das Konzil 1418 auseinander ging, hatte es die beabsichtigte generelle Reform der Kirche nicht erreicht.

2 Der Aufstieg der Reichsfürsten und der Städte

Durch das Wormser Konkordat von 1122, das die hochrangigen Angehörigen des Klerus mit weltlichen Herrschaftsrechten ausstattete, wurden sie ebenso wie der weltliche Hochadel unmittelbare Lehnsleute des Königs. Diese weltlichen Hochadligen, die zudem eigenen Territorialbesitz hatten, bildeten den Reichsfürstenstand. Aus ihren Reihen gingen die Kurfürsten hervor, die nach dem Mehrheitsprinzip den König wählten und deren Zahl im 13. Jahrhundert auf sieben festgelegt wurde.

Die Goldene Bulle, 1356 von Kaiser Karl IV. erlassen und wichtigstes »Reichsgrundgesetz«, bestimmte unter anderem die Königsnachfolge und die Rechte der Kurfürsten.

1356:
Goldene Bulle Kaiser Karls IV. regelt als »Reichsgrundgesetz« Königsnachfolge und Rechte der Kurfürsten.

Neben den Reichsfürsten suchten auch die reichsunmittelbaren, also nur dem König beziehungsweise Kaiser unterstehenden Reichsstädte mehr Einfluss zu erlangen und eine eigene Machtpolitik zu betreiben. So bildeten sich im 13. und 14. Jahrhundert im Rheinland und in Schwaben Städtebünde zur gemeinsamen Durchsetzung ihrer Interessen.

13./14. Jahrhundert:
Städtebünde gegen Ritter und Fürsten.

Nach militärischen Misserfolgen der Städte gegen Ritter und Fürsten machte der Landfrieden zu Eger 1389 diesen machtpolitischen Bestrebungen der Städte zwar ein Ende, ab 1498 jedoch nahmen sie als drittes Kollegium neben Adel und Geistlichkeit regelmäßig an den Reichstagen teil.

3 Die Entstehung der Nationalstaaten

3.1 England

Mit der Eroberung durch den normannischen König Wilhelm der Eroberer (1066–1087) wurde das normannische Lehns- und Verwaltungssystem in England eingeführt, wo ein einheitliches Staatswesen entstand. Nach dem Aussterben des normannischen Königshauses kam Heinrich Plantagenet, Graf von Anjou, als Heinrich II. (1154–1189) auf den englischen Thron.

1066:
Der Normannenherzog Wilhelm der Eroberer bringt England unter seine Herrschaft.

Er setzte etliche, Recht und Verwaltung vereinheitlichende und die königliche Stellung stärkende Reformen durch. Eine Machtbeschneidung der Kirche rief den erbitterten Widerstand des Erzbischofs Thomas Beckett (1162–1170) hervor, den Heinrich II. dafür hinrichten ließ. Heinrichs von der schottischen Grenze bis an die Pyrenäen reichendes Angevinisches Reich ging unter seinem Sohn Johann Ohneland (1199–1216) mit dem Verlust aller französischen Besitzungen bis auf Guyenne wieder unter. Solchermaßen geschwächt stimmte er 1215 der Magna Carta Libertatum zu, in der die Mitspracherechte der Barone und der Städte zulasten der Krone gestärkt wurden.

1215: Die Magna Carta Libertatum gewährt den Baronen Mitspracherechte.

1339 erhob König Eduard III. (1327–1377) Anspruch auf den französischen Thron und löste damit den hauptsächlich auf französischem Boden ausgetragenen Hundertjährigen Krieg mit Frankreich aus.

Nach ihrer nicht zuletzt durch das Auftreten Jeanne d'Arcs herbeigeführten Niederlage bei Orleans 1428 verloren die Engländer alle ihre französischen Eroberungen bis auf Calais. Im Jahr 1453 ging der Hundertjährige Krieg ohne Friedensvertrag zu Ende. In England entbrannten 1455 die Rosenkriege zwischen den Häusern York und Lancaster (sie trugen jeweils Rosen in ihren Familienwappen), die als Nebenlinien des Hauses Plantagenet beide um den Thron des glücklosen Heinrich VI. kämpften.

1455–1485: Rosenkriege zwischen den Häusern York und Lancaster um den englischen Thron.

Der Sieger hieß Heinrich Tudor, ein mit der Erbin des Hauses York verheirateter Erbe des Hauses Lancaster. Als Heinrich VII. bestieg er den englischen Thron.

1485: Mit Heinrich VII. besteigt die Tudor-Dynastie den englischen Thron.

Sein Sohn Heinrich VIII. (1509–1547) begründete 1534 die von Rom unabhängige Anglikanische Staatskirche mit dem König als Oberhaupt. Grund war, dass der Papst die gewünschte Scheidung Heinrichs VIII. von seiner Gemahlin Katharina von Aragon ablehnte.

Heinrich VIII. (1509–1547) schafft die von Rom unabhängige Anglikanische Staatskirche.

Als Königin Elisabeth I. im Jahr 1587 ihre Rivalin Maria Stuart, die ebenfalls Anspruch auf den englischen Thron besaß und mit dem spanischen König Philip IV. verheiratet war, hinrichten ließ, entwickelten sich die schon lange schwelenden Spannungen zwischen Spanien und England zum offenen Konflikt. 1588 entsandte Spanien eine Armada zur

Eroberung Englands. Ihre Vernichtung im Ärmelkanal läutete das Ende der spanischen und den Beginn der englischen Vormachtstellung zur See ein.

1588:
Untergang der spanischen Armada. Ende der spanischen Vormachtstellung zur See.

3.2 Frankreich

Erst 1214 konnte König Philipp II. (1180–1223) die von England beherrschten Gebiete im Süden und Westen Frankreichs zurückerobern. Mit dem Aussterben des französischen Königshauses der Kapetinger und der Thronbesteigung Philipps VI. aus dem Haus Valois 1328 begann rund ein Jahrhundert später der französisch-englische Konflikt erneut auszubrechen. Eduard III. von England, der ebenso erbberechtigt war wie Philipp VI., landete 1338 in Antwerpen und nahm den französischen Königstitel an. Damit begann der Hundertjährige Krieg.

1338:
Beginn des Hundertjährigen Krieges zwischen Frankreich und England.

Jeanne d'Arc

Das Ende dieses Krieges wurde von einem lothringischen Bauernmädchen eingeleitet. Angetrieben von göttlichen Visionen zog Jeanne d'Arc durch Frankreich und sammelte ein Heer um sich, mit dem sie 1429 das von den Engländern besetzte Orleans befreite. Doch die mit den Engländern verbündeten Burgunder nahmen Jeanne d'Arc gefangen und lieferten sie den Engländern aus. Am 30. Mai 1431 wurde sie als Hexe verbrannt.

Im Jahr 1435 kam es zur Aussöhnung Karls VII. mit dem Herzog von Burgund. Die Engländer mussten bis auf Calais, das erst 1558 an Frankreich zurückfiel, nach und nach alle besetzten französischen Gebiete räumen. Der Sieg der Franzosen bei Castillon beendete 1453 den Hundertjährigen Krieg zugunsten Frankreichs.

1453:
Der Sieg Frankreichs beendet den Hundertjährigen Krieg.

3.3 Spanien und Portugal

Von 711 bis 1492 gab es auf der Iberischen Halbinsel auf einem hohen kulturellen Niveau stehende arabische Reiche. Obwohl sich die maurisch-arabische Herrschaft durch eine relativ hohe Toleranz gegenüber den einheimischen Christen auszeichnete, begannen diese schon im frühen 8. Jahrhun-

8. Jahrhundert:
Beginn der Reconquista (Rückeroberung) der von den Mauren besetzten Iberischen Halbinsel.

dert mit der Reconquista, der Rückeroberung der Iberischen Halbinsel.

1094: Portugal wird selbstständig, 1139 Königreich.

Portugal wurde 1094 selbstständig, dehnte sich nach Siegen über die Araber weiter nach Süden aus und wurde 1139 Königreich.

Ferdinand I. der Große von Kastilien eroberte 1037 Leon. Zur Einnahme von Toledo im Jahr 1085 trug vor allem der Einsatz von Rodrigo Diaz, dem »El Cid« genannten spanischen Volkshelden bei. Nach dem Sieg der christlichen Eroberer bei Navas de Tolosa 1212 löste sich das muslimische Almohadenreich auf. Mit der Eroberung von Cordoba im Jahr 1236 war die Reconquista beendet.

1236: Rückeroberung Cordobas, Ende der Reconquista, nur Granada bleibt arabisch.

Nur Granada konnte sich noch als letzter arabisch-maurischer Staat auf der Iberischen Halbinsel halten. Die Einigung des von Zwistigkeiten und Bürgerkriegen geschwächten Landes begann im Jahr 1469 mit der Heirat der »katholischen Könige« Ferdinand II. von Aragon (1479–1516) und Isabella von Kastilien (1474–1504).

1469: Heirat der »katholischen Könige« Ferdinand II. von Aragon und Isabella von Kastilien, 1479 Vereinigung beider Länder.

Zeichen einer neuen Einheit Spaniens war die von Ferdinand und Isabella gemeinsam geführte Außenpolitik. Unter der Herrschaft der katholischen Könige entwickelte sich Kastilien mit der alten Königsstadt Toledo immer mehr zum politischen und kulturellen Zentrum ganz Spaniens. Zwischen 1481 und 1492 gelang den katholischen Königen die Rückeroberung Granadas, der Hauptstadt des maurischen Nasridenreiches. Damit war das ganze Land unter der Herrschaft der katholischen Könige vereint.

1492: Eroberung Granadas, Vertreibung der Mauren aus Spanien.

4 Inquisition

12. Jahrhundert: Die Sekte der Katharer breitet sich in Südfrankreich aus.

Enttäuscht von der katholischen Kirche und ihrem Klerus fühlten sich die Menschen von der einfachen Lehre der Sekte der Katharer angezogen. Der Hauptort der Katharer wurde im 12. Jahrhundert Albi, weshalb sie auch Albigenser genannt wurden. Neben Albi waren im 12. Jahrhundert Toulouse, Carcassonne, Agen und Pamiers zu den Katharern übergegangen. 1207 sprach Papst Innozenz III. über den

Grafen Raimond VI. von Toulouse den Kirchenbann aus. Daraufhin begann ein regelrechter Kreuzzug nordfranzösischer Ritter gegen die Katharerstädte. 1209 eroberten sie Bezieres und töteten die gesamte Bevölkerung. Überall, wo die Ritter auftauchten, brannten die Scheiterhaufen. Im Jahr 1229 war der Widerstand der Katharer gebrochen.
Die Bestrafung, also meist die Todesstrafe durch Verbrennen, war Sache der weltlichen Herrschaft. Papst Gregor IX. machte die Inquisition 1231 zu einer eigenen päpstlichen Behörde.

1231:
Papst Gregor IX. richtet eine päpstliche Inquisitionsbehörde ein.

Als Inquisitoren dienten Mönche der Bettelorden, meist Dominikaner. Das gesamte Inquisitionsverfahren wurde genauestens festgelegt, angefangen bei der Pflicht zur Selbstanzeige oder Denunziation eines Ketzers, der Vorladung, Untersuchung, Befragung und Verurteilung. Zeugen oder Denunzianten wurden dem Angeklagten nicht genannt, Verteidiger nicht zugelassen. Im Jahr 1252 führte Papst Innozenz IV. die Folter als Mittel der »Wahrheitsfindung« ein.

1252:
Papst Innozenz IV. führt die Folter in das Inquisitionsverfahren ein.

Im Jahr 1483 wurde der Dominikanermönch Tomas de Torquemada zum Großinquisitor für ganz Spanien ernannt. Unter ihm erlebte Spanien Tausende von Autodafés, feierliche öffentliche Verkündigungen der Urteile mit sofortiger Vollstreckung.

5 Humanismus und Renaissance

Dem auf das Jenseits gerichteten Denken des Mittelalters wurde während des 15. und 16. Jahrhunderts zunehmend das auf das Diesseits gerichtete selbstständige Denken und Handeln des durch das Studium der antiken Autoren gebildeten Individuums entgegengesetzt. Dazu zog man die gerade erst wieder entdeckten Schriften der antiken lateinischen Autoren heran, die sich den Scholastikern gegenüber als geistig und stilistisch überlegen erwiesen.

Impulse aus der Antike führen zur Blüte in Literatur, Architektur und bildender Kunst.

Angeregt von den Werken Ciceros und Senecas verfasste Francesco Petrarca (1304–1374) seine Gedichte, Lieder- und Briefesammlungen. Zur selben Zeit schrieb der Florentiner

Giovanni Boccaccio (1313–1375) »Das Dekameron«, die erste Novellensammlung der Literaturgeschichte. Der humanistisch gebildete Papst Nikolaus V. (1447–1455) gründete die Vatikanische Bibliothek. An italienischen Fürstenhöfen lebten Ludovico Ariosto (1474–1533) und Torquato Tasso (1544–1595) und schrieben dort ihre Epen »Der rasende Roland« sowie »Rinaldo« und »Das befreite Jerusalem«. Über Deutsche, die an italienischen Universitäten studierten, und durch den am Prager Hof Kaiser Karls IV. (1346 bis 1379) tätigen Kanzler Johann von Neumarkt (um 1310 bis 1380) gelangte der Humanismus auch nach Deutschland. Ein Ergebnis war die Gründung der Prager Universität, der ersten im Deutschen Reich, durch Karl IV. im Jahr 1348. Der neben dem Kardinal und Philosophen Nikolaus von Kues (1401–1464) bedeutendste, in ganz Europa berühmte Humanist war Erasmus von Rotterdam (1467–1536). Er verband Christentum und Humanismus und gab u. a. eine griechische Ausgabe des Neuen Testaments heraus. Auch in Frankreich hatte sich der Humanismus im ausgehenden 15. Jahrhundert an den Lehrstätten und in den gebildeten Schichten fest etabliert. Neben etlichen humanistischen Philosophen und Philologen traten besonders der Liederdichter François Villon (um 1431–1489), der Satiriker Rabelais (1495–1553) und der Erfinder der Essayistik, Michel de Montaigne (1533–1592) hervor. Bedeutendster Vertreter des Humanismus in England war Thomas Morus (1478 bis 1535), der in seinem Werk »Utopia« einen Idealstaat entwarf. In dieser Zeit erlebte die englische Literatur mit den Werken William Shakespeares (1546–1616) ihren Höhepunkt.

1348: Gründung der ersten deutschen Universität in Prag durch Kaiser Karl IV.

Ein nächster Schritt in die Neuzeit war die Renaissance. Ein Bild des idealen Renaissancemenschen entwarf der Florentiner Schriftsteller und Beamte Niccolo Machiavelli (1469 bis 1527) in seinem Werk »Der Fürst«. Hier war es der nach dem Motto »Der Zweck heiligt die Mittel« rücksichtslos seine Interessen verfolgende Machtmensch. Denn trotz aller humanistischen Bildung war in der von Kriegen und Bürgerkriegen geprägten Zeit vor allem auch diese Ausformung des »modernen«, seine Individualität auslebenden Menschen

Die Renaissance entdeckt den »modernen« Menschen.

verbreitet. Auf ganz andere Weise taten dies die Künstler der italienischen Renaissance. Bei der Beschäftigung mit der mathematischen Optik des Euklid entdeckte der Bildhauer und Baumeister Filippo Brunelleschi (1377–1446) die linearperspektivische Konstruktion. Das architektonische Ideal der Renaissance war der Zentralbau, wie ihn Bramante (1444–1514) in seinen Kirchenbauten und Andrea Palladio (1508–1580) vor allem in seiner Villa Rotonda bei Vicenza verwirklichten. Einhergehend mit der Entdeckung der Individualität, einer der Haupterrungenschaften der Renaissance, wurde die Darstellung des Menschen zum beherrschenden Motiv in Plastik und Malerei. Ein Beispiel dafür ist die von Michelangelo Buonarotti (1475–1564) geschaffene Marmorstatue des »David« in Florenz.

Leonardo da Vinci (1452–1519) und Michelangelo Buonarotti (1475–1564)

Leonardo war das Universalgenie seiner Epoche. Er war Maler (u. a. »Mona Lisa«, »Das letzte Abendmahl«), Zeichner, Baumeister und Konstrukteur. Er hinterließ Skizzen zu zahlreichen, seinerzeit nicht realisierten Erfindungen wie dem Fahrrad oder dem Hubschrauber. Neben Leonardo war Michelangelo der vielseitigste Künstler der Renaissance. Er war zugleich Bildhauer (u. a. »Pietà« im Petersdom), Architekt (z. B. der Zentralbau des Petersdoms), Maler (Fresken in der Sixtinischen Kapelle) und Verfasser von Madrigalen und Sonetten.

Die Maler der Renaissance schufen ihre Werke meist als Auftragsarbeiten für den Adel oder wie Tintoretto (1518 bis 1594) und Paolo Veronese (1528–1588) für das venezianische Patriziat. Für die Privaträume fürstlicher Familien waren die meisten Gemälde und Porträts Tizians (um 1477 bis 1576), Botticellis (1445–1510), Giorgiones (1478–1510) und Raffaels (1483–1520) bestimmt. Seit dem ersten humanistisch gebildeten Papst Pius II. (1458–1464) wurde der Vatikan zum wichtigsten Auftraggeber der Renaissancekünstler.

6 Entdeckungen und Erfindungen

Im Mittelalter war es die unverrückbare Vorstellung, dass die Erde der Mittelpunkt des Universums sei, um die sich die Sonne und alle Gestirne drehen. Dass dieses geozentrische System falsch sein müsse, erkannte um 1507 der deutsche Astronom Nikolaus Kopernikus (1473–1543) durch jahrelanges Beobachten der Sterne. Er entdeckte, dass sich im Gegenteil die Sonne um die Erde dreht (heliozentrisches System) und nur ein Planet unter vielen ist.

Um 1507: Nikolaus Kopernikus entdeckt, dass sich die Erde um die Sonne dreht.

Der italienische Philosoph Giordano Bruno (1548–1600) wurde für seine These, unser Sonnensystem sei nicht das einzige im Universum, am 17. Februar 1600 in Rom verbrannt. Sein Landsmann Galileo Galilei (1564–1642) entdeckte die Mechanik unseres Sonnensystems und unserer Milchstraße, schwor aber, von der Folter bedroht, am 22. Juni 1633 seinem »Irrtum« offiziell ab. Den Rest seines Lebens musste er in Hausarrest verbringen.

17. Februar 1600: Giordano Bruno wird verbrannt.

22. Juni 1633: Galileo Galilei wird gezwungen, seinen Erkenntnissen abzuschwören.

In allen Bereichen kam es zu bedeutenden Neuerungen. Mikroskop und Fernrohr wurden entwickelt, und die Taschenuhr machte von den Turmuhren unabhängig. Die wichtigste Erfindung des Jahrtausends gelang um das Jahr 1445 dem Mainzer Johann Gensfleisch, genannt Gutenberg (um 1400–1467), dessen Buchdruck mit beweglichen Lettern Büchern und Flugblättern zu schneller Verbreitung verhalf.

Um 1445: Johann Gutenberg erfindet den Druck mit beweglichen Lettern.

7 Die Expansion Europas

Getrieben von der Vorstellung, dass die Erde eine Kugel sei, suchte der in spanischen Diensten stehende Genueser Seefahrer Christoph Kolumbus (1452–1507) Indien in westlicher Richtung. Am 12. Oktober 1492 landete er auf Haiti und hatte damit den amerikanischen Kontinent entdeckt. Den tatsächlichen Seeweg für den Handel mit Indien fand hingegen Vasco da Gama 1498. Kolumbus aber hielt bis an

1492: Christoph Kolumbus entdeckt Amerika.

1498: Vasco da Gama findet den Seeweg nach Indien.

sein Lebensende seine Entdeckung für Westindien. Erst sein italienischer Landsmann Amerigo Vespucci (1454–1512) erkannte, dass es sich um einen bisher unbekannten Kontinent handelte. Als der deutsche Kartograf Martin Waldseemüller 1507 eine Globus- und eine Weltkarte veröffentlichte, bezeichnete er den neu entdeckten Kontinent nach Vespuccis Vornamen »Amerika«. Der portugiesische Seefahrer Fernão de Magellan (um 1480–1521) überquerte den Atlantik, umsegelte die Südspitze Südamerikas und erreichte nach einer fünfmonatigen Reise durch den Stillen Ozean die Philippinen. Dort wurde er 1521 von Eingeborenen ermordet. Seinem Mitreisenden Juan Sebastian Elcano gelang die Rückfahrt nach Spanien. Mit dieser ersten Weltumsegelung war die Kugelform der Erde endgültig bewiesen.

1519: Magellan bricht zur ersten Weltumsegelung auf.

Die Entdeckung und Inbesitznahme ganzer Kontinente durch die Spanier und Portugiesen führte am 7. Juli 1494 zum Abschluss des Vertrags von Tordesillas. Er trennte die Interessensphären beider Länder durch eine Grenze ab, die 370 Meilen westlich der Kapverdischen Inseln in Nord-Süd-Richtung verlief.

7. Juli 1494: Der Vertrag von Tordesillas teilt die Welt in eine spanische und eine portugiesische Interessensphäre.

8 Die großen Handelshäuser – Frühkapitalismus in den Städten

Zu Beginn der Neuzeit hatte sich, ausgehend von den ober- und mittelitalienischen Stadtstaaten, allmählich die Geldwirtschaft gegen die Naturalwirtschaft durchgesetzt. In den italienischen Handelsstädten wurde das Bankwesen erfunden. Die reichsten und mächtigsten Kaufherren Europas waren die vor allem im Tuchhandel tätigen Medici in Florenz. Ebenfalls im Tuchhandel reich geworden war das Augsburger Kaufherren- und Bankhaus der Fugger. Über Venedig ging ein Großteil der begehrten Stoffe in den Orient, von dort kamen die kostbaren Gewürze und andere Luxusgüter zurück, die sich in Europa mit großem Gewinn verkaufen ließen.

Der Augsburger Kaufherr Jakob Fugger

Jakob Fugger (1459–1525)

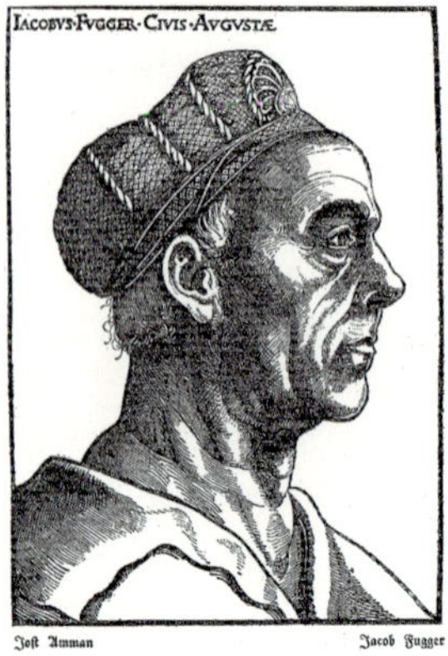

Geschäftlich und persönlich eng verbunden mit den Kaisern Maximilian I. und Karl V. finanzierte Jakob Fugger mit der seinerzeit ungeheuren Summe von 300 000 Gulden die Wahl Karls V. zum Kaiser. Auch der Ablasshandel lag in der Hand Fuggers, dem größten Bankier Europas. Zeugnis seines sozialen Engagements war der Bau der Fuggerei, einer Wohnsiedlung für bedürftige Augsburger, der ersten Sozialsiedlung der Welt.

9 Habsburg wird Weltmacht

1273: Graf Rudolf IV. von Habsburg wird zum deutschen König gewählt.

Mit der Wahl des Grafen Rudolf IV. von Habsburg zum deutschen König im Jahr 1273 beginnt der Aufstieg des Hauses Habsburg.

1276 besiegte König Rudolf I. Ottokar II. vor den Toren Wiens, der daraufhin Österreich und das Egerland an das Reich zurückgeben musste. Nach dem Tod Ottokars II. 1278 begann Rudolf, seine eigene Hausmacht im Südosten des Reiches auszudehnen. Dies wurde das Kerngebiet der habsburgischen Erblande. Mit seiner geschickten Heiratspolitik legte Kaiser Maximilian I. (1459–1519) den Grundstein für das habsburgische Weltreich, in dem unter seinem Enkel Karl V. »die Sonne niemals unterging«. Durch seine eigene Heirat mit Maria von Burgund sicherte Maximilian seinem Haus dieses Herzogtum, zu dem auch das reiche Flandern gehörte. Durch die Verheiratung seines Sohnes Philipp des Schönen mit der Erbin von Kastilien und Aragon, Johanna der Wahnsinnigen, sicherte er seinem Haus auch die An-

1519: Kaiserkrönung Karls V., seit 1516 König von Spanien.

wartschaft auf die spanische Krone mitsamt allen dazugehörenden überseeischen Besitzungen. Karl (1500–1558), der älteste Sohn aus dieser Ehe, wurde 1516 als Karl I. König von Spanien, von Neapel und Sizilien. Im Jahr 1519 wurde er als Karl V. zum deutschen Kaiser gekrönt.
Aber schon nach dessen Abdankung zerfiel die von Maximilian I. aufgebaute habsburgische Weltmacht wieder. Das Haus Österreich teilte sich in zwei Linien, in die von Karls Sohn Philipp II. (1556–1598) begründete spanisch-burgundische und die von seinem Bruder Ferdinand begründete österreichisch-deutsche Linie.

10 Reformation, katholische Erneuerung und Gegenreformation

1514 begann Papst Leo X. (1475–1521) in Deutschland mit dem Ablasshandel zur Finanzierung des Baus des Petersdoms. Gegen eine Geldspende wurde den Menschen Vergebung ihrer Sünden versprochen. Dagegen veröffentlichte der Augustinermönch und Theologe Martin Luther (1483–1546) am 31. Oktober 1517 in Wittenberg ein aus 95 Thesen bestehendes Protestschreiben.
Fast alle deutschen Landesfürsten traten zu dem neuen Glauben über und erhielten dadurch das Kirchenregiment in ihrem Land, was einen großen Machtzuwachs bedeutete. 1531 schlossen sich die protestantischen Reichsstände zum Schmalkaldischen Bund zusammen. Im Augsburger Religionsfrieden von 1555 wurde den Landesherren das Recht auf freie Religionswahl und das Aufstellen von Kirchenordnungen überlassen.

1555:
Augsburger Religionsfriede. Die Landesherren bekommen das Recht auf freie Religionswahl.

Dem Protestantismus setzte die katholische Kirche innere Reformen und die Gegenreformation entgegen. Wichtigstes Werkzeug war dabei der 1543 von dem Spanier Ignatius von Loyola (1491–1556) gegründete Orden der Jesuiten.
Zur Sicherung der Einheit von Glauben und Kirche berief Papst Paul III. das Konzil von Trient (1545–1563) ein.

Dieser Stich zeigt die imposante Erscheinung des protestantischen Reformators Martin Luther.

Martin Luther (1483–1546)

In seinen 95 Thesen forderte Luther zu einer Diskussion über den Missbrauch des Ablasshandels auf. 1518 wurde Luther auf dem Reichstag zu Augsburg von dem Kardinalslegaten Cajetan vergeblich zum Widerruf seiner kritischen Thesen aufgefordert. Dies war lebensgefährlich wie das Beispiel des tschechischen Reformators Jan Hus (1369–1415) gezeigt hatte, der trotz der kaiserlichen Zusage des freien Geleits auf dem Konzil von Konstanz angeklagt und wegen Ketzerei verbrannt worden war. Im Jahr 1519 vollzog Luther während einer Disputation mit den Theologen Karlstadt und Egk in Leipzig seinen Bruch mit dem Papsttum und der katholischen Kirche.

Nachdem Kaiser Karl V. die Reichsacht über Luther verhängt hatte, ließ ihn Kurfürst Friedrich der Weise von Sachsen unter dem Tarnnamen Junker Jörg auf die Wartburg bringen. Dort begann Luther im Dezember 1521 mit der Übersetzung des Neuen Testaments. Damit wurde er Begründer der neuhochdeutschen Schriftsprache.

Die Erlasse des Tridentinischen Konzils bedeuteten eine grundlegende Reorganisation der katholischen Kirche.

Auf einen Blick: Auf dem Weg in die Neuzeit

1066

- Wilhelm der Eroberer bringt England unter normannische Herrschaft.

1154

- Mit der Heirat von Eleonore von Aquitanien und König Heinrich II. von England fallen große Teile Frankreichs an England.

1214

- Philipp II. erobert das seit 1154 englische Territorium Frankreichs zurück.

1215

- In England setzen die Barone mit der Magna Carta Libertatum ihr Mitspracherecht durch.

1236

- Mit der Einnahme Cordobas ist die Reconquista Spaniens beendet.

1302

- Bulle Unam Sanctam: Papst Bonifaz VIII. stellt den Papst über die weltliche Herrschaft.

1309–1377

- »Babylonische Gefangenschaft« der Päpste in Avignon.

1339–1453

- Hundertjähriger Krieg zwischen England und Frankreich.

1348

- Gründung der ersten deutschen Universität in Prag.

1378–1417

- Abendländisches Schisma durch doppelte Papstwahl.

1356

- Einführung des Reichsgrundgesetzes durch die Goldene Bulle Kaiser Karls IV.

1431

- 30. Mai: Jeanne d'Arc wird hingerichtet.

1479

- Vereinigung der beiden spanischen Königreiche Aragon und Kastilien.

1492

- 12. Oktober: Christoph Kolumbus entdeckt Amerika.

1494

- 7. Juni: Der Vertrag von Tordesillas trennt die überseeische Welt in eine spanische und eine portugiesische Interessensphäre.

1498

- Der portugiesische Seefahrer Vasco da Gama entdeckt den Seeweg nach Indien.

1507

- Nikolaus Kopernikus entdeckt, dass sich die Erde um die Sonne dreht.

1517

- 31. Oktober: Martin Luther veröffentlicht in Wittenberg seine 95 Thesen.

1531

- Zusammenschluss protestantischer Reichsstände zum Schmalkaldischen Bund.

1555

- Augsburger Religionsfriede.

1556

- Nach der Abdankung Kaiser Karls V. zerfällt das Haus Habsburg in eine spanische und eine österreichische Linie.

1563

- Beginn der Gegenreformation.

1588

- Sieg der englischen Flotte über die spanische Armada.

Absolutismus und Aufklärung

Aufklärung ist der »Ausgang des Menschen aus seiner selbst verschuldeten Unmündigkeit«, definiert Immanuel Kant. Diese nachhaltigste der philosophischen Strömungen in der europäischen Geistesentwicklung fordert die auf der Vernunft beruhende Verantwortung des Einzelnen für sich und das Gemeinwohl. Damit stellt sie sich in massiven Gegensatz zur christlichen Kirche und die sich gleichzeitig herausbildenden absolutistischen Herrschaftsformen.

1 Spanien und die Niederlande

1551: Philipp II. von Spanien übernimmt die Herrschaft über die Niederlande.

König Philipp II. von Spanien (1555–1598) übernahm 1551 die Herrschaft über die Niederlande.

Die 17 Provinzen mit ihrem reichen Bürgertum brachten Philipp siebenmal so viel an Steuern ein wie das Silber aus Südamerika. Kardinal Granvelle betrieb im Auftrag Philipps eine strikte Hispanisierung der Niederlande. Er beschnitt die Privilegien und Freiheitsrechte der Provinzen und Städte und bekämpfte den Calvinismus mit der Einführung der Inquisition. Dagegen erhob sich 1566 der Bildersturmaufstand der adligen Partei der Geusen, den der spanische Herzog von Alba 1567 blutig niederschlug. Die Ständeversammlung der protestantischen Nordprovinzen (Generalstaaten) proklamierte Wilhelm von Oranien-Nassau (1533–1584) zum Statthalter und Oberbefehlshaber. Nach heftigen Auseinandersetzungen schlossen sich die protestantischen Nordprovinzen zur Union von Utrecht zusammen und erklärten sich 1581 zur unabhängigen Republik der Vereinigten Niederlande.

Die niederländischen Nordprovinzen erklären sich zur unabhängigen Republik.

1584 gaben sich die Generalstaaten eine Verfassung. Nach der Eroberung von Antwerpen durch Alessandro Farnese im Jahr 1585 gewannen die Niederländer die Unterstützung Englands. Die Niederländer führten auch Angriffe gegen die spanischen Handelsniederlassungen in Südostasien und Südafrika und bauten dabei ihr eigenes Kolonialreich auf. 1609 vereinbarten die Niederlande und Spanien einen zwölfjährigen Waffenstillstand.

2 Der Dreißigjährige Krieg

1618: Prager Fenstersturz, Beginn des Dreißigjährigen Krieges.

Der Dreißigjährige Krieg begann in Böhmen. Der ohne die Zustimmung der böhmischen Stände 1617 böhmischer König gewordene Erzherzog Ferdinand von Österreich widerrief die von Kaiser Matthias 1609 gewährte Religionsfreiheit. 1618 warfen aufgebrachte böhmische Protestanten zwei kaiserliche Gesandte aus einem Fenster der Prager Burg.

In der ersten Schlacht des Dreißigjährigen Krieges am Weißen Berg errangen Kaiser Ferdinand II. und Herzog Maximilian I. von Bayern einen überragenden Sieg über die protestantischen Böhmen.

1620:
Schlacht am Weißen Berg. Böhmen wird zwangsweise rekatholisiert und habsburgisches Erbland.

Nach diesem Erfolg drangen die von dem Feldherrn Johann Tilly (1559–1632) befehligten Truppen der Katholischen Liga in die protestantischen Länder Deutschlands vor. 1629 hatte Heerführer Albrecht von Wallenstein (1583–1634) ganz Norddeutschland bis Stralsund hinauf erobert. Dafür verlieh ihm der Kaiser den Titel eines »Generalissimus des Baltischen und Ozeanischen Meeres« sowie die Herzogtümer Sagan und Mecklenburg.

Kaiser Ferdinands II. 1629 erlassenes Restitutionsedikt zur Rückgabe ehemals geistlich beherrschter Gebiete im Besitz der protestantischen Reichsfürsten ließ sowohl die Reichsfürsten als auch Frankreich eine Stärkung der kaiserlichen Machtposition befürchten. Frankreich, das sich sowohl von den spanischen als auch von den deutsch-österreichischen Habsburgern bedroht fühlte, unterstützte deshalb König Gustav Adolf von Schweden (1594–1632), als er 1629 zugunsten der deutschen Protestanten in den Krieg eingriff.

1630–1635:
Erfolgreiches Eingreifen Schwedens aufseiten der Protestanten.

Gustav Adolf sah durch das Vordringen des katholischen Kaisers bis an die Ostseeküste den Protestantismus in Schweden und dessen Vormachtstellung im Ostseeraum gefährdet. Er eroberte nacheinander Pommern, Mecklenburg und Brandenburg. 1631 schlossen sich ihm die protestantischen Reichsstände von Brandenburg und Sachsen an. Nach einem Sieg gegen Tilly bei Rain am Lech marschierte er 1632 im katholischen München ein. Noch im selben Jahr besiegte Gustav Adolf am 16. November 1632 bei Lützen in Sachsen die Truppen Wallensteins, fiel aber in der Schlacht.

16. November 1632:
Tod Gustav Adolfs in der Schlacht bei Lützen.

Als Wallenstein Friedensverhandlungen aufnahm, brachte dies die Umgebung Kaiser Ferdinands II. gegen Wallenstein auf. Man warf ihm Verrat vor und entzog ihm das Oberkommando. Am 25. Februar 1634 wurde er in Eger von kaiserlichen Offizieren ermordet.

25. Februar 1634:
Ermordung Wallensteins in Eger.

Noch im selben Jahr wurden die schwedischen Truppen aus Süddeutschland vertrieben. 1635 schloss Ferdinand II. mit Sachsen und fast allen übrigen Reichsständen den Frieden von Prag, in dem er auf die Restitutionen verzichtete.

Frieden von Prag, Ferdinand II. verzichtet auf die Restitutionen.

Der Frieden im Deutschen Reich entsprach nicht den machtpolitischen Interessen Frankreichs, das nun selbst in den Krieg eingriff. Am Ende des Dreißigjährigen Krieges war die Bevölkerung des Deutschen Reiches von 16 Millionen im Jahr 1618 auf 10 Millionen geschrumpft. Viele Landstriche waren vollkommen entvölkert. Als 1648 in Münster und Osnabrück der Westfälische Friede geschlossen war, hieß der eigentliche Sieger Frankreich.

1648: Westfälischer Frieden, Ende des Dreißigjährigen Krieges.

Die kaiserliche Zentralmacht der Habsburger in Deutschland war so geschwächt, dass Frankreich von einer Umklammerung durch das Haus Habsburg nichts mehr zu befürchten hatte. Deutschland wurde zu einem Staatenbund, in dem die souveränen Reichsstände die Macht besaßen. Die Entscheidungen des Kaisers mussten von dem 1663 eingerichteten immerwährenden Reichstag in Regensburg abgesegnet werden. Mit der Bestätigung des Augsburger Religionsfriedens von 1555, die diesmal die Calvinisten mit einschloss, bestand wieder Religionsfreiheit.

3 Der Absolutismus in Frankreich

Das Edikt von Nantes gewährt Religionsfreiheit.

Auch in Frankreich gewährte nach den Hugenottenkriegen (1562–1598) das Edikt von Nantes Religionsfreiheit.

Als 1624 der Kardinal Herzog von Richelieu (1585–1642) als leitender Minister des schwachen Königs Ludwig XIII. (1601–1643) die Regierungsgeschäfte übernahm, war es sein wichtigstes Ziel, Frankreich zu einer Großmacht zu machen. An dessen Spitze sollte ein absolutistisch herrschender König stehen. Frankreichs äußere Machtstellung stärkte er durch sein erfolgreiches Eingreifen in den Dreißigjährigen Krieg. Nach dem Tod Richelieus 1642 und Ludwigs XIII. 1643 übernahm Kardinal Jules Mazarin (1602–1661) die Regierungsgeschäfte für den fünfjährigen, 1638 geborenen Ludwig XIV. In seiner königlichen Position und auch persönlich bedroht wurde Ludwig XIV. im Aufstand der Fronde. Hochadel, Parlamente und die Stadt Paris lehnten sich gegen das absolutistische Königtum auf. Nach dem Sieg Mazarins über die Fronde im Jahr 1653 war die Machtstellung des Königtums stärker denn je.

Überzeugt vom Gottesgnadentum seiner Herrschaft regierte Ludwig XIV. nach seinem Grundsatz »L'état, c'est moi!« (»Der Staat bin ich!«). Während der Reunionskriege gegen die Niederlande (1667–1697) baute Ludwig XIV. die stärkste Armee in Europa auf. Seit 1679 eroberte er ohne Kriegserklärung an das Deutsche Reich im Elsass und in Lothringen eine Stadt und einen Landstrich nach dem anderen, 1681 auch die Reichsstadt Straßburg. Im Pfälzischen Krieg (1688 bis 1697), in dem die französischen Truppen Heidelberg zerstörten, versuchte er allerdings vergeblich, die Ostgrenze Frankreichs über den Rhein zu verschieben. Vorwand des Krieges waren die Erbansprüche seiner Schwägerin Lieselotte von der Pfalz, die diese jedoch selber gar nicht wahrnehmen wollte. Im Spanischen Erbfolgekrieg (1701–1713/14) kam es zu einer großen antifranzösischen Koalition. Trotzdem konnte Ludwig XIV. den spanischen Thron für seinen Enkel Philipp gewinnen.

1661: Regierungsantritt Ludwigs XIV.

1701–1713/14: Spanischer Erbfolgekrieg. Ludwig XIV. gewinnt den spanischen Thron für seinen Enkel Philipp.

Ludwig betrieb auch eine erfolgreiche Überseepolitik und machte Frankreich zur zweitgrößten Kolonialmacht nach Spanien. Seine Machtposition im Innern stärkte Ludwig XIV. 1685 durch die Aufhebung des Toleranzedikts von Nantes. Damit entledigte er sich endgültig der aufmüpfigen Hugenotten, die zu Zehntausenden in die protestantischen Länder, besonders nach Deutschland flohen. Nach der Entmachtung der Parlamente regierte Ludwig XIV. ohne jegliche Kontrolle. Bauliches Zeichen dieser absoluten Macht war der Ausbau des Schlosses Versailles.

1685: Aufhebung des Edikt von Nantes, Flucht der Hugenotten.

Hier residierte der »Sonnenkönig«, umgeben von einem tausendköpfigen adligen Hofstaat und einem Heer von 20 000 Bediensteten. Diese Prachtentfaltung führte dazu, dass Frankreich beim Tod Ludwigs XIV. im Jahr 1715 kurz vor dem Staatsbankrott stand.

4 Der Merkantilismus

Die merkantilistische Wirtschaftspolitik diente dem Ziel, Macht und Wohlstand des Staats und vor allem des absolutistischen Herrschers zu mehren. Ein Mittel war die Ankurbelung der Produktion von Waren, die man ins Ausland verkaufte. Gleichzeitig wurde der Import ausländischer Waren durch die Erhebung hoher Einfuhrzölle (Schutzzölle) so weit wie möglich verhindert. In Frankreich griff der Finanzminister Ludwigs XIV., Jean-Baptiste Colbert (1618–1683), noch mit weiter gehenden staatlichen Maßnahmen ein. Er gründete staatlich subventionierte Manufakturen, eine Art frühe Fabriken, in denen vor allem die in ganz Europa so begehrten französischen Luxusartikel (Seidenstoffe, Seidenstrümpfe, Möbel, Uhren, Kunsthandwerk und Ziergegenstände aller Art) hergestellt wurden. Um den Handel zu erleichtern, ließ er Straßen, Wasserwege und Häfen ausbauen sowie Kanäle anlegen. Colbert vergrößerte die französische Handelsflotte, förderte den Aufbau des französischen Kolonialreiches und gründete privilegierte Handelsgesellschaften wie die »Ostindische Kompanie« (1664). Es wurden Auswanderungsverbote erlassen und die Einwanderung von Ausländern gefördert. Dies geschah vor allem in Deutschland, das den Großteil der französischen Hugenotten aufnahm.

5 Die Kultur des Barock

Die Epochenbezeichnung Barock entwickelte sich aus dem portugiesischen Wort »barocco«, das »schiefrunde Perle« bedeutet und ursprünglich als Schimpfwort gedacht war. Sie bezeichnet die Zeit zwischen etwa 1600 und 1750. Die barocke Formensprache zeichnete sich durch Pathos, ungebändigte Kraft, Dynamik und Bewegung aus. Der Barock wurde zum offiziellen Stil der katholischen Gegenreformation, wie die vielen prächtigen barocken Kathedralen in Südeuropa und in Süddeutschland beweisen.

Barock als Kunststil der katholischen Gegenreformation.

Sie wurden ebenso wie die Schlossbauten des Barock als Gesamtkunstwerke aus Architektur, Malerei und Plastik konzipiert. Die barocke Kunst liebte die Asymmetrie der Formen, auf- und abschwellende Rundungen und überraschende Effekte und eine Malerei, die plastische Elemente vortäuscht. Barocke Schlossbauten spiegelten die Macht der absolutistischen Herrscher wider.

Die barocken Schlösser spiegeln die Macht der absolutistischen Herrscher wider.

Dies galt auch für das von J. B. Fischer von Erlach für Maria Theresia erbaute Schloss Schönbrunn. Besonders aber für das von Jules Hardouin Mansart geschaffene Versailles Ludwigs XIV., dem alle anderen europäischen Herrscher nacheiferten. Die barocke Malerei entwickelte sich besonders in Italien (Caravaggio, Tiepolo), Spanien (Velazques, Murillo) und Frankreich (Poussin, Lorrain), vor allem aber in den Niederlanden (Rembrandt, van Dyck, Frans Hals, Vermeer, Rubens). Die Literatur dieser Zeit spiegelt die Zerrissenheit des barocken Menschen wider. Die barocke Lebensfreude kontrastierte mit einer starken Todesangst, Sinnenfreude mit Weltflucht. Es entstanden pathetische, für die höfische Gesellschaft geschriebene Dramen, aber auch religiöse Lyrik (Paul Gerhardt), Sonette, Oden und Epigramme (Martin Opitz) und Romane wie »Der Abentheuerliche Simplicissimus Teutsch« von Johann Jakob Grimmelshausen. In Frankreich entstanden die großen klassischen Werke von Molière, Corneille und Racine. Die bedeutendsten Komponisten des Barock brachten Italien und Deutschland hervor. In Italien waren es neben vielen anderen vor allem Vivaldi, Corelli, Monteverdi und Gesualdo, in Deutschland Schütz, Pachelbel, Buxtehude und Froberger, vor allem aber Johann Sebastian Bach und Georg Friedrich Händel.

Die barocke Literatur spiegelt die innere Zerrissenheit des Menschen wider.

6 Neue Wege des Denkens: Staatstheorie und Entwicklung des Verfassungsstaats

Hugo Grotius: Begründer des Völkerrechts.

Der Niederländer Hugo Grotius (1583–1654) warf in seinem Werk »De iure belli ac pacis« als Erster die Idee eines Völkerrechts auf, das den internationalen Frieden sichern sollte. Moralisch vertretbar war für Grotius nur ein Verteidigungskrieg.

Thomas Hobbes fordert Unterwerfung unter einen Herrscher.

Der britische Staatstheoretiker Thomas Hobbes (1588 bis 1697) glaubte, dass allein der Selbsterhaltungstrieb alles menschliche Handeln steuert. In seinem Werk »Leviathan« fordert er deshalb einen Gesellschaftsvertrag, in dem die Einzelnen auf ihre Rechte verzichten und sich einem Herrscher unterwerfen.

John Locke fordert Gewaltenteilung in Legislative und Exekutive.

Hobbes' Landsmann John Locke (1632–1704) bezeichnet in seinem »Two Treatises of Government« die Freiheit, Gleichheit und Unantastbarkeit des Menschen und des Besitzes als Grundrechte überhaupt. Locke forderte die Trennung von gesetzgebender (Legislative) und vollstreckender (Exekutive) Staatsgewalt.

Charles de Montesquieu führt dritte Teilgewalt der Judikative ein.

Lockes Staatstheorie von der Gewaltenteilung entwickelte der Franzose Charles de Montesquieu (1689–1755) weiter, indem er als dritte gleichberechtigte Gewalt die Rechtsprechung (Judikative) hinzufügte.

Jean Jacques Rousseau: Freiheit und Gleichheit sind angeborene und daher unveräußerliche Menschenrechte.

Der französische Philosoph Jean Jacques Rousseau (1712 bis 1778) erklärte in seinem Werk »Der gesellschaftliche Vertrag oder die Grundregeln des allgemeinen Staatsrechts«, dass das Recht auf Freiheit und Gleichheit dem Menschen angeboren und daher unveräußerlich sei. Für ihn war die Zivilisation schuld an dem mangelnden Respekt vor den angeborenen Menschenrechten der Freiheit und Gleichheit. Daher forderte er, dem Beispiel der Einfachheit der Natur folgend, einen einfach strukturierten, natürlichen Staat.

7 Russland wird Großmacht in Europa

Zar Peter I. der Große (1672–1725) gründete 1703 im äußersten Nordwesten seines Reiches die neue Hauptstadt, der er den deutschen Namen St. Petersburg gab.

1703: Gründung von St. Petersburg.

Mit äußerster Gewalt und drakonischen Strafmaßnahmen trieb er den Bau an »Russlands Fenster zum Westen« voran und zwang seine Untertanen zur Annahme westlicher Sitten und Gebräuche. Mit äußerster Energie setzte Peter I. eine Umorganisation seines Landes nach absolutistischem westlichen Vorbild durch. Er teilte sein Reich in Gouvernements, Provinzen und Distrikte ein und schuf eine Städteordnung. Die orthodoxe Kirche entmachtete er 1721 durch die Einrichtung des Heiligen Synod, einer staatlichen Behörde, der er selber vorstand.

1721: Entmachtung der orthodoxen Kirche.

Auch auf dem Bildungssektor wollte der Zar Russland mit aller Gewalt in die Moderne führen. Er ließ das noch aus dem mittelalterlichen Altkirchenslawisch stammende Alphabet vereinfachen und richtete mathematisch-naturwissenschaftlich orientierte Schulen ein. 1724 gründete er in Petersburg die Russische Akademie der Wissenschaften.

1724: Gründung der Russischen Akademie der Wissenschaften.

Ebenso führte er den Merkantilismus der westlichen Staaten ein, vergab Monopole für Gobelin- und Stoffmanufakturen, für den Bergbau und die Gewinnung von Holz. Viele seiner wirtschaftlichen Modernisierungsmaßnahmen zielten wie die Einführung einer Unzahl von Steuern vor allem darauf ab, die Staatskassen zu füllen. Daraus wiederum finanzierte Peter I. die Aufrüstung seiner Armeen und den Bau einer großen Flotte. Ziel der gesamten Aufrüstung war es, Russland mit militärischer Macht in den Rang einer europäischen Großmacht zu erheben. Dabei strebte Peter I. besonders eine Erweiterung seines Territoriums auf Kosten Schwedens an. Der sich daraus entwickelnde Nordische Krieg begann 1700 mit einer Niederlage Peters gegen die Schweden bei Narwa an der Ostsee.

1700–1721: Nordischer Krieg. Russland strebt Ausdehnung nach Schweden an.

Mit einer aufgerüsteten und besser ausgebildeten Armee besiegten die Russen den schwedischen König Karl XII. (1682–1718) bei Poltawa. Im Frieden von Nystad (1721)

1721: Frieden von Nystad. Russland wird zur europäischen Großmacht.

gewann Russland von Schweden außer den bereits 1719 annektierten baltischen Ländern Livland und Estland das Ingermannland sowie Karelien. Damit hatte Russland Schweden als Vormacht des Ostseeraums abgelöst und war zur europäischen Großmacht geworden.

1700: Eroberung von Asow. Russischer Zugang zum Schwarzen Meer.

Auch im Süden erreichte Peter der Große, der seit 1721 den Titel eines Kaisers führte, eine Ausweitung seines Machtbereichs. Bereits 1700 hatte er den Osmanen Asow abgenommen und damit einen Zugang zum Schwarzen Meer erhalten.

1722–1723: Vordringen des Zarenreiches an das Kaspische Meer.

1722–1723 unternahmen russische Truppen einen Feldzug nach Persien und eroberten dabei Derbent und Baku am Kaspischen Meer.

1718: Peter I. lässt seinen Sohn Alexej zu Tode foltern.

Peter der Große hatte seinen Großmachttraum erreicht. Dabei war er, der zu heftigsten Zornausbrüchen und Alkoholexzessen neigte, oft mit äußerster Brutalität vorgegangen. Seinen ungeliebten Sohn aus erster Ehe, den Thronfolger Alexej, ließ er 1718 zu Tode foltern.

8 Das Osmanische Reich

1301: Sultan Osman I. gründet das Osmanische Reich.

Die ursprünglich aus Turkestan stammenden Türken drangen ab 1243 in Kleinasien ein. Einer ihrer Emire, als Glaubenskrieger zur Verbreitung des Islams verpflichtet, machte sich als Osman I. zum Sultan. Durch seine Eroberungen legte er den Grundstein für das Osmanische Reich und rief zum Glaubenskampf gegen Byzanz. 1301 gründete er im Nordwesten Kleinasiens das nach ihm benannte Osmanische Reich.

1389: Schlacht auf dem Amselfeld.

1354 setzten die Osmanen in das griechische Gallipoli über und machten es zu ihrem ersten Stützpunkt auf südosteuropäischem Boden. Nach und nach eroberten sie auf der europäischen Seite des Bosporus immer größere Gebiete des Byzantinischen Kaiserreiches. 1361 bestand es nur noch aus der Hauptstadt Konstantinopel. In der Schlacht auf dem Amselfeld (Kosovo Polje) am 15. 6. 1389 brachten sie den von den Serben angeführten Balkanvölkern eine vernichtende Niederlage bei.

Die Verwaltung des Osmanischen Reiches

An der Spitze des Reiches stand der Sultan. Um Erbstreitigkeiten unter den unzähligen Nachkommen von Frauen, Nebenfrauen und Haremsdamen zu verhindern, verfügte Sultan Mohammed II. (1451–1481), dass jeder neue Sultan alle seine Brüder und Halbbrüder unverzüglich zu töten habe. Nur jeweils ein Bruder wurde am Leben gelassen und in einen Turm eingesperrt. Die Verwaltung unterstand den Großwesiren, die oft griechischer oder slawischer Herkunft waren. Der Diwan (Staatsrat) stand Sultan und Großwesir beratend zur Seite. Unterteilt war das Osmanische Reich in Sandschaks (Provinzen). Die eroberten Gebiete wurden in Militärlehen eingeteilt und Paschas überlassen. Die einheimischen Christen wurden nicht zwangsislamisiert, waren aber zu hohen Abgaben verpflichtet. Die schlimmste »Tributleistung« war die alljährliche »Knabenlese«. Um ihre Kinder zu schützen, traten deshalb viele Südslawen, wie etwa in Bosnien, zum Islam über. In den christlichen Balkanländern wurde jedes Jahr jeder fünfte Knabe nach Konstantinopel in die Sklaverei verschleppt.

Die höchste Blüte und größte Ausdehnung erfuhr das Osmanische Reich unter Sultan Suleiman dem Prächtigen (1520 bis 1566).

1520–1566: Blütezeit des Osmanischen Reiches unter Suleiman dem Prächtigen.

In seine Regierungszeit fielen die Eroberung Belgrads (1521) und die Vertreibung der Johanniter aus Rhodos (1522). Der größte Erfolg war jedoch 1526 der Sieg über die Ungarn bei Mohacs an der Donau, in der der junge Ungarnkönig Ludwig II. fiel.

1526: Niederlage der Ungarn bei Mohacs.

Die Krone des nun zum größten Teil osmanisch besetzten Ungarns erbte das Haus Habsburg. Österreich grenzte dadurch im Süden an das Osmanische Reich. Im Sommer 1529 standen die Türken vor den Toren Wiens, das der Belagerung jedoch mit großen Mühen standhalten konnte.

1529: Erste vergebliche Belagerung Wiens.

Ein Friedensschluss zwischen den Osmanen und Österreich teilte Ungarn auf, der östliche Teil wurde osmanische Provinz. Das Vordringen der Osmanen bis vor die Tore Wiens hatte das ganze Abendland in Aufregung versetzt. Als die Osmanen auch noch Zypern eroberten, schlossen sich Venedig, Spanien und Papst Pius V. zur Heiligen Liga zusammen. Am 7. Oktober 1571 brachte ihre Flotte den Osmanen bei Lepanto eine vernichtende Niederlage bei. Daraufhin zerbrach die türkische Vorherrschaft im Mittelmeerraum.

1571: Seeschlacht bei Lepanto. Ende der türkischen Vorherrschaft im Mittelmeerraum.

Es begann eine Epoche des allmählichen Niedergangs des Osmanischen Reiches, gekennzeichnet durch den Abfall von Provinzen und einem von wiederholten Janitscharenaufständen begleiteten inneren Verfall. Trotzdem standen die von dem französischen König Ludwig XIV. mit Hilfsgeldern großzügig unterstützten Osmanen 1683 ein zweites Mal vor den Toren Wiens. Während der Kaiser aus dem belagerten Wien nach Linz floh, kamen der bedrängten Stadt aus ganz Europa Fürsten mit ihren Truppen zu Hilfe. Gemeinsam gelang es ihnen, die Türken am Kahlenberg bei Wien vernichtend zu schlagen.

1683: Schlacht am Kahlenberg. Die Türken werden geschlagen.

Unter Führung Max Emanuels von Bayern und Ludwigs von Baden setzte die Heilige Allianz dem fliehenden osmanischen Heer nach, drang bis nach Südserbien vor und eroberte 1697 Sarajevo. Im Frieden von Karlowitz 1699 verlor das Osmanische Reich Ungarn an Österreich und die Peloponnes (Morea) an Venedig.

1699: Frieden von Karlowitz. Ungarn fällt an Österreich.

9 Die Aufklärung

Die Aufklärung wird auch als »Zeitalter der Vernunft« bezeichnet. Nicht mehr kirchliche und religiöse Vorschriften bestimmten das Leben, sondern der eigene Verstand. Dies hatte als Erster René Descartes (1596–1650), der Begründer des Rationalismus, in dem Satz »Ich denke, also bin ich« ausgedrückt.

René Descartes (1596–1650), Begründer des Rationalismus.

Dass die Welt mithilfe des Verstands zu begreifen und zu erklären ist, hatten Naturwissenschaftler wie Galileo Galilei (1564–1642), Johannes Kepler (1571–1630) und Isaac Newton (1643–1727) bewiesen. Dass sie auch philosophisch zu erklären war, hatten Baruch Spinoza (1632–1677) und

Gottfried Wilhelm Leibniz (1646–1716) gezeigt. Besonders schnell verbreiteten sich die Ideen der Aufklärung im gebildeten städtischen Bürgertum. Dort fielen die Gedanken der Freiheit und Toleranz, die die Ablehnung der absolutistischen Herrschaftsform mit einschlossen, auf fruchtbaren Boden. Zur Verbreitung der neuen Ideale der Aufklärung wurde 1717 in London die erste Freimaurerloge gegründet.

1717: Gründung der ersten Freimaurerloge in London.

Der bedeutendste deutsche Geheimbund war der 1776 von dem Ingolstädter Professor für Kanonisches Recht Adam Weishaupt gegründete radikal aufklärerische und antiklerikale Illuminatenorden. Ihm gehörten u. a. Leopold und Wolfgang Amadeus Mozart, Johann Wolfgang von Goethe, Johann Gottfried Herder, Ludwig van Beethoven und der bayerische Reformer und Staatsmann Graf Maximilian Montgelas an. 1785 wurde der Illuminatenorden verboten, weil man ihm revolutionäre Absichten, Zauberei und Giftmischerei vorwarf.

1776: Gründung des Illuminatenordens in Ingolstadt.

Den größten Einfluss auf die Gesellschaft und die Politik hatten die französischen Aufklärer. Der bekannteste war der Philosoph und Schriftsteller Voltaire (1694–1779), der in seinen »Philosophischen Briefen« die politischen und geistigen Verhältnisse in dem von ihm so bewunderten England beschrieb und sie denen im absolutistischen Frankreich gegenüberstellte.

Da er nicht nur den Staat scharf kritisierte, sondern auch die katholische Kirche, musste er das Land verlassen. Einige Jahre verbrachte er in Sanssouci am Hof Friedrichs des Großen, mit dem er schon lange korrespondiert hatte. Das bedeutendste gekrönte Haupt, mit dem Voltaire in regelmäßigem geistreichen Briefwechsel stand, war die russische Kaiserin Katharina die Große. Sie korrespondierte auch mit dem französischen Schriftsteller und Philosophen Denis Diderot (1713–1784) und lud ihn sogar zu sich nach St. Petersburg ein. Diderot gab zusammen mit dem Mathematiker und Philosophen Jean Le Rond d'Alembert (1717–1783) in den Jahren 1751–1777 die »Encyclopédie« heraus. In diesem vielbändigen Lexikon, einem Hauptwerk der Aufklärung, wurde erstmals das gesammelte Wissen der aufgeklärten Welt gesammelt.

Voltaire kritisiert den französischen Staat und die katholische Kirche.

1751–1777: Diderot und d'Alembert geben die »Encyclopédie« heraus.

1781: Immanuel Kant verfasst die »Kritik der reinen Vernunft«.

Als der bedeutendste Denker der Aufklärung und als einer der bedeutendsten Philosophen überhaupt gilt der Königsberger Philosophieprofessor Immanuel Kant (1724–1804). In seinem Werk »Kritik der reinen Vernunft« (1781) legt er dar, dass Erfahrung und Denken von bestimmten vorgegebenen Umständen abhängig sind. Daher könne man die Welt nur erkennen, wie sie einem nach der eigenen subjektiven Wahrnehmung erscheint, nicht aber, wie sie wirklich ist.

Bildnis des bedeutenden Philosophen Immanuel Kant, Verfasser des »Kategorischen Imperativs« (1788)

In der »Kritik der praktischen Vernunft« (1788) hebt Kant hervor, dass der Mensch für sein sittliches Handeln selbst verantwortlich ist. Sittlich sei das Handeln vor allem dann, wenn es frei von Eigennutz ist. Grundlage jedes Handelns sollte der von ihm formulierte »Kategorische Imperativ« sein.

10 Der aufgeklärte Absolutismus

Förderung der Bildung und der Wissenschaften in Preußen.

Friedrich II. wollte nicht der absolutistische Herrscher im Stil eines Ludwigs XIV. sein, sondern »der erste Diener des Staates«. Als Philosophenkönig wollte er über sein Land herrschen, in dem nicht die Willkür, sondern die Vernunft regieren sollte. Friedrich II. holte Hunderttausende in ihren Herkunftsländern oft unerwünschte Einwanderer ins Land. Solange sie dem Wohle Preußens dienten, war dem König gleichgültig, was sie sonst taten, glaubten oder dachten, »den hier mus ein jeder nach seiner Fasson selich werden« schrieb er. Allerdings waren weder Katholiken noch Juden mit den Protestanten gleichberechtigt. Fast während der gesamten Amtszeit Friedrichs II. führte Preußen Eroberungskriege und entwickelte sich zu einem militaristischen Staat.

11 Preußen als Königreich und die Entwicklung des Heerwesens

Der Große Kurfürst Friedrich Wilhelm von Brandenburg (1620–1688) erreichte 1660 im Frieden von Oliva die Befreiung Preußens von der polnischen Lehnshoheit.

Als der Große Kurfürst starb, erbte sein Sohn und Nachfolger Friedrich (1657–1713) ein Land, dessen Adel sein Vater nach absolutistischem Vorbild entmachtet hatte. Das Land aber war arm. Die Bevölkerung bestand nach dem Dreißigjährigen Krieg nur noch aus 1,5 Millionen Einwohnern. Der junge Friedrich III. von Brandenburg, ein Bewunderer Ludwigs XIV., krönte sich am 18. Januar 1700 in Königsberg selber zu Friedrich I., König in Preußen.

Trotz der kargen Besitztümer bemühte er sich um absolutistische Prachtentfaltung.

Als Friedrich I. 1713 starb, erbte sein Sohn Friedrich Wilhelm I. (1688–1740) den Thron. Der neue Herrscher mit dem Beinamen »Soldatenkönig« vergrößerte die preußische Armee auf 80 000 Mann. Da im bevölkerungsschwachen Preußen nicht genug Männer für ein derart großes Heer zur Verfügung standen, schwärmten berüchtigte Werber in ganz Europa aus. Da der Ausbau des Militärs teuer war, griff auch Friedrich Wilhelm zu merkantilistischen Wirtschaftsmaßnahmen. Neben der Einführung hoher Einfuhr- und niedriger Ausfuhrzölle geschah dies vor allem durch die Einrichtung von Waffen- und Tuchmanufakturen. Seinem Thronerben Friedrich II. hinterließ er eine Armee, die, gemessen an der Bevölkerungszahl, die größte Europas war.

1660:
Brandenburg löst Preußen aus der polnischen Lehnshoheit.

18. Januar 1700:
Kurfürst Friedrich III. von Brandenburg krönt sich in Königsberg zum König Friedrich I. in Preußen.

Auf einen Blick: Absolutismus und Aufklärung

1618

- »Prager Fenstersturz«.

1620

- Schlacht am Weißen Berg.

1629

- Wallenstein erobert Norddeutschland für die Katholiken.

1632

- 16. November: König Gustav Adolf von Schweden fällt in der Schlacht bei Lützen.

1634

- 25. Februar: Ermordung Wallensteins in Eger.

1648

- Der Westfälische Friede beendet den Dreißigjährigen Krieg.

1661

- Regierungsantritt König Ludwigs XIV. von Frankreich.

1667–1697

- Französische Reunionskriege gegen die Niederlande.

1623

- Zweite Belagerung Wiens durch die Osmanen.

1685

- Vertreibung der Hugenotten aus Frankreich.

1689

- Regierungsantritt Zar Peters I. von Russland.

1701–1714

- Spanischer Erbfolgekrieg.

Das Zeitalter der Revolutionen

Mit dem Sturm auf die Bastille beginnt das Ende der französischen Monarchie und das Zeitalter der Aufklärung. Die Herrschaft Napoleons beendet die Französische Revolution. 1806 wird Kaiser Franz II. zur Abdankung gezwungen, dies bedeutet das Ende des Heiligen Römischen Reiches Deutscher Nation. In den Jahren 1848/49 überstehen die Staaten des Ancien Régime zwar den Ansturm der Revolutionäre, dennoch müssen sie dem aufkeimenden Nationalismus Rechnung tragen.

1 Die Französische Revolution und Napoleon

1.1 Ursachen und Verlauf der Französischen Revolution

Der französische Staat war Ende des 18. Jahrhunderts dem Bankrott nahe. Unter Ludwig XVI. (1754–1793), der 1774 den Thron bestieg, wuchs die Staatsverschuldung weiter an. Um über eine neue Finanzpolitik und die Erhebung neuer Steuern zu beraten, berief er für den Mai 1789 die Versammlung der Generalstände in Versailles ein.

Mai 1789: Zusammentreten der Generalstände in Versailles.

Der erste Stand war der Klerus, der zweite Stand der Adel, der dritte Stand repräsentierte die bürgerlichen Franzosen, also 98 Prozent der Bevölkerung. Jeder Stand entsandte 300 Abgeordnete, die getrennt voneinander abstimmten. So war dem konservativen Klerus und dem Adel immer eine Mehrheit von 2:1 sicher. Nach Protesten des dritten Standes wurde seine Abgeordnetenzahl auf 600 verdoppelt. Da man sich jedoch nicht über den Abstimmungsmodus einigen konnte, erklärte sich der dritte Stand am 17. Juni zur Nationalversammlung. Dieser schlossen sich auch viele liberale Adlige und Kleriker an. Weil der König die alte ständische Ordnung beibehalten wollte und sich Gerüchte über eine gewaltsame Auflösung der Nationalversammlung bildeten, kam es in Paris zu einem Aufruhr. Am 14. Juli stürmten aufgebrachte Volksmassen die Bastille. Dieses Stadtgefängnis, in dem zwar vor allem verschuldete Adlige inhaftiert waren, galt als Symbol der königlichen Willkür.

14. Juli 1789: Erstürmung der Bastille.

Der Aufstand gegen den Adel weitete sich auf ganz Frankreich aus. Am 4./5. August verkündete die Nationalversammlung die Aufhebung des Feudalsystems. Adel und Klerus gaben den Verzicht auf ihre bisherigen Privilegien bekannt.

4./5. August 1789: Aufhebung des Feudalsystems.

Am 26. August verkündete die Nationalversammlung eine »Erklärung der Menschen- und Bürgerrechte« nach amerikanischem Vorbild.

26. August 1789: Erklärung der Menschen- und Bürgerrechte.

Der König weigerte sich, die Beschlüsse der Nationalversammlung zu unterzeichnen. Am 5./6. Oktober wanderte eine aufgebrachte Menge nach Versailles. Sie drang in das

Schloss ein und zwang den König zur Übersiedlung in das Pariser Stadtschloss der Tuilerien.

5./6.10.1789: Sturm auf Versailles.

Dort waren der König und seine Familie Gefangene der Revolution. Der König weigerte sich, die neue Verfassung, die ihn entmachtet hätte, zu unterzeichnen. Schließlich floh die Königsfamilie am 20. Juni 1791 nach Norden. Sie wurde bei einem kurzen Halt in Varennes erkannt und am 25. Juni nach Paris zurückgebracht.

20.–25. Juni 1791: Misslungene Flucht der Königsfamilie.

Am 3. September trat die Verfassung in Kraft, auf die der König einen Eid schwor. Frankreich war nun eine konstitutionelle Monarchie.

3. September 1791: Inkrafttreten der Verfassung.

Die politische Macht lag jetzt in Händen der im Jakobinerklub (benannt nach ihrem Tagungsort, einem ehemaligen Jakobinerkloster) versammelten Abgeordneten. In der Legislative bildeten die liberalen Abgeordneten die Mehrheit. Deren linker Flügel, die Girondisten, war politisch besonders aktiv. Den Liberalen stand eine kleine Gruppe radikaler Demokraten wie Georges Danton, Jean-Paul Marat und Maximilien de Robespierre gegenüber. Als sich Preußen und Österreich (Kaiser Leopold II. war ein Bruder der französischen Königin Marie Antoinette) zu einem Bündnis gegen das revolutionäre Frankreich zusammenschlossen, kam es zu einer zunehmenden Radikalisierung der Volksmassen. Mit Einverständnis König Ludwigs XVI. erklärte Frankreich am 20. April 1792 Österreich den Krieg.

20. April 1792: Kriegserklärung an Österreich. Erster Koalitionskrieg.

Am 11. Juli trat Preußen auf der Seite Österreichs in den Krieg ein. Als der Oberbefehlshaber der Verbündeten, der Herzog von Braunschweig, die bedingungslose Wiederherstellung der königlichen Autorität forderte, stürmte das radikale Pariser Volk am 25. Juli die Tuilerien. Aufstände in ganz Frankreich veranlassten die Nationalversammlung am 10. August 1792 zur Aufhebung der Monarchie.

10. August 1792: Aufhebung der Monarchie.

1.2 Republik und Jakobinerdiktatur

Die Jahre 1792–1794 prägte der politische Terror. Zu Tausenden wurden »Feinde der Republik« zum Tode verurteilt. Die Hinrichtungsmaschinerie der Guillotine lief auf Hochtouren. Im September 1792 trat der Nationalkonvent zusammen und erklärte Frankreich zur Republik.

September 1792: Frankreich ist Republik.

Am 17. Januar 1793 verurteilte der Konvent auf Betreiben Robespierres den nur noch »Bürger Capet« genannten Ludwig XVI. zum Tod. Am 21. Januar wurde er durch die Guillotine hingerichtet.

König Ludwig XVI. wird von den Girondisten verhört.

Daraufhin traten Großbritannien und fast alle anderen europäischen Staaten in den Koalitionskrieg gegen Frankreich ein. Da Krieg, Hungersnöte und Aufstände die innere wie die äußere Sicherheit bedrohten, reagierte der Konvent mit immer größerem Terror. Im Juni 1793 verkündete er eine neue Verfassung, welche die Volksherrschaft garantierte.

Juni 1793: Verfassung über die Volksherrschaft.

Im Juli 1793 schalteten die Jakobiner unter Führung Robespierres die Girondisten aus und errichteten eine Diktatur. Die Macht hatte nun der Wohlfahrtsausschuss, der Frankreich mit einer Welle des Staatsterrors überzog.

April 1793: Beginn der Terrorherrschaft des Wohlfahrtsausschusses.

Das Revolutionstribunal schickte Tausende auf die Guillotine, darunter am 18. Oktober 1794 auch Königin Marie Antoinette.

18. Oktober 1794: Hinrichtung der Königin Marie Antoinette.

In ganz Frankreich fanden Massenhinrichtungen statt. Auch Robespierres langjähriger politischer Weggefährte Danton wurde exekutiert. Ständig selbst vom Tod bedroht entschlossen sich einige Konventsmitglieder am 27. Juni 1794 zum Sturz Robespierres. Am 28. Juni wurde er hingerichtet. Als neue Regierung etablierte sich im September 1795 das aus fünf Mitgliedern bestehende Direktorium (Directoire).

28. Juni 1794: Hinrichtung Robespierres.

1.3 Napoleons Aufstieg

Der am 15. August 1769 auf Korsika geborene Napoleon Bonaparte trat als Artillerieoffizier in die Revolutionsarmee ein. Als Mitglied des Jakobinerklubs förderte ihn Robespierre. So wurde er schon 1793 mit 24 Jahren General. Als er im Oktober 1795 einen Aufstand der Königstreuen niederschlug, belohnte ihn das Direktorium mit dem Oberbefehl über die französischen Truppen in Italien.

1797 eroberte Napoleon Bonaparte die österreichische Lombardei. Im Oktober 1797 wurde der Frieden von Campo Formio unterzeichnet. Österreich musste seine linksrheinischen Gebiete an Frankreich abtreten. Für Mailand und die südlichen Niederlande erhielt es Venedig.

1797: Frieden von Campo Formio, Ende des Ersten Koalitionskriegs.

Der jungen französischen Revolutionsarmee und der überragenden Taktik Napoleons waren die alten Monarchien nicht gewachsen. In Italien gründete Napoleon 1797 die Cisalpinische (Mailand) und die Ligurische Republik (Genua) sowie 1799 die Parthnopäische Republik (Neapel) als französische Tochterprovinzen. 1798 wurde der Vatikanstaat nach der Gefangennahme des Papstes zur Römischen Republik erklärt, die Schweiz zur Helvetischen. Die Auseinandersetzung mit den Engländern suchte Napoleon im Mittelmeerraum. 1798 brach er nach Ägypten auf, besetzte Malta und eroberte Kairo.

1798–1799: Ägyptischer Feldzug Napoleons.

Ein von dem britischen Admiral Lord Nelson erfochtener Seesieg über die Franzosen bei Abukir nahe Alexandria schnitt den Franzosen den Rückweg ab. Napoleon ließ seine Truppen im Stich und eilte nach Frankreich zurück. Dort stürzte er am 9. November 1799 das Direktorium und übernahm als Erster Konsul die Macht.

9. November 1799: Napoleon übernimmt als Erster Konsul die Macht.

Die von Napoleon erlassene Verfassung schrieb zwar Frankreichs Status als Republik, außerdem freies Wahlrecht und Gewaltenteilung fest, legte aber letztlich alle Macht in die Hände des Ersten Konsuls. Damit war die Französische Revolution beendet.

1799: Neue Verfassung beendet die Französische Revolution.

Siege über die Österreicher bei Marengo und Hohenlinden im Jahr 1800 festigten Napoleons äußere und innere Machtposition. Verschiedene Verwaltungsreformen schufen einen ganz auf die Hauptstadt Paris und seine Regierung zugeschnittenen zentralistischen Staat. Die Kontributionen, welche die eroberten Länder zu leisten hatten, füllten die französischen Staatskassen. Eine Amnestie ermöglichte 1802 über Hunderttausend meist adligen Emigranten die Rückkehr nach Frankreich. Napoleon, der bereits wie ein Monarch regierte, wurde 1802 durch eine Volksabstimmung zum Ersten Konsul auf Lebenszeit gewählt.

1802: Napoleon wird Erster Konsul auf Lebenszeit.

Nun strebte Napoleon die Errichtung eines erblichen Kaisertums an, die im November 1804 durch eine Volksabstimmung gebilligt wurde. Am 2. Dezember 1804 krönte sich Napoleon in der Pariser Kathedrale Notre Dame selbst zum Kaiser der Franzosen. Noch im selben Jahr 1804 erließ Napoleon das Bürgerliche Gesetzbuch »Code Civil«.

1804: Napoleon krönt sich zum Kaiser.

1804: Erlass des »Code Civil«.

1.4 Das Ende des Heiligen Römischen Reiches Deutscher Nation

Nach seiner eigenen Kaiserkrönung strebte Napoleon die Auflösung des Deutschen Reiches an. Damit wollte er vor allem Österreich treffen, dessen Herrscher zugleich deutscher Kaiser war. Neu geschaffene, ihm treue deutsche Mittelstaaten sollten einen Gegenpol zu Österreich bilden.

Im Frieden von Lunéville gewann Napoleon 1801 das linke Rheinufer. Um die deutschen Fürsten für den Verlust ihrer linksrheinischen Gebiete zu entschädigen, erzwang Napoleon die Säkularisation von Kirchenbesitz. Im Reichsdeputationshauptschluss von 1803 hob der Reichstag in Regensburg die rechtlichen Grundlagen des Heiligen Römischen Reiches Deutscher Nation auf. Die geistlichen Kurfürstentümer Köln und Trier wurden ebenso wie 19 Bistümer und 44 Abteien weltlichen Herrschern übertragen (Säkularisation). Auch 45 der insgesamt 51 Reichsstädte sowie etliche kleinere Fürstentümer, Grafschaften und Reichsritterschaften fielen an größere Territorialherren (Mediatisierung).

Bayern und Württemberg wurden 1806 bzw. 1805 Königreiche von Napoleons Gnaden. Baden, Berg und Hessen-Darmstadt wurden 1806 Großherzogtümer.

16. April 1806: Gründung des Rheinbunds.

Fürstprimas des Rheinbunds wurde der Erzbischof von Mainz Karl Theodor Freiherr von Dalberg (1744–1817). Unter dem Druck Napoleons legte Kaiser Franz II. am 6. August

1806 endgültig die deutsche Kaiserkrone nieder. Dies war das Ende des Heiligen Römischen Reiches Deutscher Nation.

6. August 1806: Ende des Heiligen Römischen Reiches Deutscher Nation.

1.5 Reformen in Preußen und Bayern

Unter dem Einfluss aufgeklärten Gedankenguts und dem Eindruck der Französischen Revolution wurden in Preußen und Bayern »Revolutionen von oben« vorgenommen.

In Preußen wurde 1794 das »Allgemeine Landrecht« erlassen, das die Entwicklung zum Rechtsstaat bedeutete. Die ständische Gesellschaftsordnung jedoch blieb unangetastet. Im Jahr 1804 wurde der nassauische Reichsfreiherr Karl vom Stein preußischer Finanzminister.

Der Reformer Karl Reichsfreiherr vom Stein wird preußischer Finanzminister.

Dieser reformierte zuerst das Steuer- und Zollsystem. Im Jahr 1807 hob Stein, inzwischen Innen- und Finanzminister, die Leibeigenschaft und Erbuntertänigkeit der Bauern auf.

1807: Aufhebung der Leibeigenschaft in Preußen.

In einer 1808 erlassenen neuen Städteordnung regelte Stein die Selbstverwaltung der Städte. Er arbeitete auch an der Neuorganisation der obersten Verwaltung Preußens und beabsichtigte eine allmähliche Einrichtung von Kreis- und Landtagen und einem allgemeinen preußischen Parlament.

Wegen seiner antifranzösischen Haltung – Preußen war von napoleonischen Truppen besetzt – erzwang Napoleon im November 1808 Steins Entlassung.

1808: Napoleon erzwingt die Entlassung Steins.

Die Reformen des Reichsfreiherrn vom Stein führte der 1810 zum preußischen Staatskanzler berufene Karl August Fürst von Hardenberg (1750–1822) fort.

1810: Hardenberg wird preußischer Staatskanzler.

Hardenberg sorgte für die Durchführung der bürgerlichen Rechtsgleichheit. 1810 führte er die Gewerbefreiheit ein. Im Jahr 1812 erließ er ein Edikt über die bürgerliche Gleichstellung der Juden.

1812: Rechtliche Gleichstellung der Juden.

Hardenberg führte die vom Freiherrn vom Stein begonnene Bauernbefreiung zu Ende und trieb die Säkularisation von Kirchenbesitz voran. Schon Freiherr vom Stein hatte bei der geplanten Umgestaltung des Staates Wilhelm von Humboldt (1767–1835) zurate gezogen. 1810 wurde er zum Leiter der Sektion für Erziehung und Unterricht im preußischen Innenministerium berufen.

1810: Beginn der Bildungsreform Wilhelm von Humboldts.

Er war der Begründer des humanistischen Gymnasiums, reformierte das Volksschulwesen und die Lehrerausbildung.

Auch an der Gründung der Universität Berlin war Wilhelm von Humboldt maßgeblich beteiligt.

1799: Der Reformer Graf Montgelas wird bayerischer Staatsminister.

In Bayern leitete seit 1799 der Staatsminister Graf Maximilian Montgelas (1759 bis 1839) die Umwandlung des Landes in einen modernen Staat nach französischem Vorbild ein. Montgelas teilte das Land in Provinzen und Kreise ein und richtete in allen Landesteilen Landgerichte für Verwaltung und Justiz sowie Rentämter für die Einziehung von Steuern ein. 1808 hob er die Leibeigenschaft auf und erließ 1813 ein von dem berühmten Juristen Anselm von Feuerbach erarbeitetes aufgeklärtes Strafgesetzbuch. Im selben Jahr erhielten die Juden die staatsbürgerlichen Rechte.

1808: Aufhebung der Leibeigenschaft in Bayern. 1813: Staatsbürgerliche Rechte für die Juden.

Auch das Schulwesen erfuhr nun eine Neuordnung nach aufklärerischen Gesichtspunkten. Seit 1802 bestand die allgemeine Schulpflicht. In München gründete Montgelas mehrere Akademien und richtete in der Staatsbibliothek ein Zentralarchiv für das Inventar der säkularisierten Klosterbibliotheken und -archive ein. Neu zu regeln war nach der Säkularisation auch das Verhältnis zwischen Staat und Kirche. Dies geschah durch die Gründung einer katholischen Landesskirche, deren Ämter vom König besetzt wurden. Seine Neuerungen fasste Montgelas in einem »Konstitution von 1808« benannten Edikt zusammen.

1.6 Europa zur Zeit Napoleons

Den Erfolgen seiner Armee und dem diplomatischen Geschick seines Außenministers Fürst Charles Maurice de Talleyrand-Perigord (1754–1383) verdankte es Napoleon, dass bis zum Jahr 1812 fast ganz Europa unter seiner Herrschaft stand: 1805 gründete er das Königreich Italien. Im Jahr 1806 bildeten deutsche Fürsten den Rheinbund, der Napoleon unterstand und dem sie für seine Eroberungszüge in ganz Europa Truppenkontingente überlassen mussten.

1805: Gründung des napoleonischen Königreichs Italien.

1806: Bildung des Rheinbunds.

Nach der Niederlage, die er den Preußen im Oktober 1806 in der Schlacht bei Jena und Auerstedt beibrachte, lag Preußen am Boden. Im Frieden von Tilsit 1807 musste es den Verlust der Hälfte seines Territoriums hinnehmen.

1807: Frieden von Tilsit, Preußen verliert die Hälfte seines Territoriums.

Die westlichen Landesteile Preußens vereinigte Napoleon zum Königreich Westfalen, das er seinem Bruder Jérôme unterstellte. Die östlichen fasste er zum Großherzogtum Warschau zusammen. 1809 erhob sich Österreich gegen Napoleon, das vergeblich auf einen allgemeinen Aufstand in Deutschland hoffte. Nach der Niederlage bei Aspern musste Österreich 1809 im Frieden von Schönbrunn den Verlust des Innviertels und Nordtirols an den napoleonischen Satellitenstaat Bayern hinnehmen. An Italien verlor es Südtirol und Dalmatien, an das napoleonische Großherzogtum Warschau Westgalizien. Außerdem zwang Napoleon Österreich, seine Streitkräfte zu reduzieren.

1809: Frieden von Schönbrunn, Österreich verliert einen Großteil seines Territoriums an napoleonische Satellitenstaaten.

Napoleons größter Triumph war die Heirat mit der österreichischen Kaisertochter Marie Luise, nachdem er sich von Kaiserin Josephine hatte scheiden lassen. Durch Vermählungen seiner Verwandten mit alten europäischen Fürstenhäusern versuchte der Emporkömmling Napoleon, diese an sich zu binden. In Spanien begann schließlich der Niedergang der napoleonischen Herrschaft über Europa. Seinen sieggewohnten Truppen gelang es nicht, das seit 1808 besetzte Land zur Kapitulation zu zwingen. Der grausame Guerillakrieg führte mit der Unterstützung Englands 1813 zur Befreiung Spaniens.

1813: Spanien befreit sich von der napoleonischen Herrschaft.

Der wichtigste Gegner aber erwuchs Napoleon in der einzig verbliebenen europäischen Großmacht Russland. Beider Interessen kollidierten in Polen und auf dem Balkan. Im Jahr 1810 hob Zar Alexander I. (1777–1825) die für die russische Wirtschaft schädliche Kontinentalsperre gegen England einseitig auf.

1810: Zar Alexander I. hebt die Kontinentalsperre gegen England für Russland auf.

Um gegen Russland militärisch gewappnet zu sein, schloss Napoleon Militärbündnisse mit Österreich und Preußen. Deren Truppen bildeten zusammen mit den Einheiten aus den anderen besetzten Ländern die Mehrheit der Soldaten der Grande Armée. Mit dieser 500 000 Mann starken größten Streitmacht der Geschichte fiel Napoleon im Juni 1812 in Russland ein.

Juni 1812: Napoleons Grande Armée dringt in Russland ein.

Zar Alexander I. rief den »Großen Vaterländischen Krieg« aus und forderte die russische Bevölkerung auf, die Eindringlinge mit allen Mitteln zu bekämpfen. Am 7. September 1812 kam es zur für beide Teile verlustreichen Schlacht von Borodino. Geschwächt und durch Seuchen dezimiert zog die

Grande Armée kurz darauf in das menschenleere Moskau ein. Als Moskau von den Russen selber niedergebrannt wurde, fehlten Napoleon Unterkunft und Nahrung für den Winter. Auf dem nun befohlenen Rückzug erlagen Zehntausende

Winter 1812/13: Verlustreicher Rückzug der Franzosen aus Russland.

dem Hunger, der Kälte und den ständigen Attacken der Russen. Im Winter 1812/13 erreichten nur einige Tausend Überlebende der Grande Armée Ostpreußen. Napoleon hatte seine Truppen schon vorher im Stich gelassen und war nach Paris zurückgeeilt.

30. Dezember 1812: Preußisch-russische Konvention von Tauroggen, Preußen bleibt neutral.

In Tauroggen sicherte am 30. Dezember 1812 der preußische General Yorck dem russischen General Diebitsch in der Konvention von Tauroggen eigenmächtig die Neutralität zu. Nun war für die Russen der Weg frei für die Verfolgung der französischen Truppen in Preußen. Erste freiwillige Landwehreinheiten aus Preußen und anderen deutschen Ländern

28. Februar 1813: Russisch-preußisches Bündnis und preußische Kriegserklärung an Frankreich.

schlossen sich den Russen an. Am 28. Februar 1813 kam es in Kalisch zur Unterzeichnung eines russisch-preußischen Bündnisses.

Es folgte die offene Kriegserklärung des preußischen Königs Friedrich Wilhelm III. (1770–1840) an Frankreich. Sein Aufruf »An mein Volk« war das Signal zu einer Volkserhebung in Preußen und den übrigen deutschen Ländern.

Volkserhebung gegen die napoleonischen Besatzer.

Überall bildeten sich Landsturmeinheiten und Freikorps in schwarz-rot-goldenen Uniformen. Im Sommer 1813 schlossen sich auch Österreich, Großbritannien und Schweden dem antinapoleonischen Bündnis an. Nach und nach fielen auch die Rheinbundherrscher von Napoleon ab. Nur Sachsen blieb

16.–18. Oktober 1813: Niederlage Napoleons in der »Völkerschlacht« bei Leipzig. 31. März 1814: Einmarsch der Alliierten in Paris. 2. April 1814: Absetzung Napoleons.

an der Seite Napoleons. In der »Völkerschlacht« bei Leipzig vom 16.–18. Oktober 1813 schlugen die Truppen der Verbündeten Frankreich vernichtend. Am 31. März 1814 marschierten die Alliierten in Paris ein. Dort bildete der frühere Außenminister Talleyrand mit Unterstützung des Zaren eine provisorische Regierung, die Napoleon am 2. April 1814 für abgesetzt erklärte und ins Exil auf die Insel Elba verbannte. Am 6. April legte Talleyrand eine Verfassung vor und rief den

6. April 1814: Ludwig XVIII. wird König von Frankreich.

im Exil lebenden König Ludwig XVIII., den jüngeren Bruder Ludwigs XVI., an die Regierung.

Um dem in Frankreich ungeliebten Bourbonenkönig Ludwig XVIII. nicht zu schaden, begnügten sich die Alliierten im Ersten Frieden von Paris (30. Mai 1814) mit der Wiederherstellung Frankreichs in seinen Grenzen von 1792. Von weit reichenden territorialen Abtretungen Frankreichs wie auch von Reparationszahlungen sah man ab.

30. Mai 1814: Erster Frieden von Paris.

1.7 Die Klassik

Fast zeitgleich mit der Französischen Revolution entwickelte sich im Deutschen Reich die klassische Epoche der Literatur und der Musik. Die Dichter und Künstler des Sturm und Drang (etwa 1760–1780) standen in Opposition zu der nüchternen Verstandeswelt der Aufklärung. In einem Freundschaftskult verbunden fühlten sie sich als die Träger einer deutschen Kulturnation, denn eine geeinte Nation war das Deutsche Reich nie. Eine neue, an der klassischen Antike orientierte kulturelle Richtung begründete der Gelehrte Johann Joachim Winckelmann (1717–1768). Seit 1763 war er in Rom zuständig für die Aufsicht über die antiken Gebäude und Kunstwerke. Er lenkte das Interesse vor allem auf die griechische Antike, deren Bauwerke und Skulpturen er für ihre »edle Einfalt (nach dem heutigen Sprachgebrauch ist damit Schlichtheit gemeint) und stille Größe« bewunderte. Die Klassik galt seitdem als neues ästhetisches Ideal. Auch Johann Wolfgang von Goethe (1749–1832) unternahm 1786 bis 1788 seine »Italienische Reise«. Mit seiner Rückkehr nach Weimar begann die Zeit der Weimarer Klassik.

1788–1805: Weimarer Klassik (Goethe, Schiller).

Deren Hauptvertreter war neben Goethe Friedrich Schiller (1759–1805). Mit seinem Tod 1805 endete die literarische und kulturhistorische Epoche der Weimarer Klassik. Schiller, ein Anhänger der Französischen Revolution und Ehrenbürger der Französischen Republik, betonte in seinem Werk die Achtung der Menschenwürde, wie es die griechische Antike vorgemacht hatte. Beeinflusst von dem »Kategorischen Imperativ« Immanuel Kants schrieb Schiller über die freie Entfaltung zu einer sittlichen Persönlichkeit.

Zur gleichen Zeit entwickelten in Wien einige musikalische Genies eine neue Art des Komponierens. Die Hauptvertreter der Wiener Klassik der Musik waren Wolfgang Amadeus Mozart (1756–1791), Joseph Haydn (1732–1809) und Ludwig van Beethoven (1770–1827).

Wiener Klassik der Musik (Mozart, Haydn, Beethoven).

2 Restauration und Revolution

2.1 Der Wiener Kongress

Rauschendes Fest während des Wiener Kongresses bei Fürst Metternich

1814/15: Wiener Kongress zur Neuordnung Europas.

1.11.1814: Beginn des Wiener Kongresses.

Nach dem Sieg über Napoleon mussten die Siegermächte für Europa eine neue Ordnung finden. Dies geschah 1814/15 auf dem Wiener Kongress.
Gastgeber war der österreichische Kaiser Franz I. Seine wichtigsten Gäste waren Zar Alexander I. von Russland und König Friedrich Wilhelm III. von Preußen.

Wiener Kongress

Schon zu Beginn des Kongresses erschien in Wien ein anonymes Blatt mit den Porträts der Monarchen, die darin folgendermaßen charakterisiert wurden:
»Er liebt für alle: Alexander I. von Russland.
Er denkt für alle: Friedrich Wilhelm III. von Preußen.
Er spricht für alle: Friedrich VI. von Dänemark.
Er trinkt für alle: Maximilian I. Joseph von Bayern.
Er frisst für alle: Friedrich von Württemberg.
Er zahlt für alle: Kaiser Franz I. von Österreich.«

Die bedeutendsten Diplomaten und die eigentlichen Verhandlungsführer waren neben Fürst Clemens Wenzel Metternich (1773–1859), dem österreichischen Staatskanzler und eigentlichem Initiator des Kongresses, der preußische

Außenminister Fürst Hardenberg und sein Mitarbeiter Wilhelm von Humboldt, der russische Außenminister Graf Nesselrode und auf britischer Seite zunächst Lord Castlereagh, später der General Herzog von Wellington. Durch das außerordentliche diplomatische Geschick seines Außenministers Fürst Talleyrand gelang es auch dem geschlagenen Frankreich, aktiv an den Verhandlungen teilzunehmen. Angereist waren auch die Könige von Bayern, Württemberg und Dänemark sowie etliche kleinere deutsche Souveräne. Daneben erschienen Abgesandte fast aller anderen europäischen Staaten, des Vatikans, der deutschen Reichsstädte, der jüdischen Gemeinden, der mediatisierten deutschen Fürsten und Reichsritterschaften und der verschiedensten Berufs- und Interessengruppen. Aus ganz Europa kamen auch Abenteurer, Erfinder und religiöse Sektierer in Wien zusammen.

Ziele des Wiener Kongresses:

Die politischen Hauptprinzipien, welche die großen Mächte auf dem Wiener Kongress durchsetzen wollten, waren:

- Restauration, das heißt die Wiederherstellung der politischen Zustände vor 1792.
- Legitimität als Grundlage des monarchischen Prinzips.
- Solidarität der Monarchen gegenüber revolutionären Bestrebungen.
- Gleichgewichtsprinzip zwischen den Mächten Russland, Österreich, Preußen, Großbritannien und Frankreich.

Um nicht die Kontrolle über das Kongressgeschehen zu verlieren, beschäftigte das österreichische Polizeiministerium Tausende von Spitzeln aus allen Gesellschaftsschichten. So waren Kaiser Franz I. und Metternich stets genauestens über jeden Schritt der ausländischen Souveräne und Gesandten unterrichtet, denn man war sich über die Neuordnung Europas keineswegs einig. Die Verhandlungen gingen also nur sehr langsam voran. Aufgeschreckt wurde der Kongress durch die Nachricht der Landung Napoleons in Cannes am 1. März 1815.

1. März 1815:
Rückkehr Napoleons aus dem Exil auf Elba.

Am 20. März zog er, von einer begeisterten Menschenmenge und Tausenden seiner ehemaligen Soldaten empfangen, in Paris ein. Ludwig XVIII. floh nach Gent. Es begann Napoleons »Herrschaft der Hundert Tage«. Am 18. Juni 1815 erlitten Napoleon und seine eilends zusammengestellte Armee bei Waterloo in der Nähe Brüssels eine vernichtende Niederlage gegen die englischen und preußischen Truppen unter Herzog von Wellington und Fürst Blücher.

18. Juni 1815: Niederlage Napoleons bei Waterloo.

Wiener Kongressakte 1815

Die Schlussakte des Wiener Kongresses strebt das Gleichgewicht der fünf Großmächte an und legt Folgendes fest:

- Frankreich muss, neben einigen kleineren Gebietsrückgaben an Preußen und Österreich, Savoyen an Sardinien abtreten.
- Großbritannien, in Personalunion mit dem zum Königreich erhobenen Hannover, behält Malta, Ceylon, die Kapkolonien und Helgoland.
- Österreich verzichtet auf die habsburgischen Südlichen Niederlande (die zusammen mit Holland das neu geschaffene Königreich der Niederlande bilden) und auf Vorderösterreich. Es erhält im Gegenzug Ostgalizien, Dalmatien, Venetien und die Lombardei und wird so zur Führungsmacht in Norditalien.
- Russland erhält den östlichen Teil Polens mit Warschau, das so genannte »Kongresspolen«.
- Preußen bekommt den Nordteil Sachsens sowie Westfalen und die Rheinprovinzen und übernimmt am Rhein die Grenzsicherung gegenüber Frankreich.
- Bayern erhält die ehemals preußische Markgrafschaft Ansbach-Bayreuth und die Reichsstädte Augsburg und Nürnberg.
- Schweden bekommt Norwegen.
- Der Schweiz wird immerwährende Neutralität garantiert.
- Der aufgehobene Kirchenstaat wird wiederhergestellt.

Am 22. Juni dankte Napoleon endgültig ab und wurde auf die abgelegene Insel St. Helena im Südatlantik gebracht. Dort lebte er bis zu seinem Tod im Jahr 1821 unter britischer Bewachung. Ludwig XVIII. kehrte auf seinen Thron zurück. Der am 20. November 1815 geschlossene Zweite Frieden von Paris drängte Frankreich in seine Grenzen von 1790 zurück und setzte hohe Reparationen fest.

20. November 1815: Zweiter Frieden von Paris.

Schon im September hatten der Zar von Russland, der Kaiser von Österreich und der König von Preußen auf Betreiben Zar Alexanders I. in Paris die Heilige Allianz gegründet.

September 1815: Gründung der Heiligen Allianz zwischen den Monarchen Russlands, Österreichs und Preußens.

Dies war ein Bündnis der christlichen Herrscher Europas, die sich zu einer patriarchalischen Regierungsführung verpflichteten und sich gegenseitige Hilfe im Fall nationalistischer oder revolutionärer Bestrebungen zusicherten. Neben dem Papst traten der Heiligen Allianz nach und nach alle europäischen Souveräne bei. Die wiedergewonnene Einigkeit durch den neuerlichen Kampf gegen Napoleon bewirkte schließlich, dass es noch während des Feldzugs gegen Napoleon im Juni 1815 in Wien zu einem Vertrag über die geografische Neuordnung Europas kam.

2.2 Die Zeit des Deutschen Bundes

Ein Thema des Wiener Kongresses war die Zukunft Deutschlands. Die Städte, die durch Mediatisierung und Säkularisation entmachteten kleineren Fürsten, Reichsritter und geistlichen Herren drangen auf die Wiederherstellung des Heiligen Römischen Reiches Deutscher Nation. Ein Großteil der Liberalen aus dem Bürgertum, zu denen auch die Teilnehmer aus den Befreiungskriegen gegen Napoleon zählten, aber auch Fürst Hardenberg und Freiherr von Stein wollten dagegen ein vereintes Deutschland mit einer Verfassung und politisches Mitspracherecht. Der preußisch-österreichische Gegensatz, die unterschiedlichen Interessen der einzelnen deutschen Länder wie auch der Souveränitätsanspruch der Mittelstaaten verhinderten jedoch die Schaffung eines einheitlichen deutschen Staates. Man einigte sich schließlich am 9. Juni 1815 in der vor allem von Metternich gestalteten Bundesakte »zur Erhaltung der inneren und äußeren Sicherheit Deutschlands und der deutschen Staaten«.

9. Juni 1815: Gründung des Deutschen Bundes mit Bundestag in Frankfurt/Main und gemeinsamem Bundesheer.

Der neu geschaffene Deutsche Bund hatte 39 Mitglieder. Darunter waren 35 fürstliche Landesherren (dabei auch die Könige Großbritanniens für Hannover, der Niederlande für Luxemburg und Dänemarks für Holstein) und vier Freie Städte (Frankfurt am Main, Bremen, Hamburg, Lübeck). Deren Gesandten tagten unter österreichischem Vorsitz auf dem Bundestag in Frankfurt/Main. Bei wichtigen Entscheidungen wurde der Bundestag zur Bundesversammlung, einer Versammlung der Regierenden, erweitert. Den äußeren Schutz des Deutschen Bundes übernahm im Kriegsfall ein Bundesheer. Die einzelnen Mitglieder durften nicht aus dem Deutschen Bund austreten. Mehrheitsbeschlüsse waren für alle bindend, die Mitglieder behielten allerdings die ausschließliche Souveränität in ihren Staaten oder Städten. Letztlich brachte der Wiener Kongress und die Schaffung des Deutschen Bundes für Deutschland folgende, vor allem den großen Staaten dienende Ergebnisse: Die Säkularisation des Kirchenguts wurde ebenso wenig rückgängig gemacht wie die Mediatisierung der Standesherrschaften kleinerer Souveräne. Als »Standesherren« blieben sie jedoch den Königshäusern ebenbürtig.

Österreich und Preußen bleiben außenpolitisch souverän.

Die Großmächte Österreich und Preußen gehörten nur mit den Staatsgebieten dem Deutschen Bund an, die schon zum alten Heiligen Römischen Reich Deutscher Nation gehört hatten. Sie behielten daher außenpolitisch die volle Souveränität. Das Bürgertum wurde auch weiterhin von jeglicher Mitsprache ferngehalten. Als Zugeständnis an die liberalen Kräfte wurde allerdings die Schaffung von Landständischen Verfassungen festgeschrieben. Diese waren jedoch vom jeweiligen Herrscher oktroyierte Verfassungen.

Keine Mitsprache für das Bürgertum; Landständische Verfassungen als liberales Zugeständnis.

Der Deutsche Bund wurde im Zuge der Revolution von 1848/49 seiner Funktionen enthoben und erst 1850 wiederhergestellt. Nach dem preußisch-österreichischen Krieg von 1866, durch den Otto von Bismarck den Rückzug Österreichs aus Deutschland (»kleindeutsche Lösung«) erreichte, wurde der Deutsche Bund aufgelöst.

2.3 Restauration und Vormärz

Der Deutsche Bund diente vor allem dazu, im Sinne Metternichs alle nationalen, liberalen oder republikanischen Bestrebungen im Keim zu ersticken. Eine verschärfte Zensur und andere Beschränkungen der persönlichen Freiheit waren die Folge. Mit dieser unerwarteten Entmündigung des Bürgers begann eine Zeit des Rückzugs in das Private; es ist die Zeit des Biedermeiers. In einigen deutschen Staaten (Nassau 1814, Sachsen-Weimar 1816, Bayern und Baden 1818, Württemberg 1819, Hessen-Darmstadt 1820) erließen die Landesherren zwar Verfassungen, sie stützten jedoch durch die Aufteilung der Abgeordneten in zwei Kammern das monarchische Prinzip.

1814–1820: Verfassungen in den ehemaligen Rheinbundstaaten stützen das monarchische Prinzip.

Allen Monarchen stand das Beispiel der Französischen Revolution und das Schicksal des guillotinierten französischen Königspaars drohend vor Augen. Um einer ähnlichen Revolution in Deutschland vorzubeugen, begann die Verfolgung von »Demagogen«, also aller Personen, die dem System Metternichs in irgendeiner Weise kritisch gegenüberstanden. So ließ der preußische König Friedrich Wilhelm III. die vom Reichsfreiherrn vom Stein und dem Fürsten Hardenberg eingeführten inneren Reformen einstellen. Zudem erließ er 1816 ein Regulierungsedikt zur Entschädigung der adligen Gutsherren, das die Entstehung des Großgrundbesitzes förderte.

1816: Preußisches Regulierungsedikt zur Entschädigung der adligen Gutsbesitzer fördert den Großgrundbesitz.

In den acht Landtagen des Königreichs Preußen besaßen die allesamt adligen Gutsbesitzer, Offiziere und höheren Beamten die Mehrheit. Mit der politischen Entwicklung in Deutschland zeigte sich vor allem die akademische Jugend unzufrieden. Viele Studenten hatten in den Freikorps gegen Napoleon und für die Einigung Deutschlands gekämpft. 1815 gründeten sie in der Universitätsstadt Jena, die im vergleichsweise liberalen Großherzogtum Sachsen-Weimar lag, die Jenaer Burschenschaft.

1815: Gründung der Jenaer Burschenschaft. Nationale Opposition mit dem Ziel der Einigung Deutschlands.

In Erinnerung an die alten deutschen Farben und ihre Uniformen aus den Befreiungskriegen wählten sie die Farben Schwarz-Rot-Gold. Nach diesem Vorbild entstanden auch an anderen deutschen Universitäten Burschenschaften, deren Ziel die Einigung Deutschlands unter nationalliberalem

18. Oktober 1817: Wartburgfest der Burschenschaften. Verbrennen der Bundesakte.

Vorzeichen war. Am 18. Oktober 1817 feierten die Studenten das Wartburgfest zum Gedenken an die Reformation und die Völkerschlacht von Leipzig. Das Fest endete mit dem Verbrennen der Bundesakte.

23. März 1819: Der Burschenschaftler Karl Ludwig Sand ermordet den Schriftsteller August von Kotzebue.

Einer der Teilnehmer, der fränkische Student Karl Ludwig Sand, erstach am 23. März 1819 den äußerst populären Publizisten und Theaterautor August von Kotzebue. Kotzebue war zwar in Weimar geboren, jedoch russischer Staatsbürger und kaiserlich-russischer Staatsrat.

Da sich der Monarchist Kotzebue über die Umtriebe der Studenten lustig gemacht hatte und zudem »frivole« Theaterstücke nach französischem Beispiel schrieb, hatte er sich die deutschnational gesinnte Studentenschaft zum Feind gemacht. Seine Ermordung erregte in ganz Deutschland großes Aufsehen. Dabei galten die Sympathien der Mehrheit nicht dem Opfer, sondern dem Täter. Den Herrschenden war das geheimbündlerische Treiben der studentischen Burschenschaftler von Anfang an suspekt. Auf Betreiben Metternichs einigte sich eine Ministerkonferenz des Deutschen Bundes im August 1819 auf die »Karlsbader Beschlüsse«.

August 1819: Karlsbader Beschlüsse: Verbot der Burschenschaften, Pressezensur, Kontrolle aller Bildungseinrichtungen.

Die Burschenschaften wurden verboten. Für alle Druckerzeugnisse mit einem Umfang unter 20 Seiten wurde eine Vorzensur eingeführt, was den Druck von Flugblättern und -schriften für die Zukunft verhinderte. In ganz Deutschland wurden alle als monarchiekritisch geltenden Professoren entlassen und die Universitäten einer staatlichen Bewachung unterzogen.

27. Mai 1832: Hambacher Fest der süddeutschen Liberalen und Republikaner.

Am 27. Mai 1832 versammelten sich die süddeutschen Liberalen auf dem Hambacher Fest. Dort forderten sie unter anderem die Gründung einer deutschen Bundesrepublik und eines vereinigten republikanischen Europas.

1834: Wiener Ministerialkonferenz: Verschärfung der Repressionen und der Demagogenverfolgung.

Im Jahr 1834 kam es in Frankfurt zu einem umstürzlerischen Studenten- und Handwerkeraufstand, der vergeblich versuchte, eine nationale, antimonarchistische Erhebung in Deutschland zu initiieren. Zahlreiche Studenten wurden verhaftet und verurteilt. Daraufhin beschloss der Deutsche Bund unter der Führung Metternichs auf der Wiener Ministerialkonferenz eine weitere Verschärfung der »Demagogenverfolgung« und der Zensur.

Nun flohen viele Gegner des metternichschen Systems, darunter auch Karl Marx, ins Ausland. 1837 hob der neue König von Hannover, Ernst August (1771–1851), die Verfassung seines Landes auf. Dagegen legten die »Göttinger Sieben« öffentlich Protest ein. Die sieben Professoren, zu denen auch die Brüder Jakob und Wilhelm Grimm zählten, wurden unverzüglich entlassen. Dieses Vorgehen stieß in ganz Deutschland auf Empörung.

1837:
Aufhebung der Hannoverschen Verfassung, Protest und Entlassung der »Göttinger Sieben«.

Dies war die letzte große Empörungswelle des »Vormärzes«, der Zeit zwischen der Gründung des Deutschen Bundes 1815 und dem Ausbruch der Märzrevolution von 1848.

2.4 Julirevolution in Frankreich 1830

Durch die Französische Revolution und die Herrschaft Napoleons hatte sich in Frankreich eine neue Oberschicht gebildet, die Notablen. Dies waren vor allem bürgerliche oder von Napoleon geadelte Großgrundbesitzer, die sich die Ländereien des in der Revolution ermordeten oder emigrierten Adels angeeignet hatten, sowie Industrielle, Großkaufleute und Bankiers. Durch das Zensuswahlrecht (ein von der Höhe und Art der Steuerzahlungen abhängiges Wahlrecht) waren allein diese nur etwa 100 000 Personen von insgesamt 29 Millionen Franzosen wahlberechtigt.

Das Zensuswahlrecht schließt den größten Teil der Bevölkerung aus.

Ludwig XVIII. (1814–1824) bemühte sich, einen Ausgleich zwischen dieser neuen Oberschicht und dem mit ihm aus der Emigration zurückgekehrten alten Adel zu schaffen. Diese waren zumeist Ultraroyalisten, »Ultras« genannt. Im Parlament, der Kammer, standen ihnen die »Konstitutionellen«, die sich aus gemäßigten Royalisten zusammensetzten, und die bürgerlich-liberalen »Unabhängigen« gegenüber. Nach ihrer Sitzordnung in der Kammer wurden die beiden letzteren Parteien erstmals als »Rechte« beziehungsweise »Linke« bezeichnet. Nach dem Tod Ludwigs XVIII. bestieg 1824 sein 67-jähriger Bruder Karl X. (1757–1836) den Thron.

1824:
Thronbesteigung Karls X. in Frankreich.

All seine Ratgeber waren ultraroyalistische, aus der Emigration zurückgekehrte Adlige. Ihre Politik führte dazu, dass die Liberalen bei den Wahlen vom November 1827 gewaltigen Zulauf erhielten. Im August 1829 berief Karl X. ein aus Ultraroyalisten bestehendes Kabinett.

August 1829:
Berufung eines ultraroyalistischen Kabinetts.

18. März 1830: Protest der Kammer gegen das ultraroyalistische Kabinett, Auflösung der Kammer durch Karl X.

Am 18. März 1830 teilte die Kammer dem König mit, dass sein Kabinett gegen den Willen des Volks regiere. Daraufhin löste Karl X. die Kammer auf.

Bei den Neuwahlen am 5. Juli errang die oppositionelle Mehrheit in der Kammer einen weiteren Stimmenzuwachs. Am 26. Juli 1830 löste Karl X. diese oppositionelle Kammer auf, hob die Pressefreiheit auf und führte ein neues Wahlrecht ein, das die Zahl der Abgeordneten verringerte und einem Teil des Bürgertums, den Industriellen, das Wahlrecht nahm (»Juliordonnanzen«).

26. Juli 1830: Auflösung der oppositionellen Kammer, Aufhebung der Pressefreiheit, Änderung des Wahlrechts.

Zwischen dem 27. und dem 29. Juli erhob sich das verarmte, von Jakobinern angestachelte Kleinbürgertum. Ihr Ziel war die Errichtung einer Republik unter dem Revolutionsgeneral La Fayette.

27.–29. Juli 1830: Aufstand der Pariser Kleinbürger, die eine Republik fordern.

Das wussten die Liberalen zu verhindern, indem sie auf die Initiative des Fürsten Talleyrand hin am 30. Juli eine konstitutionelle Monarchie ausriefen. Zum Generalstatthalter des Königreichs bestimmten sie den Herzog Louis Philippe von Orleans, der aus einer Nebenlinie des bourbonischen Königshauses stammte. Die Juliordonnanzen Karls X., der sich ins englische Exil begab, wurden aufgehoben. Am 9. Juli wurde Louis Philippe zum König gewählt.

9. Juli 1830: Wahl Louis Philippes zum französischen König.

Nun begann eine Herrschaft des reichen Bürgertums und der Bankiers, denen Louis Philippe die Parole »Enrichissez-vous!« (»Bereichert euch!«) ausgab.

2.5 Die Revolution von 1848/49 in Frankreich und Deutschland

Die Enttäuschung des Bürgertums über die nach dem Wiener Kongress einsetzende Restauration in Deutschland und die Herrschaft der Notablen in Frankreich entlud sich in beiden Ländern in der Revolution von 1848/49.

Unter der Herrschaft des »Bürgerkönigs« Louis Philippe wechselten die Regierungen häufig. Die Unzufriedenen aus allen Schichten sammelten sich in der Bewegung der Bonapartisten. Louis Napoleon Bonaparte (1808–1873), ein Neffe Kaiser Napoleons I., führte diese regimefeindliche Bewegung an. In den Jahren 1846/1847 kam es nach Missernten und der Verarmung der unteren Schichten zu sozialen Unruhen. Sie weiteten sich Anfang 1848 in Paris zu einem regelrechten Aufstand aus. Die Revolution zwang König Louis Philippe am 23. Februar 1848 zur Abdankung. Eine provisorische Regierung rief die Republik aus.

23. Februar 1848: Ausrufung der (Zweiten) Französischen Republik.

Bei den Präsidentschaftswahlen vom 10. Dezember 1848 siegte Louis Napoleon Bonaparte. Am 2. Dezember 1851 unternahm er einen Staatsstreich und löste die Nationalversammlung auf. Genau ein Jahr später, am Jahrestag seines Staatsstreichs sowie auch der Kaiserkrönung seines Onkels Napoleon I. im Jahr 1804, erhob er sich nach einer Volksabstimmung als Napoleon III. zum Kaiser.

2. Dezember 1852: Louis Napoleon Bonaparte wird zum Kaiser Napoleon III. gewählt.

In den Ländern des Deutschen Bundes wuchs nach den Unruhen des Jahres 1830 die Unzufriedenheit mit den politischen Verhältnissen. Die Lage der unteren Schichten hatte sich u.a. durch Hungersnöte infolge der Missernten von 1845 und 1846 stetig verschlechtert. Bereits 1847 kam es in vielen deutschen Staaten zu Unruhen.

1845–1847: Unruhen der verarmten Unterschicht in Deutschland.

Im März 1848 weiteten sich diese Unruhen zu einem regelrechten Aufstand der verarmten Unterschicht in den Städten und auf dem Land aus. In Wien stürzte die Revolution den als Symbolfigur der Restauration geltenden Fürst Metternich, der sich ins Exil begab.

15. März 1848: Sturz Metternichs, der Symbolfigur der Restauration.

Schockiert erließ König Friedrich Wilhelm IV. von Preußen am 21. März eine Proklamation, in der er sich als Retter der deutschen Nation anbot.

21. März 1848: Friedrich Wilhelm IV. von Preußen bietet sich als Retter Deutschlands an.

Der revolutionären Bewegung schloss sich bald auch das Bürgertum an. Ganz offen forderte es die politische Mitbestimmung in einem Parlament sowie einen deutschen Einheitsstaat. Im April/Mai 1848 arbeitete der Bundestag in Frankfurt/Main für den Deutschen Bund eine »erbkaiserliche föderativ-konstitutionelle Verfassung« mit einem Zweikammersystem aus, das allerdings nie realisiert wurde. Am 18. Mai wurde in der Frankfurter Paulskirche das Parlament der Deutschen Nationalversammlung eröffnet.

18. Mai 1848: Eröffnung der Deutschen Nationalversammlung in der Frankfurter Paulskirche.

Der Präsident dieser vor allem aus bürgerlichen Intellektuellen bestehenden 585-köpfigen Nationalversammlung wurde Heinrich Freiherr von Gagern (1799–1880). Zum Reichsverweser wurde am 29. Juli Erzherzog Johann von Österreich gewählt.

Erzherzog Johann von Österreich (1782–1859)

Erzherzog Johann war in bürgerlichen Kreisen überaus populär, weil er gegen den Widerstand seiner kaiserlichen Familie eine bürgerliche Frau geheiratet hatte. Er lebte in der Steiermark in einem Bauernhaus und trat stets in der bäuerlichen österreichisch-bayerischen Tracht auf, die durch ihn erst hoffähig und populär wurde. Außerdem hatte er in der Steiermark etliche Reformen durchgesetzt, die den Wohlstand von Bürgertum und Bauernschaft mehrten.

28. März 1849: Beschluss einer Reichsverfassung, Garantie der Grundrechte.

Am 28. März 1849 verabschiedete die Nationalversammlung die Reichsverfassung, die dem deutschen Volk umfassende Grundrechte garantierte.

Mit der Garantie der Gleichheit vor dem Gesetz und umfangreicher Freiheitsrechte (Glaubens-, Versammlungs-, Gewissens-, Meinungs- und Pressefreiheit) galt die deutsche Verfassung als die fortschrittlichste und modernste in ganz Europa. Gestritten wurde aber um die Grenzen des geplanten deutschen Einheitsstaats. Für die »Deutsche Frage« gab es zwei Lösungen: die »kleindeutsche« ohne Österreich oder die »großdeutsche«, die den deutschsprachigen Teil Österreichs einschloss. Aber auch das Königreich Preußen bestand in seinen östlichen Landesteilen aus nicht deutschen Gebieten. Österreich schlug daher eine »großösterreichische« Lösung vor. Diese sah die Vereinigung des gesamten Habsburgerreichs mit dem Deutschen Bund zu einem

27. Oktober 1848: Die Nationalversammlung beschließt, dass kein Teil Deutschlands mit nichtdeutschen Ländern einen Staat bilden darf.

Feierlicher Einzug der Mitglieder des Vorparlamentes in die Frankfurter Paulskirche

einzigen Staat vor. Da dieser Vorschlag nicht der Idee eines Nationalstaats entsprach, lehnte ihn die Nationalversammlung ab.

Gegen die Anhänger der großdeutschen Lösung setzte sich die preußenfreundliche kleindeutsche Partei durch. Sie erreichte, dass der preußische König Friedrich Wilhelm IV. am 28. März 1849 zum Kaiser gewählt wurde.

Der jedoch lehnte die »mit dem Ludergeruch der Revolution behaftete« Kaiserwürde empört ab. Dies bedeutete das Scheitern des Frankfurter Paulskirchenparlaments, obwohl die große Mehrheit der deutsche Teilstaaten die neue Reichsverfassung angenommen hatte. In Dresden, Baden und der Pfalz kam es daraufhin im Mai 1849 zu Aufständen der zum Teil militärisch organisierten Republikaner. Ihr Ziel war die Durchsetzung der Reichsverfassung. Die Aufstände wurden von regulären Truppen blutig niedergeschlagen. Die meisten Souveräne beriefen ihre Frankfurter Abgeordneten zurück. Es blieb ein vor allem aus Linken bestehendes »Rumpfparlament« übrig, das seinen Tagungsort am 30. Mai 1849 nach Stuttgart verlegte.

Friedrich Wilhelm IV. lehnt die Wahl zum Kaiser ab.

30. Mai 1849: Verlegung des »Rumpfparlaments« nach Stuttgart, wo es im Juni gewaltsam aufgelöst wird.

Dort wurde es am 18. Juni 1849 von württembergischen Truppen gewaltsam aufgelöst. Die letzten Revolutionäre, die sich in der badischen Festung Rastatt verschanzt hatten, mussten sich am 23. Juli 1849 ergeben.

23. Juli 1849: Sieg der preußischen Truppen über die aufständischen Republikaner in Rastatt.

Besonders der preußische König und seine Militärs nahmen mit Massenerschießungen blutige Rache an den Revolutionären. In den deutschen Staaten wurden alle unter dem Eindruck der Revolution geschaffenen Reformen und Verfassungen zurückgenommen. Die Folge war eine immense Auswanderungswelle vor allem der gebildeten, republikanisch gesinnten Bürger. Bis zum Jahr 1870 verließen insgesamt 2,7 Millionen Deutsche das Land. Ihr Hauptziel waren die Vereinigten Staaten vom Amerika.

Massenauswanderung nach dem Scheitern der Revolution von 1848/49.

2.6 Die deutsche Romantik

Die europäische Geistesbewegung der Romantik (1790 bis 1830) blühte vor allem in Deutschland. Sie schlug sich in erster Linie in der Dichtkunst, der Malerei und der Musik dieser Zeit nieder. Den Begriff »Romantik«, abgeleitet von

Fantasie und Gefühl werden gegen reine Vernunft der Aufklärung und strenge klassische Formensprache gesetzt.

der literarischen Gattungsbezeichnung »Roman«, prägten die Gegner dieser Bewegung, die wie Goethe das Romanhafte, Überspannte und Irrationale kritisierten. Die neue romantische Weltanschauung entstand Ende des 18. Jahrhunderts als Aufbegehren von Fantasie und Gefühl gegen die reine Vernunft der Aufklärung und die strenge Formensprache der Klassik. Das Ziel der jungen Künstlergeneration war es, eine neue, romantische Welt- und Kunstanschauung zu schaffen. Das Neue auszudrücken war nur in der Dichtung, der Malerei und der Musik möglich. Daher gab es in Deutschland keine romantische Plastik und auch keine echte romantische Architektur. Jena und der dort lebende Freundeskreis um die Brüder August Wilhelm (1767–1845) und Friedrich Schlegel (1772–1829) bildete ab 1796 das Zentrum der Frühromantik.

1796: Jena wird Zentrum der Frühromantik.

Die philosophischen Grundlagen dieser Geistesbewegung lieferten Johann Gottlieb Fichtes (1762–1814) »Wissenschaftslehre« (1794), Friedrich Wilhelm Schellings (1775 bis 1854) »Ideen zu einer Philosophie der Natur« (1797) und Friedrich Schleiermachers (1768–1834) »Reden über die Religion« (1799).

1805: Heidelberg wird Zentrum der Hochromantik.

Die Vertreter der Hochromantik, die sich ab 1805 in dem Heidelberger Kreis um Achim von Arnim (1781–1831) und Clemens Brentano (1778–1842) versammelten, wollten dem grenzenlosen Subjektivismus der Jenaer Romantik ein ideales Urbild entgegensetzen, das sie in den Tiefen der Volksseele zu finden hofften.

So entstanden die Volksmärchen der Brüder Jacob (1785 bis 1863) und Wilhelm (1786–1859) Grimm und die von Brentano und Arnim zusammengetragene Liedersammlung »Des Knaben Wunderhorn«. In dieser Zeit schrieb Ludwig Uhland (1787–1862) seine historischen Balladen, Joseph von Eichendorff (1788–1857) seine Waldlyrik und seinen Roman »Aus dem Leben eines Taugenichts«. In Berlin verfasste E.T.A. Hoffmann (1776–1822) seine dämonischen Erzählungen und Romane wie »Die Elixiere des Teufels«.

Die Malerei war jedoch am besten geeignet, die Gedankenwelt der Romantik darzustellen. Statt sich dem bisher gültigen rationalen Prinzip der Zentralperspektive zu unterwerfen, schufen die romantischen Maler mit Licht und Farbe einen nicht näher zu bezeichnenden Raum als Symbol des unendlichen Universums. Landschaften stellten das bevorzugte Sujet der romantischen Malerei in Deutschland dar. Sie waren der Schauplatz des Waltens höherer Mächte. Erhabene Gebirgspanoramen, die Weite des Meeres sowie die »Waldeseinsamkeit« rückten in das Zentrum des Interesses. Nach der Ansicht des Malers und Kunsttheoretikers Carl Gustav Carus (1789–1869) dienten die Landschaftsbilder dazu, Gemütszustände durch Entsprechungen in der Natur offenbar zu machen. Als sich Caspar David Friedrich in Dresden niederließ, wurde die sächsische Hauptstadt zu einem Zentrum der romantischen Malerei in Deutschland.

Dresden wird Zentrum der romantischen Malerei in Deutschland.

Mit der nach dem Wiener Kongress von 1815 einsetzenden Restauration wandelte sich die romantische Malerei in eine biedermeierliche. In diesen Gemälden trat zunehmend das Beschauliche, das Private und Idyllische hervor. Der beliebteste Vertreter der Malerei des Biedermeiers war der Münchner Carl Spitzweg (1808–1885). Er karikierte in kleinformatigen Bildern die Enge des biedermeierlichen Lebens.

Die bedeutendsten Komponisten der Frühromantik waren Franz Schubert (1797–1828) und Carl Maria von Weber (1786–1826). Die Hochromantik in der Musik verkörperten vor allem Felix Mendelssohn Bartholdy (1809–1847), Robert Schumann (1810–1856) in Deutschland und Frédéric Chopin (1810–1849) und Hector Berlioz (1803–1869) in Frankreich. Komponisten der Spätromantik waren Franz Liszt (1811–1886), sein Schwiegersohn Richard Wagner (1813 bis 1883) und der aus Hamburg stammende Johannes Brahms (1833–1897).

3 Industrialisierung und soziale Frage

3.1 Industrielle Revolution in Europa und Veränderung der Gesellschaftsstruktur

Die industrielle Revolution in Europa ging von England aus. Treibende Kräfte waren technische Neuerungen und die calvinistische Ethik mit ihrer Forderung nach Fleiß und Gewinnstreben bei gleichzeitiger Sparsamkeit. So blieb Kapital übrig, das in wirtschaftliche Unternehmungen investiert wurde. Die theoretische Erklärung dieser kapitalistischen Wirtschaftsweise schuf der englische Philosoph Adam Smith (1723–1790), der Begründer der Nationalökonomie.

Adam Smith (1723–1790), Begründer der Nationalökonomie.

Er definierte Arbeit, den Eigennutz des Einzelnen und den freien Wettbewerb, in den der Staat möglichst nicht eingreifen sollte, als die Grundlagen des Erwerbs von Reichtum. Eine zweckmäßige Arbeitsteilung garantiert dabei die größtmögliche Produktivität, Angebot und Nachfrage bestimmen den Preis einer Ware. Um Reichtum zu erlangen, musste man laut Smith auch naturwissenschaftliche Erkenntnisse in die Praxis umsetzen. Das bereitete den Weg für technische Erfindungen. Die bedeutendste war die Erfindung der Dampfmaschine durch James Watt (1736–1819) im Jahr 1769, die eine industrielle Produktion überhaupt erst möglich machte.

1769: Erfindung der Dampfmaschine durch James Watt.

Damit begann die Mechanisierung der Arbeit. Die Erfindung des mechanischen Webstuhls durch Edmund Cartwright (1743–1823) 1785 war ein weiterer Meilenstein auf dem Weg zur industriellen Revolution. Nun war die industrielle Produktion von Stoffen möglich.

1785: Erfindung des mechanischen Webstuhls.

In Großbritannien waren die Ausgangsbedingungen für den Beginn der industriellen Revolution am günstigsten. Seit der Vereinigung Englands mit Schottland im Jahr 1707 war dies die größte Freihandelszone in Europa. Zudem verfügte das Land über eine große Handelsflotte. Sie brachte Rohstoffe aus aller Welt und verschiffte britische Erzeugnisse für den Export. Da nicht nur in der Industrie, sondern auch in der Landwirtschaft rationeller gearbeitet wurde, wurden Arbeitskräfte frei, es setzte eine Landflucht in die Städte ein.

Dazu kam ein starkes Bevölkerungswachstum, bedingt durch die wachsenden Erfolge bei der Seuchenbekämpfung. In den Städten sammelte sich ein Industrieproletariat, das auf Arbeit in den Fabriken angewiesen war. Die Folgen waren Frauen- und Kinderarbeit ebenso wie überlange Arbeitszeiten, für die nur Hungerlöhne gezahlt wurden.

Industrieproletariat in den Städten durch Landflucht und hohes Bevölkerungswachstum, die Ausbeutung der Arbeiter führt zu Verelendung.

Blick in eine frühindustrielle Fertigungshalle

Zudem mussten die Arbeiter in Läden einkaufen, die dem Fabrikbesitzer gehörten. So floss ein Teil ihres kargen Lohns wieder in die Taschen der Arbeitgeber zurück. Dieses auf maximaler Ausbeutung der menschlichen Arbeitskraft basierende Wirtschaften war besonders in Manchester, dem mittelenglischen Zentrum der Baumwollverarbeitung, üblich. Man bezeichnet es daher als Manchesterkapitalismus. Das ungeheure Kapital, das die Fabrikbesitzer anhäuften, investierten sie in den Bergbau und in die Schwerindustrie. Die Revolution im Verkehrswesen, nämlich die Erfindung des Dampfschiffs durch den Amerikaner Robert Fulton (1807) und der Lokomotive durch den Briten George Stephenson (1814), kurbelte die Industrialisierung weiter an.

Erfindung des Dampfschiffs (1807) und der Dampflokomotive (1814).

1830 verkehrte zwischen Manchester und Liverpool die erste Eisenbahn. Der schnellere und einfachere Transport der Produkte aus Manchester in den Hafen von Liverpool erhöhte die Profite der Fabrikbesitzer weiter. Ab 1825 erreichte die industrielle Revolution auch Holland, Frankreich, die Schweiz und Belgien. Ab 1850 begann sie in Deutsch-

1819: Gründung des Handels- und Gewerbevereins durch Friedrich List.

land. Hier behinderten zu Beginn des 19. Jahrhunderts noch 38 verschiedene Zollsysteme den freien Warenverkehr. Um dieses System zu überwinden, rief der schwäbische Nationalökonom Friedrich List (1798–1846) 1819 den Handels- und Gewerbeverein ins Leben.

1834: Gründung des Deutschen Zollvereins.

1834 wurde der Deutsche Zollverein gegründet, in dem Preußen die Führungsrolle einnahm.

Er legte den Grundstein zur Industrialisierung und späteren Vereinigung Deutschlands. Eine weitere Grundlage war der von Friedrich List angeregte Bau eines Eisenbahnnetzes. Die erste Eisenbahnlinie Deutschlands verband seit 1835 die Städte Nürnberg und Fürth.

1835: Erste deutsche Eisenbahnverbindung zwischen Nürnberg und Fürth.

Überall in Deutschland schufen nun Industriepioniere große Unternehmen. Zum Zentrum der Industrialisierung Deutschlands entwickelte sich fortan das zu Preußen gehörende Ruhrgebiet. Bergbau und Schwerindustrie prägten diese Region. Die hier ansässigen Großunternehmer lösten bald den Adel als politisch führende Schicht ab. Diesen unvorstellbar reichen Hüttenbesitzern oder »Stahlbaronen« stand das wachsende Heer des Proletariats gegenüber. Um ihre Interessen gemeinsam zu vertreten und der Ausbeutung nicht mehr ganz schutzlos ausgeliefert zu sein, bildeten die Arbeiter erste Gewerkschaften (1824 in England, 1864 in Frankreich, 1869 in Deutschland).

1824: Gründung der ersten Gewerkschaft in England.

Sie waren Ausdruck einer neuen Solidarität unter den Arbeitern. Auf dem Verhandlungsweg oder durch Streiks erreichten sie Kollektivverträge, welche die Löhne festsetzten. Zudem konnten sie Verbesserungen im Hinblick auf Arbeitszeit und Arbeitsschutz durchsetzen. Hilfskassen für in Not geratene Arbeiter und ihre Angehörigen wurden eingerichtet und Arbeiterbildungsvereine gegründet.

3.2 Soziale Gegensätze und Lösungsversuche: Karl Marx und Ferdinand Lassalle

Durch die industrielle Revolution waren schwerwiegende soziale Gegensätze entstanden. Angefangen bei den französischen Frühsozialisten bis hin zu den Vertretern des Anarchismus entwarfen zahlreiche europäische Denker Theorien zur Lösung dieses Problems. Diejenigen aber, deren Theorien in Folge auch politisch umgesetzt wurden, waren Karl Marx und Ferdinand Lassalle.

Der aus Trier stammende Karl Heinrich Marx (1818–1883) hatte Rechtswissenschaften und Philosophie studiert. Als prominenter Philosoph wurde er 1842 Chefredakteur der liberal-demokratischen »Rheinischen Zeitung« in Köln. Als die preußischen Regierung diese verbot, zog Marx 1843 nach Paris, dann (1845–1848) nach Brüssel. Hier und später in London nahm er seine schon 1844 in Paris begonnene Zusammenarbeit mit Friedrich Engels (1820–1895) wieder auf, dem er auch freundschaftlich verbunden war. Marx wandte sich verstärkt sozialen und wirtschaftlichen Fragen zu. Die Revolution von 1848 erlaubte Marx die Rückkehr nach Deutschland. 1883 verstarb er im Londoner Exil.

Friedrich Engels war der Sohn eines Textilfabrikanten aus Barmen (Wuppertal) und hatte 1842 in der englischen Filiale der Baumwollfabrik seines Vaters gearbeitet. Dort hatte er mit Entsetzen die katastrophalen Arbeits- und Lebensbedingungen des Industrieproletariats erlebt. Vor allem diese Eindrücke hatten dazu beigetragen, dass sich der Industriellensohn Engels der kommunistischen Bewegung angeschlossen hatte. Im Jahr 1847 verfassten Karl Marx und Friedrich Engels im Auftrag des im Londoner Exil gegründeten deutschen »Bundes der Kommunisten« das »Kommunistische Manifest«. Es beginnt folgendermaßen: »Ein Gespenst geht um in Europa – das Gespenst des Kommunismus. Alle Mächte des alten Europa haben sich zu einer heiligen Hetzjagd gegen dieses Gespenst verbündet, der Papst, der Zar, Metternich und Guizot, französische Radikale und deutsche Polizisten.« Der Schlusssatz des Manifests ist der berühmte Aufruf »Proletarier aller Länder, vereinigt euch!«.

1847: Marx und Engels verfassen das »Kommunistische Manifest«.

Im »Kommunistischen Manifest« und in seinem dreibändigen Hauptwerk »Das Kapital« (1867, 1885, 1894) legte Karl Marx seine Theorie des »Historischen Materialismus« dar, der die Entwicklung des Kapitalismus mit all seinen Auswirkungen auf die Gesellschaft bestimmt. Durch die rücksichtslose Ausbeutung seiner Arbeiter erreicht der kapitalistische Unternehmer einen »Mehrwert« (Profit) und eine »Akkumulation« (Vermehrung) seines Kapitals. Dieses wiederum

»Das Kapital«: Durch die Ausbeutung der Arbeit erreicht der kapitalistische Unternehmer »Mehrwert« (Profit).

steckt er in den Ankauf von Maschinen. Durch diese Produktionspolitik werden viele Proletarier arbeitslos. Weil so ein stetig wachsendes Heer von verelendeten Arbeitslosen entsteht, die Arbeitsplätze durch den Einsatz von Maschinen aber gleichzeitig immer weniger werden, kommt es zu einem Kampf um die Arbeitsplätze. Diese prekäre Situation nützen die Kapitalisten aus, um das ohnehin niedrige Lohnniveau noch weiter zu drücken. Der Konkurrenzkampf unter den Kapitalisten führt dazu, dass nur wenige übrig bleiben, die dann allerdings eine Monopolstellung besitzen. Gleichzeitig nimmt das Industrieproletariat weiter zu, entwickelt aber zunehmend ein eigenes Klassenbewusstsein. Die zunehmende Verelendung weiter Bevölkerungsschichten mindert die Kaufkraft. Da aber parallel zugleich eine Überproduktion industriell gefertigter Güter besteht, kommt es zu einer Krise des Kapitalismus. Dies ist die Stunde der sozialistischen Revolution und der Machtergreifung und Diktatur des Proletariats. Durch die Enteignung von Besitz werden die Klassenunterschiede aufgehoben. Die Proletarier bestimmen nun selber über die Art und Weise der Produktion. Damit ist der ideale Zustand des Kommunismus erreicht.
Die kommunistische Lehre von Marx und Engels fand schnell zahllose Anhänger und trug dazu bei, dass sich die von der Gesellschaft verachteten Arbeiter bald selbst stolz als »Proletarier« bezeichneten. Der Marxismus zog im 20. Jahrhundert, angefangen mit der Russischen Revolution von 1917, einen Siegeszug um die Welt an.

Lassalle als Mitbegründer der sozialistischen Bewegung.

Auf Dauer erfolgreicher war die unter anderem von dem Sozialrevolutionär Ferdinand Lassalle (1825–1864) mitbegründete sozialdemokratische Bewegung. Der Sohn eines reichen Breslauer Seidenhändlers hatte Philosophie und Philologie studiert. Seit 1848 eng mit Karl Marx und Friedrich Engels verbunden vertrat er öffentlich deren radikaldemokratische und sozialistischen Ideen. In seinem Buch »Das System der erworbenen Rechte« (1861) sprach sich Lassalle für die Notwendigkeit einer sozialen Revolution aus. Lassalle war der Ansicht, dass die Arbeiter ihre Situation nur ändern könnten, wenn sie ihre Interessen ausschließlich selbst vertraten, um als »vierter Stand« ein freies, menschenwürdiges Leben zu führen. Eine seiner Hauptforderungen war das allgemeine, gleiche, geheime und direkte Wahlrecht. Am 31. August 1864 kam Lasalle bei einem Duell um eine Geliebte in Genf ums Leben. Er erlebte somit nicht mehr mit, dass sich sein 1863 gegründeter »Allgemeiner Deutscher Arbeiterverein« (ADAV) 1875 mit der Sozialdemokratischen Partei Deutschlands verband.

Auf einen Blick: Das Zeitalter der Revolutionen

1788–1805

- Weimarer (Goethe, Schiller) und Wiener Klassik (Mozart, Haydn, Beethoven).

1789

- Einberufung der Generalstände. Abschaffung des Feudalismus, Frankreich erhält eine Verfassung.

1789–1795

- Radikalisierung der Revolution: Hinrichtung Ludwigs XVI.
- 1793/94: Schreckensherrschaft der Jakobiner unter Robespierre.
- 28. Juni 1794: Hinrichtung Robespierres.
- Mit dem nach dem Zensuswahlrecht gewählten Direktorium übernimmt 1795 das Besitzbürgertum die Macht.

1804

- Der ehemalige Revolutionsgeneral Napoleon Bonaparte krönt sich selbst zum Kaiser Frankreichs.

1806

- Gründung des Rheinbunds unter Napoleon. Auf Druck Napoleons verzichtet am 6. August 1806 Franz II. auf die Kaiserkrone: Ende des Heiligen Römischen Reiches Deutscher Nation.

1814/15

- Die Wiener Kongressakte stellt das Gleichgewicht zwischen den fünf europäischen Großmächten wieder her. Die deutschen Mittelmächte Bayern, Baden, Württemberg und Hannover gehen aus dem Kongress gestärkt hervor.

1815–1848

- Im 1815 unter Führung Metternichs gegründeten Deutschen Bund wird mit allen Mitteln eine Restauration des monarchischen Prinzips versucht. Der Widerstand gegen das Repressionssystem Metternichs entlädt sich schließlich in der Märzrevolution von 1848. Aus diesem Grund heißt die Zeit zwischen 1815 und 1848 »Vormärz«.

Deutsches Reich und Erster Weltkrieg

In ganz Europa wendet sich das politisch enttäuschte liberale Bürgertum der Wirtschaft zu. Technischer Fortschritt ermöglicht ein Wirtschafts- und Bevölkerungswachstum, schafft aber auch soziale Probleme. Der Nationalgedanke wird grundlegend und mündet mit der Eroberung von Kolonien im Imperialismus. Politische Rivalität führt zum Wettrüsten. Das alte Europa mit seiner Geheimbundpolitik geht im Ersten Weltkrieg 1914–1918 unter.

1 Die europäischen Großmächte nach 1850

1.1 Louis Napoleon und das Zweite Französische Kaiserreich

Die europäische Staatenwelt war in der zweiten Hälfte des 19. Jahrhunderts von dem Gegensatz zwischen dem führenden liberalen Bürgertum und den beharrenden Kräften des Adels und der Monarchien geprägt. Nach Industrialisierung und Revolutionen war es in Politik und Wirtschaft zu einer Modernisierung gekommen. Die liberalen Kräfte in den einzelnen Staaten wurden jedoch wieder zurückgedrängt.
Symptomatisch für den beständigen Konflikt zwischen revolutionären Ideen und den alten Machtverhältnissen war die Regierung Louis Napoleons, eines Neffen Napoleons I. Er war noch im Revolutionsjahr 1848 zum Präsidenten der Französischen Republik gewählt worden.

1851: Staatsstreich Louis Napoleons in Frankreich. Er wird als Napoleon III. Kaiser der Franzosen.

Aus dieser Position heraus führte er 1851 einen Staatsstreich durch und bestieg im Dezember 1852 als Napoleon III. den Kaiserthron. Er regierte autoritär, ließ aber mit der Volksabstimmung ein demokratisches Element zu. Die Regierungsform lässt sich daher als plebiszitäre Diktatur beschreiben. Politisch war Napoleon III. ein ungeschickter Herrscher. Nationalismus und Geltungsbedürfnis trieben das Land in Kriege und koloniale Abenteuer wie die Besetzung des Mekongdeltas 1862 oder der Einzug in Mexiko 1866. Den Gipfelpunkt der Entwicklung bildete der verlorene Deutsch-Französische Krieg von 1870/71. Napoleon III. geriet bei Sedan in Gefangenschaft; das französische Kaisertum wurde gestürzt und die Dritte Republik ausgerufen.

1.2 Russland im 19. Jahrhundert

Die Epoche der Restauration

Russland nahm als europäische Großmacht nach dem Wiener Kongress eine Ordnungsfunktion wahr. Im Innern setzte unter Zar Alexander I. (1801–1825) zunächst eine Liberalisierung in Recht und Verwaltung ein. Dann betrieb er jedoch eine zunehmend konservative und restaurative Politik. Mit Zensurmaßnahmen und der Verbannung in Strafkolonien ging er gegen die Opposition vor. Der Dekabristenaufstand 1825 in Sankt Petersburg wurde brutal niedergeschlagen. Auch unter Zar Nikolaus II. (1825–1855) herrschte ein restauratives politisches Klima. Seine Geheimpolizei war gefürchtet. Der polnische Aufstand von 1830 wurde niedergeschlagen und das Land gewaltsam russifiziert.

1825: Dekabristenaufstand.

1830: Aufstand in Warschau.

Der Krimkrieg

Im Krimkrieg 1853–1856 wurde das Ringen der Großmächte um die Vorrangstellung in Europa besonders deutlich. Der orientalische Raum stellte für die Expansionsgelüste und das Hegemoniestreben der europäischen Nationen ein aussichtsreiches Ziel dar. Russland wollte sich bei einem Zerfall des Osmanischen Reiches einen möglichst großen Anteil und einen Zugang zum Mittelmeer sichern.

Krimkrieg 1853–1856: Erster moderner Krieg. Materialschlachten und Grabenkämpfe weisen auf die Grausamkeit des Ersten Weltkriegs voraus.

Der Krimkrieg hat neben seiner Bedeutung als erster moderner Krieg der europäischen Großmächte eine Veränderung im europäischen Mächtegleichgewicht bewirkt. Russland verlor an Einfluss und orientierte sich in der Folge mehr in den mittelasiatischen Raum. Es war ein russisch-österreichischer Gegensatz entstanden, der in der Balkanfrage Bedeutung gewinnen sollte. Während es gegenüber Frankreich zu einer Annäherung kam, vertiefte sich der Gegensatz Russlands zu Großbritannien.

Die Reformzeit in Russland

Der verlorene Krimkrieg zeigte auch den Rückstand des Zarenreichs gegenüber den westlichen Nationen. Zar Alexander II. (1855–1881) führte in den 60er-Jahren eine Reform in fast allen Verwaltungsbereichen durch. Besonders einschneidend war dabei die Aufhebung der bäuerlichen Leibeigenschaft 1861. Nach zahlreichen Attentaten kam der Zar bei einem Bombenanschlag am 13. März 1881 ums Leben.

1861: Zar Alexander II. (1855–1881) ordnet die Bauernbefreiung an.

1.3 Großbritannien im 19. Jahrhundert

Großbritannien verfolgte im Kräftespiel der europäischen Mächte im 19. Jahrhundert eine Nichteinmischungspolitik, die »Splendid isolation« und griff nur gelegentlich in internationale Auseinandersetzungen ein. Nach dem Krimkrieg

Britische Nichteinmischungspolitik der »Splendid isolation«.

kam es durch die russischen Interessen im Nahen und Mittleren Osten zu einer Vertiefung der russisch-britischen Gegnerschaft.

Das britische Empire stieg unter Königin Viktoria zum größten Kolonialreich der Welt auf. Es war der Prototyp des modernen imperialistischen Staates. 1876 nahm Königin Viktoria den Titel einer Kaiserin von Indien an. In Südafrika führte Großbritannien 1899–1902 einen Kolonialkrieg gegen die niederländischen Afrikasiedler, um den Kontinent bis hinunter zum Kap der Guten Hoffnung zu kontrollieren. Als Reaktion auf die deutschen Weltmachtsbestrebungen nach 1890 gab England seine Nichteinmischungspolitik auf und schloss 1904 mit Frankreich die »Entente cordiale« sowie 1907 ein Bündnis mit Russland.

1.4 Österreich-Ungarn

Im Revolutionsjahr 1848 begann Kaiser Franz Joseph I. (1830–1916) seine lange Regierungszeit. Außenpolitisch wollte Österreich seinen Anspruch als Großmacht untermauern. Im Deutschen Bund war Österreich zwar Vormacht, wurde aber zunehmend von Preußen unter Otto von Bismarck bekämpft. Nach dem Krieg von 1866 beteiligte sich Österreich nicht mehr am deutschen Einigungsprozess, der einen einheitlichen Nationalstaat zum Ziel hatte. Der durch die Monarchie zusammengehaltene Vielvölkerstaat der Habsburger zeigte deutliche Risse. In Böhmen und Ungarn gab es die stärksten Unabhängigkeitsbestrebungen, wobei mit Ungarn 1867 der Ausgleich gelang.

Gegensatz zwischen Österreich-Ungarn und Preußen.

Unabhängigkeitsbestrebungen gefährden den Vielvölkerstaat.

Durch sein Engagement im Krimkrieg 1853–1856 und seine Interessen in Südosteuropa geriet Österreich erstmals in einen Gegensatz zu Russland. Mit dem Deutschen Reich war es dagegen durch das Dreikaiserabkommen sowie durch den Zwei- und Dreibund eng verbunden. 1878 besetzte Österreich Bosnien und die Herzegowina, die es 1908 formal annektierte. Der Krisenherd auf dem Balkan wurde 1914 zum Auslöser des Ersten Weltkrieges.

2 Preußens Aufstieg zur Vormacht in Deutschland

2.1 Der preußisch-österreichische Gegensatz

Die deutsche Politik war in der zweiten Hälfte des 19. Jahrhunderts von der Rivalität der deutschen Großmächte Österreich und Preußen bestimmt. Österreich war nach der Wiedererrichtung des Deutschen Bundes 1850 zunächst führend.

Neugründung des Deutschen Bundes 1850 unter österreichischer Führung.

Preußen strebte massiv nach der Rolle einer nationalen Führungsmacht und forderte eine deutsche Nationalvertretung, von der die nichtdeutschen Landesteile der Habsburgermonarchie ausgeschlossen sein sollten. Der politische Konflikt mündete auch in militärische Auseinandersetzungen.

Der Deutsche Krieg 1866

Preußen forderte eine Reform des Deutschen Bundes und schließlich sogar den Ausschluss Österreichs aus diesem Gremium.

Als diese Forderungen nicht erfüllt wurden und der Bund sich zu einer Teilmobilmachung bereit fand, erklärte Preußen die Bundesakte als gebrochen und trat selbst aus dem Deutschen Bund aus. Der Konflikt wurde nun militärisch ausgetragen. Preußen kämpfte mit den kleineren norddeutschen Staaten gegen Österreich und die vier Königreiche Hannover, Sachsen, Württemberg und Bayern sowie die meisten mittel- und süddeutschen Staaten. Bismarck sicherte Preußen durch einen Geheimvertrag mit Italien ab, das in Norditalien eine zweite Front gegen Österreich eröffnete.

Im Deutschen Krieg 1866 setzt Preußen seine Vorherrschaft in Deutschland militärisch durch.

Die österreichische Niederlage in der Schlacht von Königgrätz in Böhmen besiegelte den Aufstieg Preußens zur nationalen Führungsmacht. Bismarck wollte aber keinen Siegfrieden über Österreich, sondern einen Verhandlungsfrieden. Um der Einmischung Frankreichs zuvorzukommen, setzt Bismarck den Vorfrieden von Nikolsburg am 26. Juli 1866 durch.

1866: Friede von Prag, Österreich stimmt Auflösung des Deutschen Bundes zu.

Im Frieden von Prag am 23. August stimmte Österreich den preußischen Forderungen zu, vor allem der Auflösung des Deutschen Bundes. Preußen wurde somit zur unumstrittenen Führungsmacht in Deutschland.

1866/67: Gründung des Norddeutschen Bundes.

1866/67 entstand unter preußischer Führung der Norddeutsche Bund. Sein Reichstag wurde nach allgemeinem, gleichem und direktem Wahlrecht gewählt. Auch seine Verfassung wurde zum Vorbild für das spätere Deutsche Reich.

3 Der Deutsch-Französische Krieg 1870/71 und die Gründung des Deutschen Reiches

Der Prozess der nationalen Einigung wurde unter Bismarcks Führung auch über militärische Wege vorangetrieben. Obwohl seine Politik vor allem auf einem ausgedehnten Vertragssystem und seinem großen Verhandlungsgeschick beruhte, schloss Bismarck zur Erlangung seiner politischen Ziele den Krieg ein. Noch immer galt der Krieg, nach dem berühmten Wort des Freiherrn von Clausewitz, als legitime »Fortsetzung der Politik mit anderen Mitteln«.

3.1 Emser Depesche und Kriegseintritt

Als Bismarck die Thronkandidatur des deutschen Erbprinzen Leopold von Hohenlohe-Sigmaringen für die spanische Königskrone unterstützte, provozierte er damit Frankreich. Dort fürchtete man ohnehin ein preußisches Hegemoniestreben in Europa. Der deutsche Erbprinz verzichtete zwar, aber eine von Frankreich geforderte Garantie auf den Thronverzicht lehnte der preußische König Wilhelm I. ab. Dieses Ergebnis der diplomatischen Unterredung in Bad Ems gab Bismarck mit Erlaubnis seines Königs in einer Frankreich bewusst bloßstellenden Weise als »Emser Depesche« bekannt.

13. Juli 1870: Die Emser Depesche provoziert Frankreich.

Die sehr auf das nationale Prestige bedachte Regierung Napoleons III. reagierte mit einer Kriegserklärung an Preußen, wie es Bismarck bereits bedacht und bezweckt hatte. Durch ganz Deutschland ging daraufhin ein nationaler Ruck. Auch die süddeutschen Staaten erklärten sich bereit, an der Seite Preußens und des Norddeutschen Bundes gegen Frankreich zu kämpfen. Frankreich wurde von dieser Wendung überrascht. Zudem verhielten sich die übrigen europäischen Mächte neutral, sodass es nun alleine stand.

Die deutschen Einigungskriege 1864–1871

Das nationale Denken des 19. Jahrhunderts ließ auch in den deutschen Territorien den Wunsch nach einer nationalen Einigung aufkommen. Die Verwirklichung eines demokratischen Nationalstaats »von unten« durch gewählte Volksvertreter scheiterte nach der Revolution von 1848. Die nationale Einigung wurde »von oben« verwirklicht. In diesem Prozess standen sich die deutschen Vormächte Preußen und Österreich entgegen. Ihr Kampf um die Vorherrschaft in Deutschland führte zu den Einigungskriegen.

- Deutsch-Dänischer Krieg 1864:
  Österreich und Preußen kämpften gemeinsam gegen Dänemark, das Schleswig-Holstein besetzt hatte. Preußen übernahm in der Folge die Rolle als Schutzmacht im norddeutschen Raum.

- Deutscher Krieg 1866
  Nur mit kleineren norddeutschen Staaten verbündet führte Preußen Krieg gegen Österreich und die Mehrheit der deutschen Staaten. Der Sieg in der Schlacht von Königgrätz über Österreich sicherte Preußen die Vormachtstellung in Deutschland. Der Deutsche Bund wurde aufgelöst. 1867 entstand der Norddeutsche Bund unter preußischer Führung.
- Deutsch-Französischer Krieg 1870/71
  1870 marschierten deutsche Heere in Frankreich ein. Am 18. Januar 1871 wurde im Spiegelsaal von Schloss Versailles der preußische König Wilhelm I. zum Deutschen Kaiser ausgerufen. Die Gründung des Deutschen Reiches erfolgte also im besetzten Frankreich.

3.2 Kriegsverlauf

1. September 1870: Schlacht von Sedan, Napoleon III. gerät in deutsche Kriegsgefangenschaft.

Im Oktober gelang den deutschen Truppen in Metz die Umzingelung einer französischen Armee. In der Schlacht von Sedan am 1. September geriet der französische Kaiser Napoleon III. in deutsche Kriegsgefangenschaft.

Am 4. September wurde das Kaisertum gestürzt und die Dritte Republik ausgerufen. Auch neu aufgestellte französische Heere konnten den Zusammenbruch nicht verhindern. Im Januar 1871 kapitulierte Paris. Bismarck befürchtete, die übrigen europäischen Mächte könnten ihre Neutralität aufgeben, und bemühte sich um einen raschen Friedensschluss.

Frankreich verliert Elsass-Lothringen und muss eine hohe Kriegsentschädigung zahlen.

Frankreich musste in dem als demütigend empfundenen Vorfrieden von Versailles Elsass und Lothringen abtreten und sich zu 5 Milliarden Francs Kriegsentschädigung verpflichten. Der Friede von Frankfurt am Main vom 10. Mai 1871 bestätigte diese Bedingungen und beendete den Krieg offiziell.

In diesem Krieg wurde als neuer Staat das Deutsche Reich gegründet. Bismarck überzeugte den preußischen König Wilhelm I. davon, den deutschen Kaisertitel anzunehmen.

1871: Wilhelm I. wird in Versailles zum Deutschen Kaiser ausgerufen.

Die feierliche Kaiserproklamation erfolgte am 28. Januar 1871 im Spiegelsaal des Schlosses von Versailles.

Das Deutsche Reich wurde also im eroberten Frankreich gegründet.

4 Das Zweite Deutsche Kaiserreich

4.1 Die Reichsverfassung

Das Deutsche Reich war ein Bundesstaat aus den deutschen Fürstentümern und den Freien Städten, die zusammen den Bundesrat bildeten. Dieser hatte verfassungsgemäß eine starke Stellung, da er bei Kriegserklärungen und Friedensschlüssen sowie bei der Auflösung des Reichstags zustimmen musste. Staatsoberhaupt war der König von Preußen, der die Kaiserwürde jeweils an seinen Nachkommen vererbte. Er hatte den Oberbefehl über die Streitkräfte und das Recht, den Reichstag einzuberufen oder zu schließen und den Reichskanzler zu ernennen. Der Reichskanzler saß dem Bundesrat vor, leitete die Regierungsgeschäfte alleinverantwortlich und bestellte die Staatssekretäre (Minister). Nach der Verfassung war er als ausführendes Organ der beratende Regierungschef des Kaisers. Der Reichstag war von der Verfassung her von der Außen- und Militärpolitik ausgeschlossen. Zwar hatte er das Recht zur Gesetzesinitiative, jedoch benötigte jedes Gesetz die Zustimmung des Bundesrats. Vom Recht der Haushaltsbewilligung blieb nicht viel übrig, da der Militärhaushalt, der den größten Posten bildete, davon ausgenommen war. Der Reichskanzler war nicht vom Reichstag abhängig. Die Stellung des Parlaments und der gewählten Volksvertreter war also sehr schwach.

Otto von Bismarck (1815–1898), der »eiserne Kanzler«, gilt als Gründer des Deutschen Reiches.

4.2 Bismarck als Reichskanzler

Als Reichskanzler suchte Bismarck – anders als im deutschen Einigungsprozess nach der Reichsgründung 1871 – den internationalen Ausgleich. Diesem Zweck diente ein umfangreiches Bündnissystem mit dem Dreikaiserabkommen von 1873 und 1881, über den Zwei- und Dreibund von 1879 und 1882 bis zum Rückversicherungsvertrag mit Russland von 1887. Die deutsche Politik nach der Reichsgründung war insgesamt weniger aggressiv, um Deutschland als neue Großmacht im europäischen Raum zu etablieren. So erklärte Bismarck wiederholt, Deutschland sei »saturiert«, habe also keine weiteren territorialen Ansprüche mehr. Als Staatsmann von europäischem Rang zeigte er sich 1878 auf dem Berliner Kongress. Dort vermittelte er als »ehrlicher Makler« im Balkankonflikt zwischen Großbritannien, Russland und Österreich-Ungarn.

1871–1890:
Otto von Bismarck Reichskanzler. Internationaler Ausgleich durch umfangreiches Bündnissystem.

Bismarck hatte die Revolution 1848 als Bedrohung staatlicher Ordnung erlebt und war als Monarchist entschiedener Gegner liberaler Politik. Als »eiserner Kanzler« führte er eine rigide Politik gegen die Opposition. Ab 1872 bekämpfte er

Das bismarcksche Bündnissystem nach 1871

Als führender deutscher Staatsmann des späten 19. Jahrhunderts errichtete Bismarck zur außenpolitischen Absicherung des Deutschen Reiches ein diplomatisches Vertragssystem. Wegen des scharfen deutsch-französischen Gegensatzes wollte Bismarck Frankreich isolieren und möglichst von europäischen Verträgen ausschließen.

- Dreikaiserabkommen 1873
  Beistandspakt der Kaiser von Österreich, Russland und dem Deutschen Reich
- Zweibund 1879
  Deutsch-österreichisches Verteidigungsbündnis
- Dreikaiservertrag 1881
  Österreich-Ungarn, Russland und das Deutsche Reich sichern sich in einem geheimen Abkommen auf drei Jahre gegenseitig im Kriegsfall Neutralität zu. 1884 um drei Jahre verlängert.
- Dreibund 1882
  Italien tritt in einem Geheimvertrag dem Zweibund bei. 1887 verlängert.
- Rückversicherungsvertrag 1887
  Gegen die Zusicherung russischer Neutralität erkennt Deutschland in einem Geheimvertrag Russlands politisches Ziel eines Mittelmeerzugangs, seine Interessen auf dem Balkan und im Schwarzen Meer an.
- Mittelmeerabkommen
  Parallel unterstützt das Deutsche Reich jedoch auch die Balkanpolitik der potenziellen russischen Gegner Großbritannien und Österreich-Ungarn. In einer Art »Orient-Dreibund« soll der Status quo im Mittelmeer und im Osmanischen Reich erhalten werden. Großbritannien lehnt einen förmlichen Vertrag mit dem Deutschen Reich jedoch ab.

den politischen Katholizismus im »Kulturkampf«. Durch das Verbot sozialistischer Vereine im Sozialistengesetz von 1878 wollte Bismarck die Sozialdemokratie zerschlagen. Seine Schutzzollpolitik von 1879 sollte dagegen ein Bündnis zwischen Großgrundbesitz und Schwerindustrie fördern. Er führte jedoch auf der anderen Seite auch die allgemeine Sozialversicherung ein. Trotzdem gelang es ihm nicht, die Arbeiterschaft für den Staat zu gewinnen. Am Ende seiner politischen Karriere geriet Bismarck in einen Gegensatz zu Kaiser Wilhelm II., der ihn im März 1890 entließ. Im Jahr 1894 fand eine formelle Aussöhnung mit Wilhelm II statt.

4.3 Wirtschaft und Gesellschaft im Deutschen Reich

Ende des 19. Jahrhunderts nahm Deutschland einen ungeheuren wirtschaftlichen Aufschwung. Die Tatsache der Reichseinigung und die nationale Euphorie nach dem gewonnenen Krieg gegen Frankreich, die Hoffnung auf politische Größe und gute wirtschaftliche Aussichten schufen ein gutes Investitionsklima in dem neu entstandenen Reich. Unmittelbar nach der Reichsgründung erfolgte ein regelrechter Boom von Unternehmensgründungen.

1871–1873:
Nationale Euphorie nach der Reichsgründung, Wirtschaftsboom in Deutschland.

Weltrang hatten die Stahlproduktion (Krupp, Stinnes) und der Maschinenbau (Borsig), die Produktion von Strom und elektrischen Geräten (AEG, Siemens), die optische (Zeiss) und chemische Industrie (Hoechst, BASF, Bayer, IG Farben). Wissenschaft und Ausbildung wurden durch Universitäten und polytechnische Schulen, firmeneigene Laboratorien und die staatliche »Kaiser Wilhelm Gesellschaft zur Förderung der Wissenschaften« gefördert und genossen international einen guten Ruf.

Der wirtschaftliche Erfolg gründete sich letztlich mehr auf die Dynamik des Aufschwungs, als dass er durch eine Geldschwemme infolge der französischen Reparationszahlungen nach dem Krieg von 1870/71 ausgelöst worden wäre. Die Epoche von 1870 bis 1890 wurde schon damals als »Gründerzeit« bezeichnet und brachte den eigentlichen Durchbruch der industriellen Revolution in Deutschland. Das Reich stieg zur stärksten Industrienation Europas auf.

Deutschland wandelte sich von einem Agrar- zu einem Industriestaat. Die Bevölkerung wuchs um über 30 Millionen. Viele Menschen zogen vom Land in die großen Städte. Berlins Einwohnerzahl verdoppelte sich und erreichte bis 1914 3,7 Millionen.

4.4 Das Wilhelminische Zeitalter

Sozialpolitischer Reformkurs

Durch den Versuch eines sozialpolitischen Ausgleichs wich man innenpolitisch von Bismarcks hartem Kurs ab. Für die neue Versöhnungspolitik stand der Reichskanzler Leo von Caprivi (1890–1894).

Das 1890 ausgelaufene Sozialistengesetz wurde nicht erneuert. Es ergingen Gesetze zum Schutz der Arbeiter. Die neue Gewerbeordnung verbot die Sonntagsarbeit. Die Tagesarbeitszeit für Frauen wurde auf elf Stunden beschränkt, die Kinderarbeit bis zur Vollendung der Schulpflicht verboten. Es wurden obligatorische Arbeitsordnungen erlassen und die von Arbeitgebern und Arbeitnehmern paritätisch besetzten Schlichtungsstellen eingesetzt.

Die angestrebte Befriedung im Innern mit der Arbeiterschaft, die die größte Bevölkerungsgruppe darstellte, konnte mit dieser Gesetzgebung jedoch nicht erreicht werden.

Wilhelminische Außenpolitik und Flottenwettrüstung

Die neue Reichsregierung gab die Prinzipien der bismarckschen Bündnispolitik auf. Die neue deutsche Außenpolitik unter der Leitung von Friedrich von Holstein und ab 1897 des späteren Reichskanzlers Bernhard von Bülow hatte kein solch klares Konzept mehr aufzuweisen. Leitbild der Außenpolitik war nun vielmehr die »freie Hand« (Bülow), die Freiheit von festen Bündnisverpflichtungen. Folglich wurde der Rückversicherungsvertrag mit Russland nicht verlängert, das sich nun um ein Bündnis mit Frankreich bemühte. Russland fühlte sich auch durch die deutsch-britische Annäherung brüskiert, die sich beispielsweise durch den Tausch der deutschen Kolonie Sansibar gegen die Insel Helgoland abzeichnete.

England sah in dem Kolonialabkommen lediglich eine Gelegenheit, seinen Besitzstand in Afrika abzurunden.

Der dritte Kaiser des zweiten Deutschen Kaiserreiches, Wilhelm II., wollte seinem Land einen »Platz an der Sonne« sichern.

Deutsche Hoffnungen auf ein Bündnis mit Großbritannien zerschlugen sich im Jahr 1896 völlig. Anlass war der gescheiterte britische Überfall auf den Transvaal, eine der Burenrepubliken, die die britische Herrschaft in Südafrika behinderten. Auf Anraten des Auswärtigen Amtes beglückwünschte Kaiser Wilhelm II. den Burenführer Paul Krüger zu seinem Erfolg gegen die Engländer in einem Telegramm. Mit dieser Provokation sollte den Briten gezeigt werden, dass man sich durchaus auch auf die Seite ihrer Gegner stellen könne – eine Drohgebärde gegen die Unwilligkeit Großbritanniens, ein Bündnis mit dem Deutschen Reich zu schließen. Deutschland erreichte damit jedoch nur eine starke politische Verstimmung in Großbritannien. Zudem war das Deutsche Reich 1895 gemeinsam mit Russland gegen Japan vorgegangen und hatte damit britische Interessen im Fernen Osten berührt.

Das Krügertelegramm Wilhelms II. 1896 provoziert Großbritannien.

Großbritannien und Frankreich, die in ihrem Weltmachtstreben natürliche Konkurrenten waren, gelang es, ihre Differenzen über ihren afrikanischen Kolonialbesitz beizulegen. Sie einigten sich 1904 in der »Entente cordiale« darauf, ein englisches Protektorat über Ägypten ebenso wie die französischen Interessen in Marokko zu akzeptieren.

1904:
»Entente cordiale« zwischen Großbritannien und Frankreich.

1907 trat Großbritannien auch dem französisch-russischen Bund hinzu. Die so entstandene Tripelentente war ein starkes Bündnis, das bis nach dem Ersten Weltkrieg Bestand hatte und ein starkes Gegengewicht gegen den Dreibund aus Deutschem Reich, Österreich-Ungarn und Italien bildete.

1907:
Die Tripelentente von Frankreich, Russland und Großbritannien bildet den Gegenblock zum Dreibund aus Deutschem Reich, Österreich-Ungarn und Italien.

Als Ergebnis der wilhelminischen Außenpolitik war das Deutsche Reich am Vorabend des Ersten Weltkrieges isoliert. Außer Österreich-Ungarn und Italien hatte es keine Bündnispartner mehr.

Nach Ansicht Kaiser Wilhelms II. wurde die Sicherheit des Deutschen Reiches nicht durch Verträge, sondern durch militärische Stärke garantiert. Der Militärhaushalt betrug mit vier Fünfteln ohnehin den Löwenanteil des Etats.

1898: Beginn der deutschen Flottenpolitik. Der Kaiser verkündet: »Deutschlands Zukunft liegt auf dem Wasser.«

Das Reich begann unter Admiral Alfred von Tirpitz ab 1898 mit dem Aufbau einer schlagkräftigen Kriegsflotte. Nach der »Risikotheorie« sollte die deutsche Flotte stark genug sein, die britische Heimatflotte anzugreifen und so ein Risiko für die britische Seemacht zu bilden. Der Reichstag genehmigte in Flottengesetzen 1898, 1900 und 1912 die nötigen Gelder. Das ehrgeizige deutsche Flottenprogramm stellte die traditionelle britische Vorherrschaft auf den Weltmeeren infrage.

Die Rivalität der Kriegsflotten löst ein Wettrüsten aus.

Die deutsch-britische Flottenrivalität führte zu einem Wettrüsten. Auch die USA, Japan und Frankreich rüsteten ihre Flotten auf. Das Wettrüsten war Teil des internationalen imperialistischen Konkurrenzkampfs und einer der Faktoren, die zum Ersten Weltkrieg führten.

5 Imperialismus und Erster Weltkrieg

5.1 Vorgeschichte

Gegenüber der ersten Hälfte des 19. Jahrhunderts hatte sich für die europäischen Großmächte der Bezugsrahmen geändert: Man wollte Weltpolitik betreiben und expandierte in andere Länder und Kontinente. Neben die europäischen Mächte traten nun auch die Vereinigten Staaten von Amerika und Japan. Die hochgerüsteten Länder in Europa beobachteten die wechselseitigen Expansionsversuche mit Misstrauen. Aufgrund des Rüstungswettlaufs und des sich stetig verstärkenden Imperialismus begannen die Nationen mit einem Krieg zu rechnen. Das Bündnissystem zwischen den im Dreibund vereinten Mittelmächten Deutschland, Österreich-Ungarn und Italien einerseits und der Tripel-

entente aus Frankreich, Großbritannien und Russland andererseits war starr. Eine Balance zur europäischen Friedenssicherung existierte nicht mehr.
Seit dem verlorenen Krieg von 1870/71 bestand ein scharfer Gegensatz Frankreichs zum Deutschen Reich, von dem es Elsass-Lothringen zurückhaben wollte. Verschärft wurde die Situation, als das Deutsche Reich 1905/06 aus Prestigegründen die französische Kolonialpolitik in Marokko störte. Kaiser Wilhelm II. stattete, vom Auswärtigen Amt dazu gedrängt, sogar dem Sultan einen Besuch ab und unterstrich so in den Augen der Weltöffentlichkeit die Selbstständigkeit des Sultanats gegenüber den französischen Interessen. Wie schon beim Krügertelegramm war dies ein Versuch, Frankreich als Verbündeten Russlands einzuschüchtern. Man wollte die Franzosen dazu bewegen, ein etwaiges deutsch-russisches Bündnis zu akzeptieren.
Auf der Konferenz von Algeciras, auf der diese 1. Marokkokrise beigelegt wurde, erlitt das Reich gegenüber Frankreich, Großbritannien und Russland auf der Gegenseite eine schwere diplomatische Niederlage. Die ähnlich ablaufende 2. Marokkokrise 1911 bedeutete eine ebenso schwere Schlappe für das deutsche Nationalprestige.

1. und 2. Marokkokrise: Die Einmischung des Deutschen Reiches in die französische Marokkopolitik führt zu politischem Prestigeverlust.

Der Balkan als Krisengebiet

In Südosteuropa bestand durch die anhaltende Schwäche des Osmanischen Reiches ein Machtvakuum. Österreich-Ungarn und Russland fanden hier ein Feld für ihre Expansionsgelüste. Russland hatte im Krieg gegen Japan 1904/05 eine schwere Niederlage hinnehmen müssen und war zudem 1905 durch eine Revolution schwer erschüttert worden. Nun richtete es sein Interesse wieder vermehrt nach Europa. Gleichzeitig erwachte bei den kleineren Völkern des Balkanraumes ein Nationalbewusstsein und sie strebten eigene Staaten an.

28. Juni 1914: Ermordung des österreichischen Thronfolgers Franz Ferdinand in Sarajewo.

5.2 Der Kriegsausbruch

Am 28. Juni 1914 erschoss der junge serbische Nationalist Gavrilo Princip in Sarajewo den österreichischen Thronfolger Franz Ferdinand und seine Frau. Er war kein Einzeltäter, son-

Am 28. Juni 1914 fällt der österreichische Thronfolger Franz Ferdinand einem Attentat zum Opfer.

dern ausführendes Werkzeug in einem Plan des serbischen Geheimdienstes.

23. Juli 1914: Österreichisches Ultimatum an Serbien.

Österreich-Ungarn stellte Serbien ein Ultimatum, in dem der aufstrebende serbische Staat auf seine Souveränität verzichten sollte. Eine solche Forderung war von vorneherein unannehmbar für Serbien, und das war von Wien auch so geplant. Man wollte den lästigen serbischen Staat, der die Südslawen vereinigen wollte, beseitigen, da er die österreichische Monarchie potenziell bedrohte. Serbien erfüllte mit russischer Rückendeckung das österreichische Ultimatum nur teilweise. Österreich akzeptierte das nicht und erklärte am 28. Juli 1914 Serbien den Krieg.

Die Eskalation: 30. Juli russische Generalmobilmachung, 31. Juli österreichische Generalmobilmachung, 1. August deutsche Kriegserklärung an Russland, 3. August deutsche Kriegserklärung an Frankreich, Verletzung der belgischen Neutralität, 4. August britische Kriegserklärung an Deutschland.

Am 30. Juli machte Russland nach der Teilmobilmachung voll mobil. Am 31. Juli erfolgte auf deutsches Drängen die österreichische Generalmobilmachung gegen Russland. Im Deutschen Reich erklärte man den »Zustand drohender Kriegsgefahr« und stellte Ultimaten an Russland und Frankreich. Großbritannien hatte Berlin bereits wissen lassen, dass Deutschland bei einem Angriff auf Frankreich nicht mit britischer Neutralität rechnen könne. Ohne die Antwort auf das russische Ultimatum überhaupt abzuwarten, erklärte das Deutsche Reich am 1. August 1914 Russland den Krieg.
Frankreich als Russlands Bündnisgenosse beantwortete das deutsche Ultimatum ausweichend und machte mobil. Deutschland erklärte daraufhin am 3. August 1914 auch Frankreich den Krieg. Für den Fall eines Zweifrontenkrieges

hatte der deutsche Generalstab den Schlieffenplan vorgesehen, nach dem Frankreich schnell besiegt werden sollte, um dann alle Truppen nach Russland senden zu können. Der direkte Weg nach Frankreich wurde wegen der dortigen Grenzbefestigungen gar nicht versucht, sondern die deutschen Truppen sollten über das neutrale Belgien nach Frankreich einmarschieren. Deutschland besetzte bereits am 2. August 1914 Luxemburg und verlangte von Belgien freien Durchzug für seine Truppen. Als dies abgelehnt wurde, marschierten die deutschen Armeen noch am 3. August unter Bruch der belgischen Neutralität in Belgien ein. Für Großbritannien war dies einen Tag später der Anlass, nun ebenfalls in den Krieg einzutreten.

5.3 Der Kriegsverlauf
Der Krieg an der Westfront

Am 4. September 1914 standen die deutschen Truppen bereits nahe Paris. Vom 6. bis 9. September dauerte die Marneschlacht, in der der deutsche Vormarsch durch einen Gegenangriff zum Stehen gebracht wurde. Deutsche Verbände versuchten unter hohen Verlusten, die alliierten französisch-englischen Truppen im Norden in Richtung Küste zu überholen. Die Einnahme der Kanalhäfen misslang. Die Westfront erstarrte in ganzer Linie. Es entwickelte sich der für diesen Krieg typische Stellungskrieg.

6.–9. September 1914: Marneschlacht, deutscher Vormacht wird zum Stehen gebracht.

Von Juli bis Oktober dauerte die Schlacht an der Somme – mit einem Großeinsatz sondergleichen von Minen und Granaten. Von den deutschen Soldaten starben hier 500 000, von den Alliierten 650 000 Mann. Der geplante Durchbruch der Alliierten war nicht gelungen; doch 1917 zogen sich die Deutschen auf ihre »Siegfriedstellung« genannte Befestigungslinie zurück.

Materialschlacht in bisher unbekanntem Ausmaß und zäher Stellungskrieg als Merkmale des Ersten Weltkriegs.

Der Krieg im Osten

Ostpreußen war bereits russisch besetzt. Die Schlacht an den Masurischen Seen im Februar 1915 führte dazu, dass die Russen Ostpreußen wieder räumten. Im südlichen Frontabschnitt hinderten die Österreicher Russland daran, über die Karpaten nach Ungarn zu gelangen. Im Mai 1915 konnten deutsche Truppen durch eine Offensive bei Tarnow-Gorlice die österreichische Front in Westgalizien entlasten. Russland musste Galizien im Süden und das Baltikum im Norden räumen. Im August besetzten die Deutschen Warschau. Dann kam auch die Ostfront im Stellungskrieg zum Stehen.

Auch die Ostfront erstarrt im Stellungskrieg.

1915 wechselte Italien das Lager und bekämpfte nun an der Seite der Alliierten Österreich. Die Frontlinie zog sich mitten durch die Dolomiten. Auch Rumänien trat 1916 über. Die Türkei trat aufseiten Österreich-Ungarns und des Deutschen Reiches in den Krieg ein.

Der Krieg zur See

Großbritannien führte unter Admiral Winston Churchill eine Seeblockade gegen das Deutsche Reich durch. Im Winter 1916/17 war in Deutschland eine Hungersnot ausgebrochen. Um den Versorgungsnotstand zu beseitigen und die alliierte Blockadepolitik aufzubrechen, kehrte das Reich zum uneingeschränkten U-Boot-Krieg zurück. Die USA hatten schon beim Lusitaniazwischenfall 1915 mit ihrem Kriegseintritt gedroht.

6. April 1917: Kriegseintritt der USA, der Krieg wird zum Weltkrieg.

Mit dem Kriegseintritt der USA am 6. April 1917 weitete sich der Krieg zum Weltkrieg aus. Auch in Afrika wurde gekämpft. Die deutschen Kolonien Togo, Deutsch-Südwestafrika und Kamerun wurden britisch besetzt. Deutsch-Ostafrika konnte sich noch halten. In Asien wurde Tsingtau noch 1914 von Japan eingenommen, die deutschen Kolonien in Ozeanien wurden von australischen, neuseeländischen und japanischen Truppen besetzt.

Die Russische Revolution

März 1917: Revolution in Sankt Petersburg und Ermordung der Zarenfamilie (Juli 1917).

Die russische Front begann sich 1917 langsam aufzulösen. Das Land hatte große innere Probleme, die durch die Entbehrungen des Krieges noch verschärft worden waren. Der Zarenhof, mit Intrigen durchsetzt und beeinflusst von dem Wandermönch Rasputin, hatte keinen Rückhalt mehr in der verarmten Bevölkerung. Im März 1917 brach in Sankt Petersburg die Revolution aus. Truppenteile stellten sich hinter die Aufständischen. Zar Nikolaus II. dankte ab. Die Zaren-

familie wurde inhaftiert und am 16. Juli in Jekaterinburg erschossen.
Am 16. April 1917 kam Lenin aus seinem Schweizer Exil zurück nach Russland. Das deutsche Auswärtige Amt gestattete die Durchreise des Revolutionärs mit seinem Gefolge durch Deutschland in einem verplombten Zug. Man erhoffte sich von Lenin, dass er in Russland auf das Kriegsende hinarbeiten würde. In dieser Situation kam es am 7./8. November 1917 zu einer zweiten Revolution, der Oktoberrevolution – nach dem zu dieser Zeit in Russland gültigen Julianischen Kalender.

16. April 1917: Rückkehr Lenins aus dem Schweizer Exil.

Diese Revolution war von den Bolschewiki unter Lenin genau vorbereitet worden. Arbeitermilizen, die »roten Garden«, besetzten alle strategischen Punkte der Hauptstadt. Der zeitgleich angesetzte 2. Allrussische Sowjetkongress setzte einen Rat der Volkskommissare unter Lenin als neue Regierung ein. Die verfassunggebende Nationalversammlung, in der die Bolschewiki deutlich weniger Stimmen als die von den Bauern mehrheitlich gewählten Sozialrevolutionäre hatten, wurde aufgelöst. Die Entscheidung gegen eine parlamentarische Republik und für eine Räterepublik war gefallen.

7./8. November 1917: Oktoberrevolution. Sofortige Friedensverhandlungen und Enteignung des Großgrundbesitzes.

5.4 Der Weg zum Frieden
Der Friede von Brest-Litowsk

Russische Unterhändler bemühten sich um einen Sonderfrieden mit dem Deutschen Reich. Die Friedensverhandlungen zogen sich aufgrund der russischen Verschleppungstaktik von Dezember 1917 bis März 1918 hin. Am 3. März erfolgte der international als hart gegen Russland aufgefasste Frieden von Brest-Litowsk zwischen dem Deutschen Reich, Österreich-Ungarn, der Türkei, Rumänien und Russland. Russland musste auf die baltischen Provinzen und Polen verzichten, Finnland und die Ukraine als selbstständige Staaten anerkennen und Reparationen leisten.
Am 7. Mai erfolgte außerdem der Friede von Bukarest zwischen den Mittelmächten und Rumänien, welches Gebiete an Bulgarien abgeben und dem Deutschen Reich Rechte an seinen Ölquellen garantieren musste.

März und Mai 1918: Friedensschlüsse im Osten: Brest-Litowsk und Bukarest.

Alliierter Sieg im Westen

Die deutsche Heeresleitung hoffte, nach dem Frieden im Osten Truppen für eine Offensive im Westen frei zu bekommen. Die entsprechenden Versuche an der Westfront blieben aber erfolglos. Die Gegenoffensive französischer und amerikanischer Truppen ab dem 18. Juli 1918 wendete das Kriegsgeschick. Die alliierten Truppen kamen nicht zuletzt wegen der neuartigen Panzer gut voran. Die Panzerverbände errangen in der Schlacht bei Amiens vom 8. bis 11. August 1918 den Sieg. Die Alliierten verfügten zudem durch die Hilfe von Übersee über mehr Ressourcen.

Alliierte Überlegenheit durch Panzer und Ressourcen aus Übersee.

Das verbrauchte deutsche Heer traf auf immer mehr alliierte Truppen. Anfang September wich die deutsche Armee wieder in die »Siegfriedstellung« zurück. Ludendorff wies Gedanken an einen Waffenstillstand noch von sich. Als aber die Alliierten im September 1918 an der bulgarischen Front durchbrachen und die Türkei zusammenbrach, baten beide Länder um Waffenstillstand. Am 3. Oktober 1918 richtete das Deutsche Reich die Bitte um Waffenstillstand an den amerikanischen Präsidenten Wilson, der zu Jahresbeginn mit einem Friedensplan von 14 Punkten an die Weltöffentlichkeit getreten war. Österreich-Ungarn stellte am 3. No-

Wilsons 14-Punkte-Plan

Der amerikanische Präsident James Woodrow Wilson veröffentlichte im Januar 1918 einen 14 Punkte umfassenden Friedensplan. Der Kernpunkt seines Plans war das Selbstbestimmungsrecht der Völker. Der belgische Staat sollte wiederhergestellt und Elsass-Lothringen an Frankreich zurückgegeben werden. Polen wurde ein eigener Staat zugesichert sowie ein Zugang zur Ostsee. Die Meere und die Weltwirtschaft sollten frei sein. Wilson trat außerdem für Rüstungsbeschränkungen ein. Zukunftsweisend war auch die Idee des Völkerbunds als Weltparlament, das künftigen Kriegen vorbeugen und das Recht wahren sollte. Der Völkerbund mit Sitz in Genf wurde in den Friedensverträgen nach dem Ersten Weltkrieg eingerichtet und bestand von 1920 bis 1946.

vember die Kampfhandlungen ein. Am 28. Oktober begann in Kiel die Meuterei in der kaiserlichen Flotte.
Der Matrosenaufstand griff auf andere Städte über. Ab dem 7. November fand die Revolution in München statt. Der bayerische König dankte ab. Am 8. November wurde Bayern Freistaat. Kurt Eisner wurde Ministerpräsident.
Am 9. November setzte sich die Revolution auch in Berlin durch. Reichskanzler Prinz Max von Baden stellte die Abdankung des Kaisers und Kronprinzen in Aussicht und trat zurück. Der Sozialdemokrat Philipp Scheidemann rief die Republik aus, der SPD-Vorsitzende Friedrich Ebert übernahm die Regierung. Am Abend verließ Kaiser Wilhelm II. das Land und ging nach Holland ins Exil. Die Abdankungsurkunde unterzeichnete er am 28. November.
Die deutsche Waffenstillstandskommission unterzeichnete am 11. November 1918 in Compiègne.

7. November 1918:
Der Kieler Matrosenaufstand löst die Revolution in Deutschland aus.

7./8. November:
Revolution in München. 9. November: Revolution in Berlin. Abdankung des Kaisers und Ausrufung der Republik.

Auf einen Blick: Deutsches Reich und Erster Weltkrieg

1853–1856

- Der Krimkrieg wird zum ersten modernen Krieg der Epoche (Materialschlacht, Stellungskrieg). Russland wird von Großbritannien und Frankreich an der Expansion auf Kosten des Osmanischen Reiches gehindert. Der Gegensatz zwischen Russland und Großbritannien verschärft sich.

1866

- Deutscher Krieg: Österreich verliert nach der Schlacht von Königgrätz (3. Juli 1866) seine Vormachtstellung in Deutschland.

1870/71

- Deutsch-Französischer Krieg: Im Januar 1871 nehmen deutsche Truppen Frankreich ein; Schlachten von Metz und Sedan. Kaiser Napoleon III. gerät in Gefangenschaft. Am 28. Januar 1871 wird in Versailles Wilhelm I. zum Kaiser des neu gegründeten Deutschen Reiches proklamiert.

1878

- Berliner Kongress: Bismarck vermittelt im Balkankonflikt zwischen Großbritannien, Russland und Österreich-Ungarn, das Bosnien und Herzegowina besetzt hat.
- Sozialistengesetz: Bismarck lässt die sozialistischen Vereine verbieten (gültig bis 1890).

1888

- Dreikaiserjahr: Kaiser Wilhelm I. stirbt am 9. März. Nach nur 99 Tagen Regentschaft stirbt Kaiser Friedrich III. am 15. Juni. Daraufhin wird Wilhelm II. deutscher Kaiser (bis 1918).

1890

- Bismarck wird als Reichskanzler entlassen.
- Helgoland-Sansibar-Vertrag: Das Deutsche Reich überlässt Großbritannien Sansibar im Tausch gegen die Nordseeinsel Helgoland.

1891/92

- Arbeitsschutzgesetze: Sie sollen zu einer inneren Befriedung Deutschlands beitragen (Versöhnungspolitik der Regierung Caprivi).

1893

- Beendigung der Schutzzollpolitik fördert den Export.
- Bei den Reichstagswahlen starke Gewinne für die SPD.

1896

- Krügertelegramm: Wilhelm II. beglückwünscht den Burenführer Krüger zum erfolgreichen Widerstand gegen einen britischen Überfall. Diese Einmischung wird in Großbritannien als Provokation aufgenommen.

1898/1900

- 1. und 2. Flottengesetz im Reichstag.

1904

- »Entente cordiale« zwischen Frankreich und Großbritannien.

1907

- Tripelentente Frankreichs mit Russland und Großbritannien.

1914

- 28. Juni: Ermordung des österreichischen Thronfolgers Franz Ferdinand in Sarajewo.
- 23. Juli: Österreichisches Ultimatum an Serbien, das dieses mit russischer Rückendeckung nur teilweise erfüllt.
- 28. Juli: Österreichische Kriegserklärung an Serbien. Das Deutsche Reich stellt sich voll hinter die Donaumonarchie.
- 30. Juli: Generalmobilmachung in Russland.
- 31. Juli: Generalmobilmachung in Österreich; Deutschland stellt kurzfristige Ultimaten an Russland und Frankreich.
- 1. August: Deutsche Kriegserklärung an Russland.
- 2. August: Deutsche Truppen besetzen Luxemburg.
- 3. August: Deutsche Kriegserklärung an Frankreich; deutsche Truppen marschieren in Belgien ein.
- 4. August: Großbritannien beantwortet den Bruch der belgischen Neutralität mit der Kriegserklärung an das Deutsche Reich.
- 26.–30. August: Schlacht bei Tannenberg: Hindenburg gelingt die Einkesselung einer russischen Armee.
- 6.–9. September: Marneschlacht in Frankreich.

1915

- August: Deutsche Truppen besetzen Warschau.
- Italien verlässt den Dreibund und kämpft mit den Alliierten.

1916

- Ergebnisloser und verlustreicher Stellungskrieg an der Westfront.
- Januar bis September: Schlacht um Verdun.
- Juli bis Oktober: Schlacht an der Somme.
- 31. Mai/1. Juni: Seeschlacht vor dem Skagerrak. Der Kampf der britischen mit der deutschen Flotte bleibt unentschieden.
- Rumänien wechselt zu den Alliierten.
- Die Türkei tritt aufseiten des Deutschen Reiches und Österreich-Ungarns in den Krieg ein.
- 21. November: Tod Kaiser Franz Josephs I. von Österreich.

1917

- 6. April: Kriegseintritt der USA aufseiten der Alliierten.
- März: Februarrevolution in Sankt Petersburg.
- April: Rückkehr der Revolutionärsgruppe unter Lenin aus dem Schweizer Exil.
- 7./8. November: Oktoberrevolution in Sankt Petersburg.

1918

- 3. März: Friedensvertrag von Brest-Litowsk zwischen dem Deutschen Reich, Österreich-Ungarn und Russland; zuvor »Brotfrieden« Deutschlands mit der Ukraine gegen Getreidelieferungen.
- 8.–11. August: Alliierter Sieg bei Amiens; Zusammenbruch der deutschen Westfront.
- 3. Oktober: Waffenstillstandsgesuch des Deutschen Reiches.
- 28. Oktober: Kieler Matrosenaufstand löst die Revolution in Deutschland aus.
- 3. November: Österreich stellt Kampfhandlungen ein.
- 7. November: Revolution in München; Bayern wird Freistaat unter Kurt Eisner; König Ludwig III. flieht.
- 9. November: Revolution in Berlin; Ebert übernimmt die Regierung, Scheidemann ruft die Republik aus. Wilhelm II. flieht ins holländische Exil. Er dankt am 28. November ab.
- 11. November: Unterzeichnung des Waffenstillstands in Compiègne.

Weimarer Republik und Zwanzigerjahre

Deutschland ist nach dem Ersten Weltkrieg außenpolitisch isoliert. Im Versailler Vertrag von 1919 wird ihm die Kriegsschuld zugewiesen. Die Erfüllung der Vertragsbedingungen und die Hoffnung auf ihre Revision stellen die Hauptaufgabe der Politik dar. In der deutschen Novemberrevolution entsteht die Weimarer Republik, die stets starkem Druck von links und rechts ausgesetzt ist. In der Ära Stresemann gelingt es, durch die Verträge von Rapallo und Locarno den Anschluss an die internationale Staatengemeinschaft zu finden.

1 Die Friedensverträge

1.1 Der Versailler Vertrag

Ab dem 18. Januar 1918 tagte im französischen Außenministerium die internationale Friedenskonferenz, an der die besiegten Länder nicht teilnahmeberechtigt waren. Die auf Völkerverständigung zielenden 14 Punkte des Friedensplans von Wilson traten gegenüber den in Geheimverträgen ausgehandelten Interessen der einzelnen Staaten zurück. Vor allem die scharfe und auf Revanche bedachte französische Linie setzte sich durch.

Am 7. Mai wurden die Friedensbedingungen der deutschen Delegation übergeben. Diese durfte nicht mündlich verhandeln und erreichte so nur wenige Änderungen wie etwa eine Volksabstimmung in dem von Polen beanspruchten Oberschlesien.

28. Juni 1919: Unterzeichnung des Versailler Vertrags mit dem Kriegsschuldparagraphen Artikel 231.

Am 16. Juni forderten die Alliierten Deutschland in einem Ultimatum zur Annahme des Friedensvertrags auf. Aus Furcht vor einem Einmarsch alliierter Truppen stimmte die deutsche Nationalversammlung zu. Die Vertragsunterzeichnung erfolgte am 28. Juni 1919 im Spiegelsaal des Schlosses von Versailles. Die Wahl dieses Ortes, an dem 1871 das Deutsche Reich gegründet worden war, stellte eine diplomatische Demütigung Deutschlands dar.

1.2 Der Vertrag von Saint-Germain-en-Laye

Friedensvertrag von Saint-Germain-en-Laye mit Österreich.

Österreich-Ungarn erhielt am 10. September 1919 einen eigenen Friedensvertrag in Saint-Germain-en-Laye. Das alte Österreich der k. u. k. (kaiserlich und königlichen) Monarchie wurde aufgelöst. Es entstand eine Reihe von Einzelstaaten. Italien erhielt von Österreich Südtirol bis zum Brenner sowie die österreichischen adriatischen Küstengebiete (Triest und Istrien, ausgenommen Fiume/Rijeka). »Deutsch-Österreich« wurde verboten, sich an Deutschland anzuschließen, was die österreichische Nationalversammlung schon beschlossen hatte.

Der Versailler Vertrag

Die wichtigsten Bestimmungen des Friedensvertrags von Versailles vom 28. Juni 1919:

- Rückgabe Elsass-Lothringens an Frankreich
- Verlust der östlichen Provinzen Westpreußen und Posen, des Memellands und von Teilen Oberschlesiens
- Danzig wird Freie Stadt
- Verzicht auf die Kolonien
- Abrüstung und Ablieferung allen Kriegsmaterials, Abschaffung der Wehrpflicht, Beschränkung der Truppenstärke auf 100 000 Mann
- Entmilitarisierung und Besetzung des Rheinlands
- Verwaltung des Saarlands durch den Völkerbund für 15 Jahre
- Verbot des Völkerbundbeitritts Deutschlands
- Finanzielle und materielle Kriegsentschädigung

Die Reparationen werden mit dem Artikel 231 begründet, in dem Deutschland die alleinige Kriegsschuld zugewiesen wird. Gerade dieser »Kriegsschuldparagraph« löst in Deutschland Empörung aus. Der Versailler Frieden mit seinen harten Bedingungen wird von der nationalen Rechten zur politischen Meinungsmache benutzt. Das politische Klima der Republik wird dadurch nachhaltig belastet.

2 Die Novemberrevolution in Deutschland

Nach vier Jahren Zweifronten- und Stellungskrieg, 1,8 Millionen Gefallenen und über vier Millionen Verwundeten war auch in der deutschen Bevölkerung der Wunsch nach einem Ende des Krieges groß. Die Ernährungslage war vor allem in den Großstädten schwierig. Das Deutsche Reich hatte am 3. Oktober um Waffenstillstand gebeten und stand in Verhandlungen. Doch die Seekriegsleitung wollte nicht kampflos aufgeben und befahl am 28. Oktober 1918 in Wilhelmshaven das Auslaufen gegen britische Flottenverbände.

Die Anordnungen waren nicht mit der Regierung abgestimmt und konnten die Waffenstillstandsverhandlungen belasten. Die Matrosen in Wilhelmshaven und Kiel waren nicht mehr bereit, ihr Leben zu riskieren. In einer Spontanaktion schlossen sich Soldaten und Werftarbeiter in Kiel zu einem Soldatenrat zusammen. Dieser so genannte Matrosenaufstand vom 3. November 1918 löste die deutsche Revolution aus. Sie erfasste sofort Hamburg und Bremen und griff rasch auf andere Städte über. Am 7. November wurde in München der Freie Volksstaat Bayern unter der Regierung von Kurt Eisner ausgerufen. König Ludwig III. dankte als erster deutscher Monarch ab und floh nach Österreich.

3. November 1918: Der Kieler Matrosenaufstand löst die Revolution in Deutschland aus.

7./8. November 1918: Revolution in München: Mit Ludwig III. stürzt der erste deutsche Monarch.

Am 9. November erreichte die Revolution Berlin. Reichskanzler Prinz Max von Baden reagierte auf die Unruhe in den Straßen, in dem er die noch nicht erfolgte Abdankung Kaiser Wilhelms II. und des Kronprinzen bekannt machen ließ und die Regierungsgeschäfte dem Vorsitzenden der stärksten Reichstagspartei, dem Sozialdemokraten Friedrich Ebert, übergab. Eigenmächtig rief sein Parteigenosse Philipp Scheidemann von einem Fenster des Reichstagsgebäudes die Republik aus, wenig später Karl Liebknecht die »freie sozialistische Republik Deutschland«. Am Abend desselben Tages floh Kaiser Wilhelm II. nach Holland ins Exil. Die Abdankungsurkunde unterzeichnete er erst am 28. November.

9. November 1918: Revolution in Berlin: Abdankung des Kaisers und Ausrufung der Republik.

3 Deutschland nach der Revolution

3.1 Der Rat der Volksbeauftragten

Nach der Novemberrevolution brach trotz des Umsturzes und der revolutionären Stimmung kein organisatorisches Chaos aus. Vor Ort kooperierten die revolutionären Arbeiter- und Soldatenräte häufig mit den bestehen gebliebenen Behörden, auf deren Verwaltungserfahrung die Räte ebenso angewiesen waren wie umgekehrt die Behörden auf die Macht der Räte zur Durchsetzung ihrer Maßnahmen. Um eine Staatskrise und die damit verbundene drohende Besetzung Deutschlands durch die Siegermächte zu vermeiden, hatten sich SPD und ihre Abspaltung, die USPD, im »Rat der Volksbeauftragten« unter Vorsitz von Friedrich Ebert zusammengefunden. Das Gremium sah sich als eine Art Übergangsregierung; nach den Worten Eberts war man »Konkursverwalter des alten Regimes«.

Rat der Volksbeauftragten aus SPD und USPD als Übergangsregierung.

Der Rat der Volksbeauftragten setzte für den 19. Januar 1919 Wahlen zur Nationalversammlung an. Die Forderung der USPD und des Spartakusbundes, alle Macht bei den revolutionären Räten zu belassen und keine Nationalversammlung zu wählen, setzte sich nicht durch.

Bei den Wahlen zur Nationalversammlung waren erstmals auch die Frauen in Deutschland wahlberechtigt. 41 Frauen wurden in die Nationalversammlung gewählt. Mit den Ergebnissen zeigte sich, dass die Bevölkerung eine parlamentarische Demokratie wollte, denn SPD, Deutsche Demokratische Partei und das katholische Zentrum erhielten drei Viertel der Stimmen. Die rechtskonservativen und monarchistischen Deutschnationalen und die Deutsche Volkspartei wie auch die USPD kamen dagegen jeweils auf nur etwa sieben Prozent. Die von Ebert geführte Revolutionsregierung übergab die Macht der gewählten Nationalversammlung. Sie sorgte also für die geordnete Beendigung der Revolution zugunsten der Arbeit des Parlaments.

19. Januar 1919: Wahlen zur Nationalversammlung; Einführung des Frauenwahlrechts.

Friedrich Ebert in Weimar: »Die provisorische Regierung verdankt ihr Mandat der Revolution; sie wird es in die Hände der Nationalversammlung zurücklegen.«

3.2 Der Spartakusaufstand in Berlin

Vom 16. bis 20. Dezember fand in Berlin der Erste Allgemeine Kongress der Arbeiter- und Soldatenräte statt. Im Kern der Beratungen stand die Frage, wie man sich zur Einberufung der Wahlen zur Nationalversammlung stellen sollte. Die Vertreter von USPD und Spartakusbund forderten die Ablehnung eines gewählten Parlaments, so wie es auch in der Russischen Revolution passiert war. Der Kongress entschied sich jedoch mit überwältigender Mehrheit für die Durchführung der Wahl. Die unterlegene USPD zog daraus die Konsequenzen, ihren Vertreter aus der provisorischen Reichsregierung, dem Rat der Volksbeauftragten, abzuberufen.

Auf einer Versammlung vom 30. Dezember 1918 bis 1. Januar 1919 entstand in Berlin die »Revolutionäre Kommunis-

Entstehung der »Revolutionären Kommunistischen Arbeiterpartei«, der späteren »Kommunistischen Partei Deutschlands« (KPD).

tische Arbeiterpartei«, die spätere »Kommunistische Partei Deutschlands« (KPD). Zu den Gründungsmitgliedern gehörten prominente Spartakusmitglieder wie Rosa Luxemburg, Karl Liebknecht und Franz Mehring.
Am 5. Januar 1919 griff die politisch nicht mehrheitsfähige äußerste Linke zum Mittel des Aufstands. Mit diesem so genannten Januaraufstand sollte in revolutionärer Weise das Rätesystem als Verwaltungsmodell für ganz Deutschland gewaltsam durchgesetzt werden. Die sich bisher abzeichnende Entwicklung zu einer parlamentarischen Demokratie, wie sie sich in den für den 19. Januar angesetzten Wahlen zur verfassunggebenden Nationalversammlung ausgedrückt hatte, wurde unterbrochen. Ab dem 5. und 6. Januar wurden in Berlin der Generalstreik organisiert und Massendemonstrationen der Arbeiter veranstaltet. Es kam zu Unruhen und Straßenkämpfen. Der Rat der Volksbeauftragten griff ein und ließ den Aufstand mit Truppen niederschlagen. Es kam zu zahllosen Übergriffen rechtsgesinnter, durch das Kriegsende arbeitslos gewordener Soldaten gegen Kommunisten. Am 15. Januar 1919 wurden Rosa Luxemburg und Karl Liebknecht in Berlin von Freikorpsangehörigen ermordet.

3.3 Parlamentarische Arbeit in Weimar

Am 6. Februar 1919 nimmt die verfassunggebende Nationalversammlung in Weimar ihre Arbeit auf.

Wegen der unruhigen Lage in Berlin tagte die Nationalversammlung im Nationaltheater in Weimar, und so gab die thüringische Stadt der deutschen Republik den Namen. Sonderzüge aus Berlin fuhren die Abgeordneten in die Provinz. Weimar wurde vom Militär abgeriegelt. Von Anfang an wurde die parlamentarische Arbeit von der Presse rege begleitet.

Wahl Friedrich Eberts zum Reichspräsidenten, Philipp Scheidemann wird Ministerpräsident einer Koalition aus SPD, DDP und Zentrum.

Auf der ersten Sitzung der Nationalversammlung wurde Friedrich Ebert zum Reichspräsidenten gewählt. Ministerpräsident wurde Philipp Scheidemann (SPD), der mit einer Koalition aus den drei großen Parteien SPD, Deutsche Demokratische Partei (DDP) und Zentrum regierte. Diese Kombination wurde die »Weimarer Koalition« genannt. Der Verfassungsausschuss beriet die Weimarer Verfassung, die am 11. August 1919 mit großer Mehrheit (262:75 Stimmen) angenommen wurde.

Die Weimarer Verfassung

Kernpunkte der Weimarer Verfassung des Deutschen Reiches vom August 1919:

- Das Deutsche Reich ist ein föderativer Bundesstaat. Seine Staatsform ist eine parlamentarisch-demokratische Republik.
- An ihrer Spitze steht ein vom Volk gewählter Reichspräsident. Er ernennt und entlässt den Reichskanzler, Minister und die Reichsrichter. Er hat den Oberbefehl über die Reichswehr und kann den Reichstag auflösen. Nach Artikel 48 hat er das Recht, mit Notverordnungen zu regieren. Der Präsident hat also eine starke Stellung.
- Im Reichstag sitzen vom Volk nach dem Verhältniswahlrecht gewählte Parteienvertreter. Die Rechte des Reichstags sind gegenüber dem Kaiserreich stark erweitert.
- Es gibt eine Ländervertretung, den Reichsrat. Er hat ein Vetorecht bei Gesetzesvorlagen.
- Durch 10 Prozent der Wahlberechtigten können Volksbegehren eingeleitet werden.
- Beschlüsse des Reichstags oder Reichsrats können durch Volksentscheid außer Kraft gesetzt werden.
- Die Menschenrechte, Meinungs-, Versammlungs- und Pressefreiheit, Gleichheit vor dem Gesetz und andere Grundrechte sind garantiert. Sie sind aber nicht gerichtlich einklagbar und können im Notstand außer Kraft gesetzt werden.

4 Die schwierige Anfangsphase der Republik

Die deutsche Republik war in den Wirren der Novemberrevolution in bürgerkriegsähnlichen Zeiten entstanden. Sie hatte von Anfang an viele Feinde. Vom nationalen Bürgertum, das überwiegend die Revolution abgelehnt hatte und der Monarchie nachtrauerte, wurde sie ebenso abgelehnt wie von großen Teilen der Reichswehr und Justiz. Die Beamtenschaft war weitgehend dieselbe wie in der Wilhelminischen Ära. Radikalismus gab es auf der rechten, nationalistischen Seite ebenso wie auf der linken. Die historische Forschung hat die negative Einstellung der Bevölkerung zur neuen Republik unter der Formel »Republik ohne Republikaner« zum Ausdruck gebracht.

4.1 Linke Unruhen

Auch nach der Novemberrevolution und der Niederschlagung des Spartakusaufstands kam es zu zahlreichen Unruhen. Zentren stellten die Industriegebiete an Rhein und Ruhr sowie in Mitteldeutschland dar, ebenso die großen Häfen Hamburg und Bremen sowie der revolutionäre Freistaat Bayern. In München hatte sich im April 1919 eine Räterepublik gebildet. Sie wurde von Freikorpsverbänden brutal unterdrückt.

Kommunistische Unruhen im Ruhrgebiet, in Mitteldeutschland, Hamburg und Bremen; Räterepublik in München; Großkundgebung von SPD und USPD in Berlin.

Im Januar 1920 fand in Berlin eine Großkundgebung von SPD und USPD vor dem Reichstag statt, die mit Waffengewalt aufgelöst wurde. Dabei gab es 42 Tote. Von März bis Mai 1920 lieferten sich im Ruhrgebiet kommunistische Garden und rechte Freikorpsverbände regelrechte Schlachten. Am 2. April marschierte dort die Reichswehr ein. Größere Unruhen fanden auch im März und Oktober 1921 in Hamburg statt.

1920 kam es zu Aufständen in Sachsen und Thüringen. In Sachsen bildete sich eine revolutionäre Bewegung um den Kommunisten Max Hölz. Mitteldeutsche Unruhen im März 1921 wurden von der Schutzpolizei beendet. Im Oktober 1923 bildete sich in Sachsen eine sozialistische Regierung aus SPD und KPD, die gegen die Berliner Reichsregierung gerichtet war. Reichskanzler Stresemann ließ die Reichswehr einmarschieren und die Landesregierung absetzen. Ähnliche Vorgänge ereigneten sich in Thüringen.

Trotz der immer wieder aufflackernden Unruhen lässt sich sagen, dass es nicht Kommunisten und Sozialisten waren, die die Republik am stärksten gefährdeten. Die größte Bedrohung der Republik kam von rechts.

4.2 Rechte Gewalt und Putschversuche

Politische Morde

Die große Unsicherheit und Unzufriedenheit in der Bevölkerung spielte der nationalen und konservativen Rechten in die Hände. Die Menschen hingen immer noch stärker der abgeschafften Monarchie an als der jungen Republik. Hinzu kam, dass nach dem Friedensvertrag die Stärke der deutschen Truppen auf 100 000 Mann festgelegt worden war. So hatten sich etliche perspektivlos gewordene Offiziere und Soldaten in so genannten Freikorps, freiwillig gebildeten wilden Truppen, organisiert. Sie stellten ein beträchtliches Unruhepotenzial dar. Die über 100 Freikorpsverbände sahen sich als eine Art heimliches Ersatzheer. Ihre Mitglieder waren mehrheitlich republikfeindlich und vertraten rechtsradikale Ziele. Weltanschaulich bedingt waren ihre schärfsten Gegner die kommunistischen Organisationen. Seit Kriegsende vertraten die Freikorpsmitglieder die so genannte Dolchstoßlegende, wonach das an sich unbesiegte Heer von den linken Politikern der Republik verraten worden und ihm von der Heimat der Dolch in den Rücken gestoßen worden sei.

Die Lebenslüge der politischen Rechten: die Dolchstoßlegende. Sie besagt, dass das deutsche Militär den Krieg nicht verloren habe, sondern von den Politikern verraten worden sei. Die Heimat habe dem Heer den Dolch in den Rücken gestoßen.

Vertreter dieser rechten und antidemokratischen Weltsicht begingen eine Reihe politischer Morde, die die Republik erschütterten. Am Anfang stand die Ermordung wichtiger KPD-Führer gleich nach der Parteigründung, wie etwa Rosa Luxemburgs und Karl Liebknechts. Am 21. Februar 1919 wurde in München der sozialistische bayerische Ministerpräsident Kurt Eisner von einem Grafen Arco-Valley niedergestreckt. Nach dieser ersten Phase setzten politische Morde an führenden Vertretern der Weimarer Republik erschreckende Signale. Am 26. August 1921 wurde der Zentrumsabgeordnete Matthias Erzberger, Vizekanzler und Finanzminister des Deutschen Reiches, der 1918 in Compiègne die deutsche Waffenstillstandskommission geleitet und den Waffenstillstand unterzeichnet hatte, von zwei ehemaligen Offizieren ermordet. Der Außenminister der Weimarer Republik, Walther Rathenau, der wesentlichen Anteil an der deutschen Wirtschaftspolitik gehabt hatte, wurde am 24. Juni 1922 in seinem Wagen erschossen. Bei der Tat durch zwei rechtsradikale ehemalige Offiziere spielten antisemitische Motive eine Rolle.

Putschversuche

Der Kappputsch vom 13. bis 17. März 1920 scheitert am linken Widerstand.

Der Kappputsch vom 13. bis 17. März 1920 stellte drei Tage lang einen ernsten Angriff auf die Reichsregierung dar. Ausgelöst durch den Auflösungsbefehl für ein Freikorps unternahm der Politiker Wolfgang Kapp zusammen mit General von Lüttwitz einen Putschversuch, der die Reichsregierung zwang, von Berlin nach Dresden und Stuttgart zu fliehen. Der Umsturzversuch scheiterte am entschlossenen linken Widerstand. Die Gewerkschaften organisierten in Berlin den Generalstreik.

Eine noch größere Belastungsprobe musste die junge Republik 1923 bestehen. Adolf Hitler, Chef der 1920 gegründeten Nationalsozialistischen deutschen Arbeiterpartei (NSDAP), und Erich Ludendorff, der die militärische und politische Führung im Ersten Weltkrieg ausgeübt hatte, wollten in Bayern die Macht übernehmen. Sie planten von München aus einen Marsch nach Berlin, um die Reichsregierung Stresemann zu stürzen. Der Putsch war Höhepunkt der Auseinandersetzungen zwischen der Reichsregierung und dem Land Bayern und gefährdete die Einheit des Reiches stark. Der bayerische Ministerpräsident Gustav Ritter von Kahr hatte sich gegen die Regierung gestellt und dabei auf die bayerischen Reichswehreinheiten zurückgegriffen. Diese Situation nutzte Hitler für seinen Putsch. In der Nacht vom 8. zum 9. November 1923 erklärte Hitler die bayerische und die Reichsregierung für abgesetzt und sich selbst zum Reichskanzler. Der Marsch auf Berlin wurde an der Münchener Feldherrnhalle von Polizei und Reichswehr gestoppt.

8./9. November 1923: Hitlerputsch: Höhepunkt der Spannungen zwischen Bayern und der Reichsregierung.

Das ideelle Vorbild für den Marsch auf Berlin dürfte im erfolgreichen Marsch auf Rom des italienischen Faschistenführers Benito Mussolini vom Oktober 1922 gelegen haben. Hitler wurde am 11. November verhaftet und zu fünf Jahren Festungshaft in Landsberg am Lech verurteilt. 1924 schrieb er dort den ersten Teil seines weltanschaulichen Buches »Mein Kampf«. Er wurde nach nur achtmonatiger Haft entlassen.

5 Deutsche Außenpolitik der Zwanzigerjahre

5.1 Die Frage der Reparationen

Der Londoner Zahlungsplan

Deutschland war nach dem Ersten Weltkrieg international geächtet. Im Versailler Vertrag war es als Hauptschuldiger des Krieges benannt worden und stand unter strenger Kontrolle der Völkergemeinschaft. Diese hatte sich mit dem Völkerbund, dessen Sitz in Genf war, ein neues Zentralorgan geschaffen. Deutschland durfte diesem Bund nicht beitreten. Ziel der deutschen Außenpolitik musste es daher sein, das Land wieder aus der Isolation zu lösen und in die Staatengemeinschaft zurückzuführen.

Das hatte vor allem eine wirtschaftliche Seite. Die eigene Wirtschaft lag nach dem Krieg darnieder und Deutschland musste Reparationen in noch ungenannter Höhe an die Kriegsgegner leisten. Gerade die Frage der Reparationen bildete für alle Reichsregierungen ein großes Problem.

Die Siegermächte hatten 1920 eine Reparationskommission in London gebildet. Diese legte Reparationszahlungen in Höhe von 132 Milliarden Goldmark und einen Zahlungsplan von 47 Jahren fest. Das Ergebnis wurde dem Reich mit einem Ultimatum von sechs Tagen übermittelt. Bei einer Weigerung sollte das Ruhrgebiet besetzt werden. Der Reichstag akzeptierte diesen Londoner Zahlungsplan am 11. Mai 1921.

Der Londoner Zahlungsplan von 1921.

»Erfüllungspolitik«

Das Reich akzeptiert die Bedingungen des Versailler Vertrags, versucht aber diplomatisch auf dessen Revision hinzuwirken. Dieser realpolitische Ansatz wird von den Nationalisten als »Erfüllungspolitik« beschimpft.

Reichskanzler Joseph Wirth und der Außenminister und Wirtschaftsexperte Walther Rathenau verfolgten eine Doppelstrategie. Durch die Annahme des Plans sollte dem Ausland die Bereitschaft demonstriert werden, die Bedingungen des Versailler Vertrags zu erfüllen. Auf der anderen Seite aber hoffte man auf die Einsicht der Alliierten, dass so hohe

Zahlungen undurchführbar seien, und strebte eine Revision an. Die zahlreichen politischen Gegner der Regierung geißelten diese Linie als »Erfüllungspolitik«.

Der Dawesplan

Dawesplan von 1924 legt die Reparationen fest und ermöglicht Auslandskredite, die der deutschen Wirtschaft zugute kommen.

Großbritannien und die USA beriefen 1924 eine Sachverständigenkommission. Unter der Leitung des Amerikaners Charles G. Dawes sollte sie einen realistischeren Plan für die deutschen Reparationszahlungen erarbeiten.
Auf der Basis der Leistungsfähigkeit der deutschen Wirtschaft wurden die Reparationen auf zunächst 1 Milliarde Mark jährlich mit einer Steigerung bis auf 2,5 Milliarden bis 1928 festgelegt. Um diese Ziele zu erreichen, sollten die Reichsfinanzen überwacht werden, was eine Einschränkung souveräner Rechte bedeutete. Innenpolitisch machten die extremen Parteien KPD und DNVP sowie die NSDAP gegen den Plan Front. Die rechte Kritik wurde aber durch Druck aus der Industrie abgebremst. Der Dawesplan bot Auslandsanleihen und Absatzmöglichkeiten für deutsche Produkte und wurde vom Reichstag angenommen. Somit war der Weg frei für dringend benötigte ausländische Investitionen in Deutschland. Über 20 Milliarden Mark Auslandskredite, vor allem der USA, bewirkten neben der Währungsreform von Ende 1923 einen wirtschaftlichen Aufschwung in Deutschland.

Wirtschaftlicher Aufschwung in Deutschland durch Auslandskredite.

Der Youngplan

1928 konnte Deutschland aufgrund wirtschaftlicher Schwierigkeiten die im Dawesplan festgelegten Zahlungen nicht aufbringen. Eine international besetzte Kommission unter dem amerikanischen Bankier Owen D. Young entwickelte einen neuen Reparationsplan. Er sah jährliche Zahlungen von 2 Milliarden Mark vor, die bis zum Jahr 1988 andauern sollten. Dafür sollte die internationale Kontrolle der deutschen Wirtschaft ein Ende haben. Die Deutschnationale Volkspartei schloss sich mit Hitlers NSDAP zusammen und strengte ein Volksbegehren gegen den Youngplan an. Der Volksentscheid vom Dezember 1929 erbrachte 86 Prozent Zustimmung zu dem Vertrag, den das Deutsche

Reich nun ratifizierte. Frankreich räumte 1930 endgültig das Rheinland.

5.2 Die außenpolitische Entwicklung

Der Rapallovertrag 1922

Auf wirtschaftlichem Gebiet kam es zu einer Annäherung an die Sowjetunion, die auf die Hilfe der deutschen Industrie beim Aufbau ihres Landes hoffte. Das Deutsche Reich hingegen wünschte die Ausbildung deutscher Truppen auf russischem Gebiet, speziell für Panzerfahrer und Flieger. Diese militärische Kooperation musste jedoch geheim ablaufen, weil sie eklatant die Bestimmungen des Versailler Vertrags verletzte.

Am 16. Mai 1922 schlossen beide Staaten im italienischen Rapallo einen Vertrag über den gegenseitigen Verzicht auf Reparationen und die Aufnahme diplomatischer sowie engerer wirtschaftlicher Beziehungen. Für das Deutsche Reich war dieser Vertrag der erste außenpolitische Erfolg nach dem Kriegsende und bedeutete trotz der Empörung der Alliierten eine größere politische und diplomatische Bewegungsfreiheit.

1922: Rapallovertrag zwischen Deutschland und Russland – ein erster Schritt aus der Isolation.

Besetzung des Ruhrgebiets und Währungsreform

Einen Rückschlag stellte die Ruhrgebietsbesetzung von 1923 dar. Frankreich benutzte geringe Ausstände in Kohle- und Holzreparationen als Anlass, im Januar 1923 in das Ruhrgebiet, das industrielle Herz des Deutschen Reiches, einzumarschieren. Mit den französischen zogen auch belgische Soldaten ein. Die Reichsregierung unter Wilhelm Cuno rief daraufhin zum »passiven Widerstand« mit massiven Streiks und der Verweigerung der Kooperation mit den Besatzern auf.

1923: Französische und belgische Truppen besetzen das Ruhrgebiet.

Während der Inflation verfügte jeder über Unmengen von Geld – aber konnte doch nichts davon kaufen.

Frankreich reagierte mit Verhaftungen und Beschlagnahmungen. Die Streiks schadeten der deutschen Wirtschaft und griffen auch die knappe Finanzdecke des Staates an, der die Bevölkerung unterstützen musste. Das beschleunigte zusätzlich die Inflation. Cuno musste in der Krise zurücktreten. Sein Nachfolger Gustav Stresemann strebte eine Verhandlungslösung an. Er brach den passiven Widerstand im September 1923 ab und ließ an Frankreich und Belgien wieder Reparationen leisten. Gleichzeitig wurde eine Währungsreform durchgeführt, um die deutsche Wirtschaft zu stabilisieren.

Der Vertrag von Locarno 1925

16. Oktober 1925: Vertrag von Locarno: Garantie der Westgrenzen und Versöhnung mit den Westmächten.

War mit dem Vertrag von Rapallo eine Verständigung mit dem Osten gelungen, so markierte der Vertrag von Locarno ein verbessertes Verhältnis zum Westen. In Locarno in der italienischen Schweiz vereinbarten die Außenminister aller europäischen Staaten einen Vertrag, in dem Deutschland klar die Westgrenze zu Frankreich und somit den Verlust Elsass-Lothringens anerkannte. Das Rheinland sollte entmilitarisiert werden. Der Vertrag wurde zwischen Frankreich, Belgien und Deutschland geschlossen, Großbritannien und Italien waren die Garantiemächte.

Eine Garantie für die Ostgrenzen zu geben, vermied Stresemann, um hier noch politischen Spielraum zu haben. Großbritannien machte sich für einen Beitritt Deutschlands zum Völkerbund stark, der 1926 erfolgte.

Der Locarnovertrag

Der Locarnovertrag vom 16. Oktober 1925

- Deutschland, Frankreich und Belgien garantieren sich ihre Grenzen.
- Entmilitarisierung des Rheinlands.
- Frankreich fordert auch eine vertragliche Regelung für die Ostgrenzen. Mit Polen und der Tschechoslowakei werden aber nur Schiedsverträge abgeschlossen. Eine Garantie für die Ostgrenzen wird nicht abgegeben.
- Deutschland soll Mitglied im Völkerbund werden.

Der internationale »Geist von Locarno« weckte in Deutschland einerseits Hoffnungen auf eine bessere Zukunft, andererseits wurde er von den nationalistischen Gegnern der »Erfüllungspolitik« scharf abgelehnt. Die Minister der Deutschnationalen Volkspartei verließen aus Protest gegen die Vertragsunterzeichnung die Regierungskoalition. Gustav Stresemann und der französische Außenminister Aristide Briand erhielten für ihre Verständigungspolitik 1926 zusammen den Friedensnobelpreis.

6 Die Kultur der Zwanzigerjahre

Die mittleren Jahre der Weimarer Republik sind auf kulturellem Gebiet bekannt als die »Goldenen Zwanziger« oder die »Wilden Zwanzigerjahre«. In der bildenden Kunst wirkte der farbige und ausdrucksstarke Malstil des Expressionismus fort.

Expressionismus, Dadaismus und »Neue Sachlichkeit« der Bauhausschule.

Über die bildende Kunst weit hinaus in Architektur und moderne Produktgestaltung hinein reichte die »Neue Sachlichkeit«, die in der Bauhausschule in Weimar, Dessau und Berlin gelehrt wurde. Im von einer klaren Formensprache geprägten Bauhausstil gingen Kunst und Handwerk eine neue Einheit ein, wie das auch schon von den Jugendstilwerkstätten propagiert worden war. Arnold Schönberg revolutionierte die klassische Musik mit seiner Zwölftontechnik. In Literatur und Musik spiegelten sich deutlich die Bewegung wie auch die politischen Gegensätze der Zeit. Autoren wie Kurt Tucholsky und Bertolt Brecht stellten ihr Talent in den Dienst der politischen Linken. Sehr lebendig war die Theaterszene, geprägt von Regisseuren wie Max Reinhardt oder Erwin Piscator. Regisseure wie Georg Wilhelm Pabst, Fritz Lang oder Friedrich Wilhelm Murnau drehten Stummfilme von Weltgeltung, wie etwa Langs »Metropolis« von 1927. Das hohe Niveau konnte im Tonfilm gehalten werden.

Politische Literatur und Antikriegsromane; Presse wird zum Massenmedium.

Auf einen Blick: Weimarer Republik und Zwanzigerjahre

1918

- 9. November: Revolution in Berlin. Ausrufung der Republik durch Philipp Scheidemann.

1919

- 28. Juni: Unterzeichnung des Versailler Vertrags.
- 5. Januar: Spartakusaufstand in Berlin führt zu erheblichen Unruhen.
- 15. Januar: Ermordung von Rosa Luxemburg und Karl Liebknecht.
- 6. Februar: Erste Sitzung der verfassunggebenden Nationalversammlung im Nationaltheater in Weimar. Friedrich Ebert (SPD) wird Reichspräsident.

1920

- 13.–17. Mai: Kappputsch in Berlin. Die Reichsregierung flieht nach Dresden und Stuttgart.

1921

- Londoner Zahlungsplan verlangt Reparationen von 132 Milliarden Goldmark.

1922

- 16. Mai: Rapallovertrag mit der Sowjetunion (Reparationsverzicht).
- 24. Juni: Rechtsradikale ermorden den Außenminister Walther Rathenau.

1923

- Im Januar Ruhrgebietsbesetzung durch Frankreich. Regierung ruft zum passiven Widerstand auf.
- 8./9. November: Hitlerputsch in München gegen Landes- und Reichsregierung.

1925

- 16. Oktober: Vertrag von Locarno mit Frankreich und Belgien.

1926

- Deutschland wird Mitglied des Völkerbundes.

1929

- Youngplan: Reparationszahlungen bis 1988; Ende der Wirtschaftskontrolle.

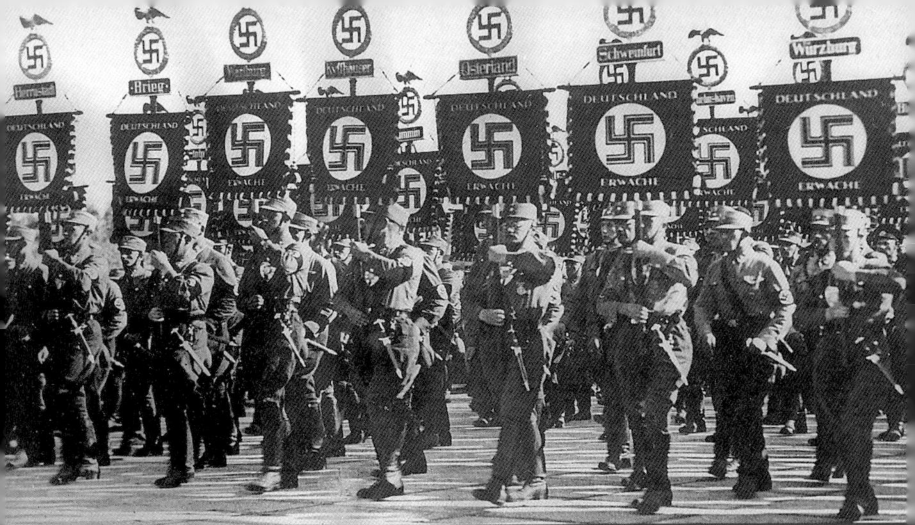

Nationalsozialismus – Zweiter Weltkrieg

1933 wird Adolf Hitler Reichskanzler. Durch eine Reihe von Gesetzen schafft es die NS-Regierung, alle Organisationen des öffentlichen Lebens gleichzuschalten, die politische Opposition zu unterdrücken und eine totalitäre Diktatur zu errichten. Terror gegen die eigene Bevölkerung und vor allem das ideologisch begründete Bekämpfen von Minderheiten wie Juden prägen die NS-Herrschaft. Die Außenpolitik steuert auf einen Krieg zu. Mit dem deutschen Überfall auf Polen am 1. September 1939 beginnt der Zweite Weltkrieg.

1 Der Weg in die Diktatur

1.1 Das Ende der Weimarer Republik

Ungünstige Auswirkungen der Reichsverfassung

Hindenburg regiert ohne das Parlament anhand von Notverordnungen, die Weimarer Republik wird ausgehöhlt.

Der Reichstag war nach 1929 nicht mehr mehrheitsfähig, weil sich die politischen Lager gegenseitig blockierten und keinen Konsens erstrebten. In dieser Situation erwies es sich als Nachteil, dass die Weimarer Verfassung dem Präsidenten als einer Art »Ersatzkaiser« so viele Rechte in die Hand gegeben hatte. Denn seit 1925 wurde das höchste Staatsamt von dem greisen General Paul von Hindenburg versehen, an den sich nun die verschiedensten Interessengruppen hefteten. Regiert wurde am Parlament vorbei anhand der Notverordnungen. Wenn ein Gesetz nicht durch den Reichstag kam, wurde es also als Notverordnung in Kraft gesetzt. So wurde die Weimarer Republik von innen heraus ausgehöhlt. Die Notstandsregelung nach Artikel 48 war der Hebel, mit dem man die Republik zerschlagen konnte. Der Sieger der Septemberwahlen von 1930 war die NSDAP. Sie kam von unter 3 auf 18,3 Prozent der Stimmen und bildete nach den Sozialdemokraten die stärkste Reichstagsfraktion.

Die Weltwirtschaftskrise

25. Oktober 1929: »Schwarzer Freitag« an der New Yorker Börse.

Der Zusammenbruch der New Yorker Börse am »Schwarzen Freitag«, dem 25. Oktober 1929, leitete die Weltwirtschaftskrise ein. Weltweit wurden in den Industrienationen rund 30 Millionen Menschen arbeitslos. Überwunden werden konnte die Krise erst durch die vermehrte Rüstung in der zweiten Hälfte der Dreißigerjahre. Auslösende Faktoren waren die Überproduktion und die Agrarkrise in den USA einerseits und die Instabilität in Europa andererseits. Die Arbeitslosigkeit und die Massenarmut führten zu einem Anwachsen radikaler Bewegungen, von denen sich die Menschen Hilfe versprachen.

1.2 Reichspräsidentenwahl 1932

Gegen den schon 85 Jahre alten Hindenburg stellte die NSDAP Adolf Hitler, die DNVP den »Stahlhelm«-Führer Theodor Duesterberg auf. Hindenburg wurde nun paradoxerweise von Sozialdemokraten und Gewerkschaften unterstützt, für die die anderen Kandidaten noch abschreckender waren. Hindenburg konnte die Wahl im zweiten Wahlgang mit 50,3 Prozent der Stimmen gewinnen. Adolf Hitler war als Reichspräsident nicht gewählt worden.

Die Wahl Hitlers zum Reichspräsidenten kann im April 1932 noch einmal abgewendet werden.

Die NSDAP wurde bei den Reichstagswahlen vom 31. Juli 1932 die stärkste Partei. Sie konnte jedoch ebenso wie die KPD keine mehrheitsfähige Regierung bilden. Die NSDAP stürzte nun von Papen, um weitere Neuwahlen zu erzwingen und Hitler zum Reichskanzler zu machen. In den Wahlen vom 6. November 1932 wurde sie erneut stärkste Partei. Als Hitler jedoch von Reichspräsident von Hindenburg die Kanzlerschaft forderte, verweigerte ihm dieser die Ernennung. Stattdessen setzte er General von Schleicher, inzwischen Reichswehrminister, aus seinem Günstlingskreis als Reichskanzler ein. Dieser reichte aber bereits am 28. Januar 1933 seinen Rücktritt ein. Am 30. Januar 1933 vereidigte von Hindenburg Adolf Hitler als Reichskanzler.

Reichstagswahlen vom 31. Juli 1932: NSDAP wird stärkste Partei.

Ernennung Hitlers zum Reichskanzler am 30. Januar 1933.

2 Die NSDAP

Die Partei wurde am 5. Januar 1919 durch nationalistische Eisenbahnarbeiter in München gegründet. Im September 1919 trat der politisch ambitionierte Adolf Hitler ein. 1921 wurde Hitler Vorsitzender mit einer fast uneingeschränkten Führungsstellung und konnte als wirkungsvoller Redner die Partei voranbringen. Sie wurde von ehemaligen Offizieren und nationalistischen Vertretern der Wirtschaft und Beamtenschaft unterstützt. Mit 55 000 Mitgliedern wuchs sie zu einer starken antidemokratischen Kraft in Süddeutschland heran. Sie unterhielt so genannte Schutztrupps, die »Sturmabteilung« (SA), die ab 1921 von Freikorpsoffizieren paramilitärisch ausgebildet wurden. Mit SA und Teilen der baye-

Adolf Hitler pflegte den Kontakt zur Großindustrie, um finanzielle Zuwendungen für die NSDAP zu erhalten.

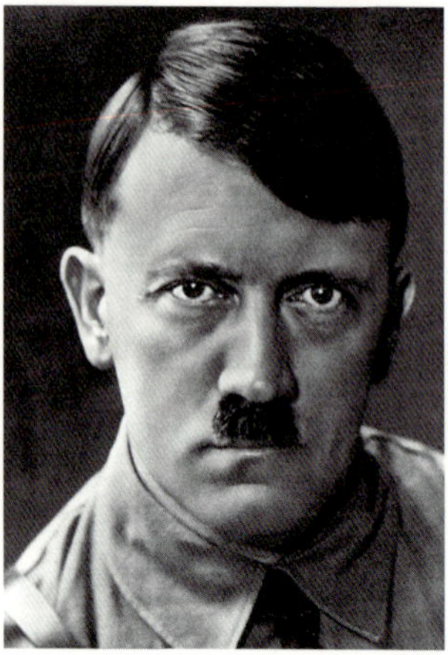

rischen Reichswehrtruppen versuchte Hitler seinen Putsch am 8. und 9. November 1923 durchzuführen, der ihm aber nicht die Kanzlerschaft, sondern Festungshaft einbrachte. Er machte sich danach an die Neugründung der in der Zwischenzeit auseinander gedrifteten NSDAP.

27. Februar 1925: Neugründung der NSDAP; »Führerkult« und Machtdemonstrationen der SA.

Sie funktionierte nach dem »Führerprinzip« von Befehl und Gehorsam, nicht etwa durch Willensbildung der Mitglieder. Die SA demonstrierte in Saal- und Straßenschlachten Stärke und Gewaltbereitschaft; Uniformen, Fahnen und Marschmusik wurden ebenso zur Werbung eingesetzt wie Plakate. Unter Hitler war die NSDAP zu einer von ihm gelenkten Massenorganisation ausgebaut worden, die durch Druck politische Entscheidungen manipulieren wollte. Zugleich lehnte sich die NSDAP in kurzfristigen Zweckbündnissen an andere antidemokratische und nationalistische Kräfte an. Seit den Reichspräsidenten- und Reichstagswahlen 1932 war die NSDAP auch als Wahlpartei sehr erfolgreich.

3 Machtübernahme und Gleichschaltung

Nach der Machtergreifung vom 30. Januar 1933 ging die NSDAP sofort daran, die Macht zu sichern und auszubauen. Zwei Tage nach der Machtergreifung ließ Hitler den Reichstag auflösen, weil er hoffte, durch Neuwahlen eine regierungsfähige Mehrheit zu gewinnen. Im Wahlkampf bis zum 5. März 1933 übte die NSDAP Terror gegen politische Widersacher aus, vor allem gegen Sozialdemokraten und Kommunisten.

Den Reichstagsbrand vom 27. Februar 1933 nutzte die Partei zur Verfolgung ihrer politischen Gegner. Die kommunistische und sozialdemokratische Presse wurden verboten. Außerdem wurde die »Verordnung zum Schutz von Volk und Staat« erlassen. Durch diese Verordnung wurden die Grundrechte bis zum Ende der NS-Herrschaft 1945 praktisch außer Kraft gesetzt.

27. Februar 1933: Der Reichstagsbrand wird zur Verfolgung politischer Gegner genutzt.

Die NSDAP setzt mittels Notverordnungsgesetz die Grundrechte außer Kraft.

Die Märzwahlen brachten 43,9 Prozent für die NSDAP. Der Reichstag musste am 23. März 1933 über das so genannte Ermächtigungsgesetz abstimmen, das der Regierung vier Jahre lang erlauben sollte, Gesetze ohne die Mitwirkung des Reichstags und Reichsrats zu erlassen. Die Reichstagsparteien hofften wohl Schlimmeres zu verhüten und stimmten ihrer eigenen Entmachtung zu. Allein die SPD lehnte das Ermächtigungsgesetz ab.

23. März 1933: Ermächtigungsgesetz: Reichstag und Reichsrat werden ausgeschaltet.

Die Gleichschaltung der Exekutive vollzog sich mit dem Gesetz zur »Wiederherstellung des Berufsbeamtentums« vom 7. April 1933. Missliebige Beamte konnten nun entlassen und durch willfährige Personen ersetzt werden.

Gleichschaltungspolitik: Unliebsame Beamte können entlassen werden, Hoheitsrechte der Länder gehen auf das Reich über.

Am 2. Mai 1933, nach dem »Tag der Arbeit«, wurden die Gewerkschaften aufgelöst und die »Deutsche Arbeitsfront« gebildet. Durch öffentliche Arbeitsbeschaffungsprogramme, die zeitlich auch noch mit dem Ende der Weltwirtschaftskrise zusammenfielen, gelang es der Regierung, die Arbeitslosenzahl zu senken und ihre Popularität zu steigern.

Im Juni und Juli 1933 wurden alle politischen Parteien verboten. Der politische Katholizismus wurde mit dem Reichskonkordat mit der katholischen Kirche vom 20. Juli 1933 in Sicherheit gewiegt. Im September wählte die Evangelische Kirche Deutschlands einen »Reichsbischof«. Dieser staatlich geförderten Richtung stand die im Untergrund wirkende »Bekennende Kirche« entgegen.

Als am 2. August 1934 Reichspräsident von Hindenburg starb, nahm Hitler umgehend dessen Befugnisse an sich. Er war nun nicht nur Reichskanzler, sondern auch Reichspräsident. Das deutsche Reich war nun eine totalitäre Diktatur.

2. August 1934: Tod von Hindenburgs; Hitler übernimmt das Amt des Reichspräsidenten; Vereidigung der Wehrmacht auf Person Hitlers. Beginn der totalitären Diktatur.

4 Terror

Überwachungsapparat aus SS, Sicherheitsdienst, Gestapo und Polizei; Ausbau eines dichten Netzes von Konzentrationslagern.

Am 30. Juni 1934 entledigte sich Hitler unter dem Vorwand, der SA-Führer Ernst Röhm habe gegen ihn putschen wollen, vieler politischer Gegner. Dazu zählten neben vielen SA-Größen wie Röhm selbst auch der langjährige NSDAP-Weggefährte Gregor Strasser und General von Schleicher.

Das ganze Land wurde von einem Überwachungsapparat aus SS und deren Spionageabteilung SD (Sicherheitsdienst), Geheimer Staatspolizei (Gestapo) und Polizei beaufsichtigt. Die Konzentrationslager waren das vielleicht stärkste Unterdrückungsmittel des staatlichen Terrors. Ihre Zahl betrug bis Kriegsende allein im Deutschen Reich 22 Hauptlager mit 1202 Außenkommandos. Das ganze Land war mit einem Netz von Lagern überzogen, am dichtesten in Schlesien. Konzentrationslager wurden auch in den besetzten Ländern, vor allem aber in Polen errichtet. Sie entwickelten sich vom Terror- zum Vernichtungsinstrument.

5 Wirtschaft

Maßnahmen gegen die Arbeitslosigkeit; Förderung einer unabhängigen Wirtschaft.

Die Arbeitslosigkeit konnte durch Arbeitsbeschaffungsprogramme reduziert werden. Das in seiner Wirkung überschätzte Autobahnprogramm wurde schon ab Mai 1933 in Angriff genommen. Zudem wirkte sich nach 1935 die Aufrüstung günstig auf die Beschäftigungszahlen aus.

Die Großindustrie blieb vor staatlichem Zugriff vorerst verschont. Der Nationalsozialismus war auf die Mitarbeit der Industrie angewiesen. Dennoch war die Gleichschaltung in der deutschen Wirtschaft weniger umfassend als in anderen Bereichen. Der Finanzexperte Hjalmar Schacht führte als Reichsfinanzminister mit riskanten Mitteln die Kreditbeschaffung für ein großes Aufrüstungsprogramm durch. Während es Schacht nur um die Ankurbelung der Wirtschaft durch die Rüstung ging, wollte Hitler auch nach der Erholung der Wirtschaft die Rüstungspolitik fortsetzen.

1936 wurde ein Vierjahresplan verkündet, der die deutsche Wirtschaft stärker als bisher den politischen Zwecken der Diktatur unterwarf.
Wichtigste Person des wirtschaftlichen Lebens wurde Hermann Göring. Er trug den Rüstungs- und Kriegskurs Hitlers voll mit. Die Rüstung stellte alle anderen Bereiche in den Schatten.

6 Verfolgung und Vernichtung der Juden Europas

6.1 Ausgrenzung jüdischer Bürger aus der Gesellschaft

Der NS-Regierung lag eine tief rassistische und antisemitische Ideologie zugrunde. Das aus verschiedensten mythischen und scheinreligiösen Vorstellungen zusammengebraute Weltbild setzte dem germanischen und arischen Menschen slawische und jüdische Untermenschen entgegen. Aus den gleichen Gründen angeblicher rassischer Minderwertigkeit wurden auch Sinti und Roma verfolgt.
Schon am 1. April 1933 wurde der »Judenboykott« ausgerufen. Das Einkaufen in jüdischen Geschäften wurde erschwert oder durch Posten vor den Firmen verhindert. Nach der Jagd auf die Kommunisten begann nun der antisemitische Teil des Parteiprogramms wirksam zu werden. Am 15. September 1935 wurden die »Nürnberger Gesetze« erlassen. Im »Reichsbürgergesetz« verloren die deutschen Juden ihre bürgerlichen Rechte.

Die Nürnberger Gesetze bringen eine massive rechtliche Verschlechterung für die Juden in Deutschland.

Das »Gesetz zum Schutz des deutschen Volkes und der deutschen Ehre« verbot sexuelle Beziehungen mit jüdischen Partnern und rassische »Mischehen«. Die so genannten privilegierten Mischehen hatten jüdischen Ehepartnern wenigstens zum Teil noch Schutz vor der stetig schlimmer werdenden Verfolgung geboten. In der Nacht vom 9. auf den 10. November 1938 steuerte das Propagandaministerium daher eine deutschlandweite Pogromwelle.

9. November 1938: »Reichskristallnacht«: Zerstörung jüdischer Geschäfte und Synagogen.

Im völkischen Jargon erhielt sie wegen des zersplitterten Glases der vielen geplünderten jüdischen Geschäfte den Namen »Reichskristallnacht«. Schlägertrupps zogen los und überfielen jüdische Mitbürger, verletzten sie teilweise schwer und ermordeten 36 Menschen. Sie brachen in Wohnungen ein, zerstörten mehr als 7 500 Geschäfte und zündeten über 250 Synagogen im ganzen Reichsgebiet an. Obendrein verlangte das Regime noch eine Wiedergutmachung für die angerichteten Schäden von 1 Milliarde Reichsmark.

Ab dem Herbst 1941 mussten alle Menschen jüdischer Abstammung den gelben Judenstern tragen und waren so auch äußerlich ausgegrenzt. Sie wurden zur Zwangsarbeit herangezogen, um die Ausfälle in der deutschen Kriegswirtschaft zu ersetzen, bis sie irgendwann den Befehl bekamen, sich zum Abtransport bereitzumachen.

6.2 Judenvernichtung

Die Ideologie Hitlers wie die NS-Ideologie insgesamt hatte im Grunde nie einen Zweifel daran gelassen, dass sie die Vernichtung der Juden anstrebte. Nachdem man länger zwischen verschiedenen Modellen der Auswanderung, zum Beispiel nach Palästina oder gar bis nach Madagaskar, geschwankt hatte, wurde in der »Wannseekonferenz« am 20. Januar 1942 unter Reinhard Heydrich die »Endlösung der Judenfrage« durch Deportation und Vernichtung beschlossen.

Wannseekonferenz

Die »Wannseekonferenz« in Berlin vom 20. Januar 1942 bedeutet den Entschluss zur konsequenten Vernichtung der europäischen Juden. Sie sollte nach folgendem Programm erfolgen:

- Vernichtung durch Zwangsarbeit bei Unterernährung
- Vernichtung derjenigen Menschen, die diese Behandlung überlebten.
- Abtransport aller europäischen Juden in die Lager in Osteuropa.

Aus den großen deutschen Städten gingen, zeitweilig beinahe täglich, Transporte in die Konzentrationslager ab. In den besetzten Ländern, vor allem in Polen und Russland, gehörten das Zusammentreiben und die Ermordung der Juden stets zu den ersten Taten der SS und Wehrmacht. Die Beteiligung der Wehrmacht an der Judenvernichtung ist bis in die Gegenwart Gegenstand heftiger Diskussionen. In Polen fanden Razzien und Pogrome statt; Juden wurden in Gettos in den Städten zusammengetrieben, wo sie unter unvorstellbaren Bedingungen leben mussten. Ab 1942 wurden sie von dort in die Vernichtungslager (Auschwitz, Chelmno/Kulmhof, Belzec, Lublin/Majdanek, Sobibor und Treblinka) abtransportiert. Vor allem in Russland kam es zu Massenerschießungen.

Der Terror gegen die Juden gipfelt in der unvorstellbaren Grausamkeit der Konzentrations- und Vernichtungslager. Ganze Bevölkerungsgruppen werden systematisch ausgelöscht.

Das im schlimmsten Sinne Einzigartige an der durch Deutschland betriebenen Judenverfolgung ist die planvolle Vorgehensweise, bei der Menschen in einem geradezu industriellen Maßstab vernichtet wurden. Neben den Erschießungen und der oft zum Tod führenden Zwangsarbeit und Unterernährung, der Folter und dem Terror wurde das Vernichtungsmittel der Vergasung eingesetzt, praktiziert in den Gaskammern der Konzentrations- und Vernichtungslager und in mobilen Gaswagen.

7 Widerstand gegen Hitler

Wegen der Länge der Regierungszeit Hitlers und des Krieges, besonders aber aufgrund der großen Macht des Unterdrückungsapparats blieb der Widerstand gegen Hitler individuell und punktuell.

Widerstand in einzelnen kleinen Kreisen ohne Gesamtorganisation.

Kommunisten und Sozialdemokraten, die seit Beginn des NS-Regimes hart verfolgt wurden, leisteten in vielen kleinen Gruppen Widerstand. Bekannt wurde der von den Nazis »Rote Kapelle« genannte Kreis um Harro Schulze-Boysen und Arvid Harnack in Berlin. In München trieb ihr Gewissen die Studenten der »Weißen Rose« um Hans und Sophie Scholl zum Handeln. Ihre Flugblätter wurden von einer

Studentischer Widerstand durch die »Weiße Rose« um die Geschwister Scholl in München.

Hamburger Studentengruppe weiterverbreitet. Der Verwaltungsjurist und Leipziger Oberbürgermeister Carl Friedrich Goerdeler stand in Opposition zu der Entwicklung des Nationalsozialismus und kam so zum Widerstand. Er wurde der Kopf des zivilen konservativen Widerstands und hätte nach Hitlers Sturz Reichskanzler werden sollen.

Ab spätestens 1938 wurde die Regierungszeit Hitlers von militärischem und konservativem Widerstand begleitet. Ein Zentrum war die Abwehr um Admiral Wilhelm Canaris und

Attentate auf Hitler

Es waren insgesamt über 40 Attentate auf Hitler geplant. Die wichtigsten waren:

- Am 8. November 1939 versuchte der Schreiner Johann Georg Elser im Münchener Bürgerbräukeller mit einer Zeitbombe ein Sprengstoffattentat auf Hitler. Dieser hatte die Versammlung jedoch frühzeitig verlassen.
- Bei einem Besuch der Heeresgruppe Mitte um Henning von Tresckow und Fabian von Schlabrendorff sollte Hitler am 13. März 1943 erschossen werden. Der Plan wurde nicht ausgeführt. Bei einem Sprengstoffanschlag auf Hitlers Flugzeug auf dem Rückflug versagte der Zeitzünder.
- Freiherr Rudolf von Gersdorff wollte sich am 21. März 1943 bei einer Ausstellungsbesichtigung in Berlin zusammen mit Hitler in die Luft sprengen. Hitler verließ die Ausstellung vorzeitig.
- Axel von dem Bussche und Ewald von Kleist wollten Hitler 1943 mit Sprengstoff bei einer Uniformvorführung töten. Die Vorführung wurde aber ständig verschoben, bis schließlich die Uniformen bei einem Bombenangriff verbrannten.
- Claus Graf Schenk von Stauffenberg legte am 20. Juli 1944 bei einer Besprechung im Führerhauptquartier »Wolfsschanze« in Ostpreußen eine Bombe. Hitler überlebte den Anschlag, der groß angelegte Aufstand wurde niedergeschlagen. Es folgte eine Verhaftungswelle.

General Hans Oster. Aufschwung nahm der militärische Widerstand durch Claus Graf Schenk von Stauffenberg. Nach der alliierten Landung in Nordfrankreich versuchte Stauffenberg am 20. Juli 1944 ein Sprengstoffattentat auf Hitler in einer Baracke im Führerhauptquartier »Wolfsschanze« in Ostpreußen. Plangemäß wurde dieser unter dem Decknamen »Operation Walküre« laufende Staatsstreich ausgelöst. Die Tatsache, dass Hitler nur leicht verletzt überlebt hatte, ließ die Mitverschwörer jedoch zögerlich werden, sodass der groß angelegte Aufstand niedergeschlagen werden konnte.

20. Juli 1944: Graf von Stauffenberg verübt Attentat auf Hitler in der »Wolfsschanze«.

Der »20. Juli« wurde auch durch die folgende Verhaftungs- und Hinrichtungswelle geradezu zum Symbol für den gesamten deutschen Widerstand.

8 Nationalsozialistische Außenpolitik

Hitler definierte in politischen Reden ab 1933 sein außenpolitisches Ziel, im Osten neuen Lebensraum zu erobern. Dieses im Grunde utopische Lebensraumkonzept wurde zu einem konkreten Ziel deutscher Politik erhoben.

Außenpolitisches Ziel Hitlers: Eroberungen im Osten als neuen »Lebensraum« für das deutsche Volk.

Im Januar 1935 kam der Regierung Hitler ein außenpolitischer Erfolg zugute. Das von Frankreich besetzte Saarland entschied sich in einer Volksabstimmung mit 91 Prozent für die Zugehörigkeit zu Deutschland und wurde wieder in das Deutsche Reich eingegliedert.

1935: Volksabstimmung im Saarland ergibt eine große Mehrheit für die Zugehörigkeit zu Deutschland.

Im März 1936 kündigte das Deutsche Reich den Locarnovertrag von 1925, in dem die Westgrenze zu Frankreich und Belgien garantiert worden war und marschierte in das entmilitarisierte Rheinland ein.

8.1 Spanischer Bürgerkrieg und die Achse Berlin–Rom

Im Juli 1936 putschten in Spanien Nationalisten und das Militär gegen die Republik. Der Konflikt nahm internationale Dimensionen an, weil ausländische Mächte in ihn eingriffen. Deutschland und Italien unterstützten sofort die antirepub-

Spanischer Bürgerkrieg 1936–39: Hitler und Mussolini führen mit General Franco Krieg gegen die spanische Republik. Kommunisten, Idealisten und Intellektuelle kämpfen in »Internationalen Brigaden« für die Freiheit.

likanische Seite mit Truppen und deutschen Flugzeugen. Bekannt wurde die deutsche Luftwaffeneinheit Legion Condor, die am 26. April 1937 die baskische Stadt Guernica bombardierte. Die Zerstörung der Stadt erregte weltweit Aufsehen, Guernica wurde zum Symbol des modernen Krieges. In diesem Sinn malte Pablo Picasso sein Gemälde »Guernica« für den spanischen Pavillon der Weltausstellung 1937.

Das gemeinsame Kriegführen in Spanien brachte das faschistische Italien Mussolinis an die Seite der deutschen Hitlerdiktatur. Das Interesse des faschistischen italienischen Staates an einem Bündnis mit dem Deutschen Reich war zunächst nicht sehr groß. Doch Italiens Abessinienkrieg störte die französischen und britischen Interessen im Mittelmeerraum und im Nahen Osten. Es musste sich also nach Bündnispartnern umsehen. Das Deutsche Reich bot sich an, hatte es doch ebenfalls eine faschistische Regierung und konnte Italien moderne Rüstungsgüter liefern. So verkündete Mussolini am 1. November 1936 die »Achse Berlin–Rom«.

1. November 1936: Die faschistischen Staaten Deutschland und Italien arbeiten in der »Achse Berlin–Rom« zusammen.

Gleichzeitig schloss Deutschland einen gegen die Sowjetunion und die britische Fernostpolitik gerichteten Vertrag mit Japan, den Antikominternpakt (25. November 1936). Japan stieß somit zu den Achsenmächten Deutschland und Italien hinzu.

Der Antikominternpakt vollendete ein Bündnissystem, das von Spanien bis in den Fernen Osten reichte. Die deutsche Außenpolitik hatte nun eine weltweite Dimension gewonnen.

8.2 Der »Anschluss« Österreichs

Der österreichische Bundeskanzler Schuschnigg wurde am 12. Februar 1938 auf Hitlers Berghof auf dem Obersalzberg bei Berchtesgaden bestellt. Der Diktator verlangte von Schuschnigg die Regierungsbeteiligung für die österreichischen Nationalsozialisten. Um das zu verhindern, ließ Schuschnigg für den 12. Februar eine Volksabstimmung über ein freies und unabhängiges Österreich ansetzen. Mängel in der Vorbereitung dieser Abstimmung dienten Hitler und nötigten Schuschnigg zum Verzicht auf die Volksabstimmung. Am 11. März 1938 wurde dem österreichischen

Bundeskanzler ein Ultimatum gesetzt. Er solle zurücktreten und sein Amt dem österreichischen NS-Führer übergeben, anderenfalls würden deutsche Truppen in Österreich einmarschieren. Als das europäische Ausland auf Schuschniggs verzweifelten Appell nicht reagierte, trat er zurück. Als sich daraufhin der österreichische Bundespräsident weigerte, den Nationalsozialisten Seiß-Inquart als Kanzler zu vereidigen, marschierten am 12. März 1938 deutsche Truppen ein.

12. März 1938: Einmarsch deutscher Truppen in Österreich; der »Anschluss« wird von der Bevölkerung mit Jubel begrüßt.

8.3 Sudetenkrise und Münchener Abkommen

Mit Österreich zusammen umklammerte das Deutsche Reich geografisch die Tschechoslowakei. Man bediente sich der deutschen Bevölkerungsgruppe in der tschechischen Republik, der so genannten Sudetendeutschen, und der der NSDAP nachgebildeten Sudetendeutschen Partei. Diese sollten von sich aus Forderungen nach einer Vereinigung mit dem Deutschen Reich erheben, und zwar zu Bedingungen, die für die tschechoslowakische Republik unerfüllbar waren. Die tschechische Republik machte angesichts der Bedrohung im Mai 1938 mobil.

Hitler will die Tschechoslowakei zerschlagen. Großbritannien betreibt Beschwichtigungspolitik (»Appeasement«).

Großbritannien hegte die Hoffnung, mit einer Politik der Zugeständnisse an den deutschen Diktator in Mittel- und Osteuropa (»Appeasement«-Politik) einen Krieg zu verhindern. Auf dem Höhepunkt der Sudetenkrise bat Chamberlain den italienischen »Duce« Mussolini als Bündnisgenossen Hitlers um Vermittlung.

Mussolini legte auf der Münchener Konferenz vom 29. September 1938 einen Plan vor, wonach die Tschechoslowakei

29. September 1938: Münchener Konferenz.

Unterzeichnung des Münchener Abkommens am 30. September 1938: Hermann Göring, Benito Mussolini, Adolf Hitler und Galeazzo Ciano, Außenminister Italiens

das Sudetengebiet an das Deutsche Reich abtreten sollte. Dafür sollten die Westmächte die Existenz des restlichen tschechischen Staates garantieren.

30. September 1938: Münchener Abkommen: Die Tschechoslowakei muss Sudetengebiet abtreten; deutsch-britisches Nichtangriffs- und Konsultationsabkommen.

Das Münchener Abkommen hatte zweierlei gezeigt: zum einen Hitlers Kriegsbereitschaft, zum anderen die Tatsache, dass ihm die britische Appeasement- und Kriegsverhinderungspolitik beinahe vollständig freie Hand für seine Expansionsgelüste in Europa gab. Hitler hatte die Revision des Versailler Vertrags in einigen wesentlichen Punkten erreicht (Militär im Rheinland, Aufrüstung, Vereinigung mit Österreich, Angliederung des Sudetenlands) und befand sich deshalb auf einem Höhepunkt seiner Macht und Popularität.

Hatte man in Großbritannien und dem Rest der Welt gehofft, Hitler mit dem Nachgeben in München zufrieden- und ruhig gestellt zu haben, so erwies sich das als folgenschwerer Irrtum. Die weltpolitische Konzeption des »Führers« enthielt den Krieg gegen die Sowjetunion. Um ihn führen zu können, benötigte man die Tschechoslowakei und Polen als Aufmarschgebiet.

15. März 1939: Einmarsch deutscher Truppen in die Tschechoslowakei; Errichtung des Reichsprotektorats Böhmen und Mähren.

Am 15. März marschierten deutsche Truppen in die Tschechoslowakei ein. Es wurde ein Reichsprotektorat Böhmen und Mähren errichtet. Der slowakische Landesteil konnte seine Eigenständigkeit bewahren, zahlte aber den Preis eines Schutzvertrags mit dem Deutschen Reich, der es von Hitler abhängig machte. Vorsorglich gab Großbritannien daraufhin eine Garantieerklärung für Polen ab.

8.4 Hitler-Stalin-Pakt und Einmarsch in Polen

23. August 1939: Hitler-Stalin-Pakt: deutsch-sowjetischer Nichtangriffspakt, Aufteilung Polens.

1. September 1939: Überfall auf Polen und Beginn des Zweiten Weltkrieges.

Am 23. August 1939 schloss das Reich mit der Sowjetunion einen als »Hitler-Stalin-Pakt« bekannt gewordenen Nichtangriffspakt. In einem geheimen Zusatzprotokoll teilten beide Länder Polen unter sich auf. Die baltischen Staaten Finnland und Bessarabien wurden der Sowjetunion zugestanden, das Deutsche Reich sollte Litauen und die Westhälfte Polens erhalten. Am 1. September 1939 begann der deutsche Überfall auf Polen. Da Großbritannien und Frankreich dieses Mal zu ihren Garantien für Polen standen und dem Deutschen Reich den Krieg erklärten, war es der Beginn des Zweiten Weltkrieges.

9 Die Flügelmächte: Sowjetunion und USA

Außerhalb der traditionellen westeuropäischen Großmächte Großbritannien, Frankreich und auch Deutschland waren neben Japan in Asien auch die USA und Sowjetrussland als neue Weltmächte entstanden.

9.1 Die Sowjetunion

Russland nach der Revolution

Nach der Oktoberrevolution 1917 und der Machtübernahme durch die Bolschewiki unter Lenin war es dessen besonderes Interesse, alle nichtbolschewikischen Kräfte auszuschalten. Die Pressefreiheit wurde aufgehoben und der Einfluss der russisch-orthodoxen Kirche zurückgedrängt. Banken und Industrie wurden verstaatlicht und eine Staatspolizei (Tscheka) ins Leben gerufen. Bis 1922 herrschte ein Bürgerkrieg der »roten« revolutionären Armee gegen Monarchisten, Demokraten, Sozialrevolutionäre und Menschewiken (so genannte Weiße), also gegen alle anders denkenden Gruppen der Bevölkerung. Ab April 1918 mussten die Bauern alle landwirtschaftlichen Erzeugnisse zu Niedrigpreisen abliefern. Durch den Bürgerkrieg und die überstürzte Verstaatlichung brach die Wirtschaft zusammen. Streiks und Aufstände wie der der Kronstädter Matrosen im Februar und März 1921 wurden niedergeschlagen und führten zu verschärfter Überwachung. Die gesamte Politik stand unter dem Motto der »Diktatur des Proletariats«. Damit war die Alleinherrschaft der Kommunistischen Partei der Sowjetunion (KPdSU) gemeint.

Alleinherrschaft der KPdSU: »Diktatur des Proletariats«.

Stalinismus

Nach Lenins Tod 1924 brachen Machtkämpfe um seine Nachfolge aus, die der Georgier Josef Wissarianowitsch Dschugaschwili, genannt Stalin (1879–1953), für sich entschied. Bis 1929 wurde er zum unumschränkten Diktator. Nach und nach besetzte er alle wichtigen Ämter mit seinen Gesinnungsgenossen. Er sicherte seine Macht durch rücksichtslose »Säuberungen« und Schauprozesse in den Dreißi-

Ab 1929 Diktatur Stalins; »Säuberungen« und Schauprozesse in den Dreißigerjahren.

gerjahren. Der Wirtschaftsaufbau wurde durch Industrialisierung und Zwangskollektivierung rigoros vorangetrieben. Stalin pflegte einen Staatskult um seine Person.

9.2 Die USA

USA nach dem Ersten Weltkrieg Weltmacht.

Die Vereinigten Staaten von Amerika waren seit ihrem Engagement im Ersten Weltkrieg die Vormacht des Westens. Sie hatten Großbritannien in seiner führenden Rolle als Weltreich verdrängt. Nach Kriegsende verfügten sie über die größte Flotte der Welt. Wirtschaftlich waren die USA durch eine offensive Politik schon Ende des 19. Jahrhunderts stark geworden, dennoch war in den Dreißiger- und Vierzigerjahren des 20. Jahrhunderts das amerikanische Wirtschaftspotenzial noch nicht voll entfaltet. Auch der Wohlstand für alle Bevölkerungsschichten war erst eine Errungenschaft der Zeit nach dem Zweiten Weltkrieg.

Wirtschaftliche Depression nach der Weltwirtschaftskrise in den Dreißigerjahren.

In den USA hatte mit dem New Yorker Börsenkrach 1929 die Weltwirtschaftskrise ihren Anfang genommen. Präsident Franklin Delano Roosevelt bemühte sich in seiner Politik des »New Deal« (etwa: »Neuer Vertrag/Pakt«) um mehr soziale Gerechtigkeit. Dem aufkommenden Faschismus in Europa und Japan begegnete Roosevelt mit verdeckten Waffenlieferungen in das bedrohte Europa. Dem stand eine starke isolationistische Strömung in den USA entgegen, die eine Einmischung in Europa ablehnte. Dennoch begann die amerikanische Industrie ein gewaltiges Rüstungsprogramm.

10 Der Zweite Weltkrieg

10.1 Der Frankreichfeldzug

Ziel des Westfeldzugs ist es, »Frankreich zu zerschlagen« (Hitler).

Nach dem Überfall auf Polen beschloss Hitler, in seinen Kriegsplänen rasch fortzufahren, bevor sich Widerstand formieren konnte. Mit Frankreich sollte auch der Bündnispartner Großbritanniens auf dem Kontinent ausgeschaltet werden. Der Angriff auf Frankreich verzögerte sich dennoch immer wieder. Hitler beobachtete in der Zwischenzeit den sowjetischen Einmarsch in Finnland. In Reaktion darauf ließ

er noch vor dem Überfall auf Frankreich Dänemark und Norwegen besetzen.
Am 10. Mai begann dann der Blitzkrieg im Westen mit der Eroberung Belgiens und der Niederlande und vor allem Frankreichs. Nord- und Westfrankreich mit der gesamten Kanalküste wurden von deutschen Truppen besetzt.
Paris hatte sich am 14. Juni kampflos ergeben. Der Süden Frankreichs war nicht besetzt. In Vichy bildete sich ein neues Kabinett unter Marschall Pétain. In London stand General Charles de Gaulle dem Nationalkomitee der freien Franzosen vor, das eine Art Exilregierung war und von Großbritannien anerkannt wurde. Die Kanalküste sollte Deutschland als Basis für einen Krieg gegen Großbritannien dienen.

9. April 1940: Angriff auf Dänemark und Norwegen.

Frankreichfeldzug ab Mai 1940. Der Westen und Norden Frankreichs werden besetzt, der Süden bleibt frei.

10.2 Eröffnung von Nebenkriegsschauplätzen

Afrika

Am 10. Juni 1940 war Italien auf der Seite des Deutschen Reiches in den Krieg eingetreten. Nun mussten die italienischen Kolonien verteidigt werden, wobei Italien um deutsche Unterstützung bat. Es entstand ein zusätzlicher Kriegsschauplatz in Nordafrika. 1942 gelang dem deutschen Afrikakorps unter General Erwin Rommel ein Angriff auf die britische 8. Armee. Ein Teil wurde bei Tobruk eingeschlossen und musste kapitulieren. Rommel verfolgte die Reste der 8. Armee bis El Alamein westlich von Alexandria. Dort wurde das deutsche Heer im Oktober 1942 von überlegenen britischen Kräften unter Montgomery geschlagen.

1942: Das deutsche Afrikakorps unter Rommel schließt die britische Armee bei Tobruk ein, wird aber in El Alamein geschlagen.

Balkan

Das Deutsche Reich fürchtete die Entstehung einer alliierten Front im Balkangebiet und dadurch von seinen Versorgungswegen nach Südosteuropa abgeschnitten zu werden. Insbesondere sollten die rumänischen Erdölfelder vor britischen Luftangriffen gesichert werden. Hitler beschloss daher einen Angriff auf Griechenland und Jugoslawien. Der Feldzug begann am 6. April 1941. Am 17. April ergab sich die in Bosnien eingekesselte jugoslawische Armee. Am 21. April musste auch Griechenland kapitulieren.

10.3 »Fall Barbarossa« – der Russlandfeldzug

22. Juni 1941: »Fall Barbarossa« beginnt: deutscher Überfall auf die Sowjetunion ohne Kriegserklärung.

Nach dem raschen Sieg im Westen hielt es die deutsche Führung für geraten, mit dem geplanten Angriff auf die Sowjetunion nicht mehr lange zu warten. Hitler rechnete mit einem Eingreifen der USA spätestens 1942 und fürchtete außerdem, dass Stalin selbst nach Westeuropa expandieren wolle. Zudem war Deutschland von Wirtschaftslieferungen der Sowjetunion und somit von Stalins Wohlwollen abhängig. Der Angriff auf die Sowjetunion sollte 1941 erfolgen. Am 22. Juni begann dann der »Fall Barbarossa«, der deutsche Überfall auf die Sowjetunion.

Das Deutsche Reich, Italien, die Slowakei, Rumänien, Finnland und Ungarn bildeten eine Front von der Ostsee bis zu den Karpaten. Die Rote Armee und der Diktator Stalin waren von dem Überfall überrascht. Als Verteidigungsstrategie galt der Partisanenkampf und die Taktik der »verbrannten Erde«, die den Deutschen keine Versorgungsbasis lassen sollte.

Ende 1941: Die Winteroffensive kommt zum Stehen; Hitler gibt »Haltbefehl« und fordert »fanatischen Widerstand«.

Stalin proklamierte den »Großen Vaterländischen Krieg«. Die Regierung, aber auch wichtige Industriebetriebe wurden in den Osten des Landes verlegt. Die Sowjetunion unternahm unter großen Opfern ungeheure Rüstungsanstrengungen.

Das deutsche Heer blieb vor Moskau stecken. Es kam zu hohen Verlusten. Die russische Winteroffensive führte zu einem Zurückweichen der Deutschen an allen Frontabschnitten. Hitler gab einen »Haltbefehl« aus und forderte »fanatischen Widerstand«. Er entließ Oberbefehlshaber von Brauchitsch und übernahm selbst die Oberste Heeresleitung.

Die deutsche Sommeroffensive 1942 diente dem Ziel, die Ölfelder des Kaukasus einzunehmen. Gleichzeitig sollte auf Hitlers Wunsch die Wolga kontrolliert und das Industriezentrum Stalingrad erobert werden. Von September bis Mitte November wurde Stalingrad zu 90 Prozent eingenommen, bis auch diese Offensive stecken blieb. Die Rote Armee brach nördlich und südlich von Stalingrad durch und kesselte die deutsche 6. Armee unter General Paulus ein. Die Eingeschlossenen konnten nur notdürftig aus der Luft versorgt werden. Noch 34 000 Mann konnten ausgeflogen werden.

Stalingrad wurde zum großen Wendepunkt des Krieges. Am 2. Februar ergab sich Paulus und ging mit den Resten der

6. Armee in Gefangenschaft. Stalingrad löste auch in der durch Entbehrungen und Bombardierungen demoralisierten Heimat einen Schock aus. Propagandaminister Goebbels wollte die kriegsmüde Bevölkerung durch seine Berliner Sportpalastrede aufputschen, in der er den »totalen Krieg« beschwor.

Sommer 1942: Die 6. Armee wird in Stalingrad eingekesselt; Hitler untersagt den Ausbruch nach Westen, die versprochene Hilfe kommt nicht an.

Von Stalingrad an waren die deutschen Truppen auf dem Rückzug. Im Juli 1943 erfolgte die letzte deutsche Offensive im sowjetischen Frontbogen bei Kursk. Einem ermüdeten deutschen Heer stand eine nach Zahl und Material zunehmend überlegene Rote Armee entgegen. Die alliierte Invasion im Westen band zusätzlich deutsche Kräfte. In der sowjetischen Sommeroffensive 1944 wurde der Hauptteil der Heeresgruppe Mitte eingekesselt und gefangen genommen. Durch das Loch von 350 Kilometer Länge konnte die Rote Armee rasch nach Westen vorrücken.

Sowjetische Sommeroffensive 1944: Die Rote Armee rückt nach Westen vor. Polnischer Aufstand in Warschau.

10.4 Die alliierte Invasion im Westen

Alliierte Truppen Großbritanniens und der USA landeten zuerst im November 1942 in Nordafrika, in Marokko und Algerien. Deutsche Truppen bildeten dagegen eine Front in Tunesien. Für die Wehrmacht war es nun ein Zweifrontenkrieg. Im Mai 1943 endete mit dem Zusammenbruch der Tunesienfront der Krieg in Nordafrika.

November 1942: Alliierte Truppen landen in Nordafrika, im Juli 1993 in Italien. Mussolinis Herrschaft bricht zusammen.

Am 10. Juli 1943 setzte mit der Landung auf Sizilien die alliierte Invasion in Italien ein. Auf dieses Signal hin brach die Herrschaft Mussolinis zusammen. Die neue Regierung schloss einen Sonderwaffenstillstand mit den Alliierten. Die Deutschen hielten eine Frontlinie von Meer zu Meer, von La Spezia über den Apennin nach Rimini. Die Kämpfe dauerten bis in den April 1945. Am 29. April unterzeichneten deutsche Militärs einen Waffenstillstand.

Italien tritt zu den Alliierten über, deutsche Truppen besetzen daraufhin Rom.

Am Morgen des 6. Juni 1944 erfolgte die lange erwartete und von der Sowjetunion zur Entlastung ihrer Truppen oft geforderte alliierte Landung in Nordfrankreich. Am 25. August konnten die Alliierten bereits in Paris einziehen. Bis Oktober erreichten sie die deutsche Grenze zwischen Aachen und Trier. Die deutsche Ardennenoffensive im Dezember 1944 blieb erfolglos.

6. Juni 1944: Invasion der westlichen Alliierten in Nordfrankreich: »Operation Overlord«.

Die alliierten Verträge

Die Aggression des Deutschen Reiches nach Ost und West bewirkte den Zusammenschluss Großbritanniens und der beiden ungleichen Partner USA und Sowjetunion zu einer Allianz, die den Zweiten Weltkrieg entschied:

- 14. August 1941: Atlantikcharta
  Der britische Premier Churchill und US-Präsident Roosevelt treffen sich auf einem britischen Schlachtschiff und entwerfen eine Kriegs- und Nachkriegsordnung für ihre Länder. Keine Annexionen, Selbstbestimmungsrecht der Völker, Wiederherstellung des Welthandels, Freiheit der Meere, Entmilitarisierung aller Aggressorstaaten, kollektives Sicherheitssystem nach dem Krieg. Churchill bringt den »Germany-first«-Gedanken ein, nach dem Deutschland zuerst besiegt werden müsse.
- Konferenz von Casablanca vom 14.–24. Januar 1943
  Churchill und Roosevelt beschließen die alliierte Landung in Sizilien. Forderung nach der bedingungslosen Kapitulation Deutschlands und dessen systematische Bombardierung.

- Außenministerkonferenz in Moskau vom 19.–30. Oktober 1943
  Die UdSSR sollen in den Krieg mit Japan eintreten. Geplant ist, nach dem Krieg eine übernationale Organisation zu gründen und deutsche Kriegsverbrecher vor Gericht zu stellen.
- Konferenz von Teheran vom 28.11.–1.12.1943
  Entscheidung für die Invasion in Nordfrankreich. Westverschiebung Polens: Die Sowjetunion fordert polnisches Land für sich (Curzonlinie). Polen soll deutsches Gebiet bis zur Oder bekommen.
- Konferenz von Jalta 4.–11. Februar 1945
  Bestätigung der Curzonlinie als polnische Ostgrenze; über die Westgrenze soll ein Friedensvertrag entscheiden. Entnazifizierung in Deutschland. Aufteilung in Besatzungszonen, Bildung des Alliierten Kontrollrats, Demontage von Fabriken, Reparationen.

Die Besetzung Deutschlands

Am 7. März gelang den Amerikanern bei Remagen der Übergang über den Rhein. In Süddeutschland drang die US-Armee über das Salzkammergut in Österreich ein, das russische Truppen von Osten eingenommen hatten. Britische Truppen eroberten Norddeutschland bis Holstein und Mecklenburg. Pommern war russisch besetzt und wurde mit den anderen deutschen Ostgebieten an Polen abgegeben.

Im April 1945 wurde Berlin in einer Zangenbewegung umfasst und am 2. Mai 1945 von den Russen erobert. Am 30. April 1945 verübte Adolf Hitler Selbstmord. Flottenadmiral Karl Dönitz wurde Staatsoberhaupt. Am 4. Mai wurde in Lüneburg die Teilkapitulation gegenüber den Briten unterzeichnet, am 7. Mai folgte durch Generaloberst Jodl in Eisenhowers Hauptquartier in Reims die totale Kapitulation.

2. Mai 1945: Eroberung Berlins durch die Sowjetunion.
30. April 1945: Selbstmord Hitlers.

10.5 Japan und der Pazifikkrieg

Japan befand sich seit 1937 mit China im Krieg. Trotz großer militärischer Erfolge Japans konnte es das riesige Nachbarland nicht unterwerfen. 1941 schloss Japan einen Nichtangriffspakt mit der Sowjetunion, die sich auf die Bekämpfung des deutschen Angriffs konzentrieren musste. Japan erhielt dadurch freie Hand für seine Expansion in Südostasien. Im Juli 1941 besetzte es das französische Indochina.

Der Überfall japanischer Flieger am 7. Dezember 1941 auf die amerikanische Flotte in Pearl Harbor wurde zum unmittelbaren Anlass für den Kriegseintritt der USA.

7. Dezember 1941: Überfall Japans in Pearl Harbor; Anlass für amerikanischen Kriegseintritt.

Im Februar 1945 landeten die USA in Japan. Die Einnahme des Landes wurde durch Bombenangriffe auf japanische Städte unterstützt. In diesem militärischen Zusammenhang stehen die Atombombenabwürfe auf Hiroshima (6. August 1945) und Nagasaki (9. August). Noch niemals waren Waffen von einer solchen Vernichtungskraft eingesetzt worden. Der Zweite Weltkrieg im pazifischen und asiatischen Raum endete am 2. September 1945 mit der Kapitulation Japans.

Auf einen Blick: Nationalsozialismus – Zweiter Weltkrieg

1932

- 1. Juni: Sturz der Regierung Brüning. Reichskanzler wird Franz von Papen.
- 6. November: Sturz von Papens. Hindenburg weigert sich, Hitler zum Reichskanzler zu ernennen und setzt General von Schleicher ein.

1933

- 30. Januar: Adolf Hitler wird Reichskanzler.
- Gleichschaltung in allen Bereichen des öffentlichen Lebens, Beginn des Staatsterrors.
- 27. Februar: Reichstagsbrand. Er wird für die »Verordnung zum Schutz von Volk und Staat« genutzt, die die bürgerlichen Grundrechte außer Kraft setzt.
- 23. März: »Ermächtigungsgesetz«. Die Regierung kann künftig ohne den Reichstag Gesetze erlassen. Bis auf die SPD stimmen alle Parteien zu.
- März/April: Entstehung erster Konzentrationslager (Dachau, Oranienburg, Hamburg-Fuhlsbüttel)
- 7. April: »Gesetz zur Wiederherstellung des Berufsbeamtentums«. Jüdische oder oppositionelle Beamte werden aus ihren Ämtern entfernt.
- 10. Mai: Große Bücherverbrennung in Berlin.
- Juni/Juli: Verbot aller politischen Parteien außer der NSDAP.
- Oktober: Deutschland tritt aus dem Völkerbund aus.

1934

- 26. Januar: Nichtangriffspakt mit Polen; gegen Frankreich und die Sowjetunion gerichteter Kurswechsel in der Ostpolitik.
- 30. Juni: »Röhmputsch«. Illegale Welle der »Säuberung«, mit der Hitler politische Gegner töten lässt.
- 2. August: Tod des Reichspräsidenten von Hindenburg; Hitler übernimmt dessen Amt.

1935

- Januar: Das Saarland entscheidet sich in einer Volksabstimmung für die Zugehörigkeit zu Deutschland. Hitler kann das propagandistisch ausnutzen.
- 15. September: Die »Nürnberger Gesetze« verbieten sexuelle Kontakte mit jüdischen Partnern und »Mischehen« mit Ariern.

1936

- März: Kündigung des Locarnovertrags und Einmarsch in das entmilitarisierte Rheinland.
- Juli: Beginn des Spanischen Bürgerkrieges. Hitler und Mussolini unterstützen General Franco gegen die spanische Republik.
- 1. November: Deutsch-italienisches Bündnis, »Achse Berlin–Rom«
- 25. November: »Antikominternpakt« mit Japan gegen die Sowjetunion.

1937

- 26. April: Ein deutscher Luftangriff vernichtet die baskische Stadt Guernica.

1938

- 12. März: »Anschluss« Österreichs an das Deutsche Reich.
- »Sudetenkrise« und Münchener Konferenz. Um einen Krieg zu verhindern, wird Hitler erlaubt, das deutsch besiedelte Gebiet der Tschechoslowakei an sich zu reißen.
- 9. November: »Reichskristallnacht«. Überall in Deutschland werden jüdische Geschäfte und Synagogen zerstört.

1939

- 15. März: Einmarsch in die Tschechoslowakei
- 23. August: »Hitler-Stalin-Pakt« (Nichtangriffspakt). Das geheime Zusatzprotokoll beschließt die Teilung Polens.
- 1. September: Deutscher Überfall auf Polen. Beginn des Zweiten Weltkrieges.
- 8. November: Johann Georg Elser unternimmt im Münchener Bürgerbräukeller ein Sprengstoffattentat auf Hitler.

1940

- 9. April: Die deutsche Wehrmacht besetzt Dänemark und Norwegen.
- 10. Mai: Beginn des Frankreichfeldzugs. Das Land wird schnell erobert. Der Süden bleibt unbesetzt, muss aber mit dem Dritten Reich kooperieren.

1941

- 6.–17. April: Balkanfeldzug gegen Jugoslawien.
- 22. Juni: Einmarsch in die Sowjetunion mit zunächst gutem Vorankommen der deutschen Truppen.
- 14. August: Atlantikcharta zwischen Großbritannien und den USA fordert zuerst die Besiegung Deutschlands, dann eine freiheitliche Nachkriegsordnung für Europa und die Welt.

1942

- 20. Januar: »Wannseekonferenz« in Berlin beschließt die »Endlösung der Judenfrage« durch Zwangsarbeit, Unterernährung und Vernichtung.
- September bis November: Kämpfe um Stalingrad, in dem die Deutschen im Winter eingekesselt werden.

1943

- 14.–24. Januar: Konferenz von Casablanca zwischen Churchill und Roosevelt. Forderung nach der bedingungslosen Kapitulation Deutschlands.
- 2. Februar: Stalingrad. General Paulus und die 6. Armee ergeben sich und gehen in Gefangenschaft.
- Goebbels beschwört in seiner Sportpalastrede den »totalen Krieg«.
- 10. Juli: Alliierte Landung auf Sizilien. Italien läuft zu den Alliierten über. Die Front über den Apennin von La Spezia bis Rimini bleibt bis April 1945 bestehen.
- 28.11.–1.12.: Konferenz von Teheran. Die alliierte Invasion soll in Nordfrankreich erfolgen. Polen soll nach Westen verschoben werden. Russland behält den Osten Polens, Polen bekommt die deutschen Ostgebiete.

1944

- 6. Juni: Alliierte Landung in der Normandie. Die Alliierten kommen rasch voran.
- 20. Juli: Attentat auf Hitler im ostpreußischen Hauptquartier durch Claus Graf Schenk von Stauffenberg. Hitler überlebt, der Umsturz bricht zusammen.

1945

- 4.–11. Februar: Konferenz von Jalta. Bestätigung der polnischen Westverschiebung auf Kosten Ostdeutschlands. Die Aufteilung Deutschlands in Besatzungszonen, Demontage und Reparationen werden beschlossen.
- Januar bis März: Vorrücken der Roten Armee in Deutschland. Große Fluchtbewegung der Deutschen aus Ostdeutschland.
- 29. April: Die deutschen Truppen in Italien unterzeichnen einen Waffenstillstand.
- 30. April: Selbstmord Hitlers.
- 2. Mai: Die Rote Armee erobert Berlin.
- 7. Mai: Unterzeichnung der bedingungslosen Kapitulation in Eisenhowers Hauptquartier in Reims.
- 9. Mai: Wiederholung der Kapitulationserklärung im sowjetischen Hauptquartier in Berlin-Karlshorst. Kriegsende.
- 6. August: Die USA werfen die erste Atombombe auf Hiroshima.
- 2. September: Die japanische Kapitulation beendet auch in Ostasien den Zweiten Weltkrieg.

Deutschland in der Nachkriegszeit

1945 sind weite Teile Europas vom Krieg zerstört. Es herrschen Elend, Wohnungsnot und Hunger. Die wirtschaftliche Lage bessert sich erst, als die Amerikaner und Briten ihre Besatzungszonen zusammenschließen und einen einheitlichen Wirtschaftsraum gründen. Durch den Marshallplan für Westeuropa und das Konzept der sozialen Marktwirtschaft gelingt der Aufschwung. 1948/49 führt die Sowjetunion eine Berlinblockade durch, auf die die Westmächte durch eine Luftbrücke reagieren. 1949 entstehen zwei deutsche Staaten: die Bundesrepublik Deutschland und die Deutsche Demokratische Republik.

1 Deutschland 1945

1.1 Kriegsopfer

Etwa 55 Millionen Tote durch den Zweiten Weltkrieg, 35 Millionen Verwundete und 3 Millionen Vermisste.

Der Zweite Weltkrieg hatte insgesamt etwa 55 Millionen Menschen das Leben gekostet. 35 Millionen waren verwundet worden, 3 Millionen blieben vermisst. Besonders hoch waren die Verluste der Sowjetunion, die fast ein Zehntel ihrer Bevölkerung einbüßte. 13,6 Millionen der Opfer waren gefallene Soldaten, 7 Millionen Zivilisten, die unter der deutschen Besatzung gestorben waren. 9,5 Millionen Menschen waren zur Zwangsarbeit nach Deutschland verschleppt, weitere 30 Millionen durch die brutale Eroberungspolitik auf dem Russlandfeldzug obdachlos geworden. Die zweitgrößte zivile Opfergruppe waren die Polen, die im Krieg 4,2 Millionen Menschen verloren hatten. In Deutschland starben 4,75 Millionen Soldaten im Kampf und weitere 3,8 Millionen Menschen durch den Luftkrieg und die Eroberung des Landes.

1.2 Zerstörungen, Flucht und Vertreibung

1945 war halb Europa ein Trümmerfeld. Überall hatten Schlachten und der Bombenkrieg Landschaften und Städte zerstört. Die deutschen Innenstädte waren durch die Bombardierungen in großen Teilen verheerend getroffen. Doch galt das gleichfalls für das zerbombte englische Coventry, das niederländische Rotterdam, die polnische Hauptstadt Warschau und für russische Städte wie Kiew, Minsk, Sankt Petersburg (Leningrad) oder Stalingrad.

In Deutschland waren 40 Prozent der Wohnfläche vernichtet. Hunderttausende waren schon während der Bombenangriffe aus den Städten aufs Land evakuiert worden. Hinzu kamen in den Jahren 1945 und 1946 die vielen Flüchtlinge und Vertriebenen aus Ostdeutschland. Sie waren vor der Roten Armee geflohen oder später von Russen oder Polen aus ihrer Heimat vertrieben worden, die nun Polen zugeschlagen wurde. Mit massenhaften Vergewaltigungen, Raub und Mord fiel der Terror, den die deutsche Wehrmacht und SS in der Sowjetunion ausgeübt hatten, nun beim Einmarsch der

Flüchtlinge aus den Ostgebieten kommen in großer Zahl in die oft zu großen Teilen zerstörten Städte.

Vertreibungs- und Flüchtlingsbewegungen in Ost- und Mitteleuropa.

Roten Armee auf die Zivilbevölkerung in Ostdeutschland zurück. Die endlosen Flüchtlingstrecks, Hunger und Angriffe durch russische Flieger oder Truppenteile kosteten Hunderttausende, vor allem Kinder und alte Menschen, das Leben. Auch die Flucht aus dem abgeschnittenen Ostpreußen oder Hinterpommern über die Ostsee war lebensgefährlich, weil die deutschen Schiffe, auf denen sich auch Wehrmachtsangehörige befanden, von russischen U-Booten beschossen wurden. Zehntausende Deutsche wurden auch in russische Arbeitslager verschleppt, von denen die wenigsten zurückkamen. Die Tschechen vertrieben zahlreiche Deutsche aus ihren jahrhundertealten Siedlungsgebieten im Norden, Westen und Süden Böhmens und Mährens. Diese Vertreibungen liefen mit besonderer Grausamkeit ab. Es war die Rache für den Überfall der deutschen Wehrmacht auf die Tschechoslowakei 1939 und die jahrelangen Schikanen durch die deutsche Besatzungsmacht im Reichsprotektorat Böhmen und Mähren. Die Vertreibung und Enteignung der Deutschen wurde durch das tschechoslowakische Parlament in den so genannten Beneschdekreten ausdrücklich für rechtens erklärt.

Nicht nur Millionen Ostdeutsche waren vor der Roten Armee geflohen, sondern ebenso Hunderttausende Balten, die aus Estland, Lettland und Litauen geflohen waren, als sich die Sowjetunion nach 1944 ihre Länder wieder einverleibte. Die baltischen Republiken waren nach dem Ersten Weltkrieg von Russland frei geworden. Im geheimen Zusatzprotokoll des Hitler-Stalin-Pakts von 1939 waren sie der Sowjetunion zugeschlagen und von dieser auch eingenommen worden. Dann waren sie bis zur Rückkehr der Russen 1944 deutsch besetzt gewesen.

1.3 »Displaced Persons«

In Deutschland befanden sich zudem noch an die 10 Millionen Menschen, die das NS-Regime als Kriegsgefangene oder Zwangsarbeiter aus ihren meist östlichen Heimatländern in das Deutsche Reich verschleppt hatte. Zu diesen mit der englischen Abkürzung DP (»Displaced Persons«) bezeichneten Personen gehörten auch die Überlebenden der Konzentrations- und Straflager, die oft weder Heimat noch Familie mehr hatten, zu der sie zurückkehren konnten.

1.4 Kriegsgefangene

Die deutsche Wehrmacht hatte auf dem Russlandfeldzug sehr viele Kriegsgefangene genommen und sie zur Zwangsarbeit ins Deutsche Reich verschleppt. Dieses Schicksal betraf 5,7 Millionen Sowjetsoldaten. Von ihnen starben mehr als 2 Millionen. Deutsche Kriegsgefangene gab es bis 1955 etwa 11 Millionen. Von ihnen verloren etwa 1 Million in der Gefangenschaft das Leben. Die Wiedereingliederung der Heimkehrer aus Krieg und Gefangenschaft stellte ein großes Problem dar.

1.5 Wirtschaft und Versorgung

In den deutschen Städten waren viele Industrieanlagen sowie die Verkehrswege zerstört. Wege wurden zu Fuß bewältigt; Trambahnen und Busse verkehrten nicht. Fahrräder waren Luxusgegenstände. Für weitere Strecken gab es überfüllte, unregelmäßig fahrende Züge.

Mit dem Verlust der Ostgebiete fallen die Hauptanbaugebiete für Korn und Kartoffeln weg. Unterernährung ist ein alltägliches Phänomen.

Hunger war in vielen europäischen Ländern tägliche Realität. In Deutschland waren mit dem Verlust der Ostteile die traditionellen Hauptanbaugebiete für Korn und Kartoffeln weggefallen. Die wenigen Nahrungsmittel mussten weiterhin durch Lebensmittelkarten zugeteilt werden, wobei die Rationen für Erwachsene weniger als 2 000 Kalorien betrugen. Der Unterernährung konnten auch Getreidelieferungen, die Großbritannien und die USA in ihren Besatzungszonen durchführen ließen, und Spenden wie die amerikanischen Carepakete nicht abhelfen.

Die Stadtbevölkerung fährt zum »Hamstern« aufs Land, um Lebensmittel einzutauschen. Vor allem die »Trümmerfrauen« leisten mühevolle Arbeit für den Wiederaufbau der Städte.

Bei dieser Entwicklung blüht der Schwarzmarkt. Die Bevölkerung war geradezu gezwungen, sich das Nötigste selbst zu organisieren. Vor allem aus den großen Städten ergossen sich ganze Züge mit »Hamsterern« auf das Land. Sie tauschten bei den Bauern Nahrungsmittel ein. Als Tauschgüter dienten Teppiche, Schmuck, Wäsche und Silberbesteck.
Es fehlte auch an Heizmaterial. Strenger Frost wie im Winter 1946/47 verschärfte die Versorgungsprobleme. Es gab sogar Kältetote.

Zum Wiederaufbau der zerstörten Städte wurden Jungen ab 14 und Mädchen ab 15 Jahren, Männer bis 65 und Frauen bis 50 Jahre zwangsweise herangezogen. Die Hauptarbeit wurde von den so genannten Trümmerfrauen geleistet, die in langen Reihen Ziegel aus den Trümmern zogen, zur Neubearbeitung den Mörtel abklopften und sie aufstapelten.

1.6 Kunst und Kultur

Nachholbedarf in Kunst und Unterhaltung, Einfluss Amerikas.

Im Kontrast zu dem tristen Alltag und dem Mangel stand das Bedürfnis nach Kunst und Unterhaltung. Durch die NS-Kulturpolitik war man von der internationalen, stark von Amerika geprägten Kulturentwicklung abgeschnitten gewesen. Die wichtigste Übermittlungsfunktion hatte dabei zunächst der Rundfunk, denn es waren aus dem Dritten Reich noch zahlreiche Radios (»Volksempfänger«) vorhanden. Zeitungen und Bücher gab es nur in geringer Zahl, weil Papiermangel herrschte, doch das Interesse an gedruckten Informationen war dennoch groß. Die sowjetische Verwaltung hatte in ihrer Zone als erste wieder die Theater und Konzertsäle geöffnet. Sie förderte Künstler ganz besonders. Neben den Klassikern der Literatur und Musik interessierte man sich sehr für Stücke ausländischer Autoren wie zum Beispiel Sartre, Shaw oder Wilder. Großen Erfolg hatten Carl Zuckmayers »Des Teufels General« und »Draußen vor der Tür« von Wolfgang Borchert. Es schildert die Heimkehr eines jungen Offiziers in eine Heimat, in der kein Platz mehr für ihn ist. Mit den amerikanischen Soldaten kam auch der Jazz in Mode, der während der NS-Zeit verboten war. Ausgesprochen schwer tat man sich mit den Künstlern des Exils. Uneingestandene Schuld, Verdrängung und die drückenden Probleme der Gegenwart verhinderten, dass man sich klar machte, welchen Verlust die deutsche Kultur erlitten hatte, geschweige denn, dass man sich um die Rückholung der Geflohenen bemühte. Sie wurden sogar als die, die sich davongemacht hätten, diskriminiert. Wo sie hinkamen, waren sie nicht sehr willkommen. Sie blieben in vieler Hinsicht ebenfalls »draußen vor der Tür«.

2 Entnazifizierung und die Nürnberger Kriegsverbrecherprozesse

Spruchkammern: nicht sehr effektive Entnazifizierung.

Die Mitglieder der NSDAP hätten nach dem Willen der Alliierten, vor allem der Amerikaner, nicht wieder in wichtige Positionen gelangen sollen. Um dies zu verhindern, mussten alle Deutschen über 18 Jahre einen Fragebogen ausfüllen. Ergaben sich aus dem Fragebogen Anhaltspunkte für eine politische Belastung, wurde gegen diese Person Anklage erhoben. Vor so genannten Spruchkammern wurden Haft- und Geldstrafen sowie Berufsverbote verhängt. Diese Verfahren ließen sich jedoch relativ leicht durch Bestechung, günstige Zeugnisse (»Persilscheine«) und Beziehungen beeinflussen und waren daher nicht sehr effektiv. So verfehlten sie häufig ihr Ziel, NSDAP-Funktionäre aus Schlüsselstellungen in Wirtschaft, Wissenschaft und Ausbildung zu entfernen sowie die Deutschen zu demokratischem Denken und Handeln zu erziehen.

Die Bestrafung von Kriegsverbrechern war von den Alliierten schon während des Krieges auf der Außenministerkonferenz in Moskau im Oktober 1943 beschlossen worden. Anhand von »schwarzen Listen« hatten Angehörige der Besatzungstruppen nach Kriegsverbrechern und im Naziregime besonders hoch gestellten Persönlichkeiten gesucht. Einige der Hauptverantwortlichen wie Hitler, Goebbels und Himmler hatten Selbstmord begangen und konnten nicht mehr vor Gericht gestellt werden.

20. November 1945: Beginn des Nürnberger Kriegsverbrecherprozesses gegen 22 Hauptangeklagte vor einem internationalen Militärgerichtshof.

Am 20. November 1945 trat in Nürnberg, der Stadt der großen Reichsparteitage der NSDAP, ein internationaler Militärgerichtshof zusammen, um über die deutschen Kriegsverbrecher in Deutschland vor den Augen der Weltöffentlichkeit zu Gericht zu sitzen. Dem Gericht gehörten je zwei Vertreter der vier Siegermächte USA, Großbritannien, Frankreich und Sowjetunion an. Die Anklage gegen die 22 Hauptkriegsverbrecher lautete auf Verbrechen gegen den Frieden und die Menschlichkeit sowie auf Kriegsverbrechen. Zu ihnen gehörten Reichsluftfahrtminister Göring, Joachim von

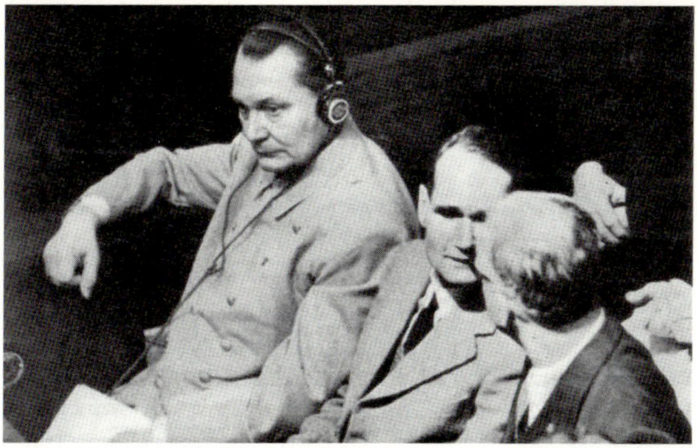

Hermann Göring, Rudolf Heß und Joachim von Ribbentrop auf der Anklagebank beim Nürnberger Kriegsverbrecherprozess

Ribbentrop als Reichsaußenminister, der Chef des Oberkommandos der Wehrmacht, Wilhelm Keitel, sowie Major Kaltenbrunner, der Chef des SS-Reichssicherheitshauptamtes, und der Generalgouverneur in Polen, Hans Frank. General Alfred Jodl saß als Chef des Wehrmachtsführungsstabs ebenso auf der Anklagebank wie der Stellvertreter des »Führers« Rudolf Heß. Alle Angeklagten erklärten sich für »nicht schuldig«. Zwölf von ihnen wurden zum Tod verurteilt, drei zu lebenslänglichen und vier Angeklagte zu langjährigen Haftstrafen. Freigesprochen wurden der Abteilungsleiter im Propagandaministerium Fritzsche, der ehemalige Reichskanzler und Hitlers Vizekanzler 1933/34 Franz von Papen sowie der ehemalige Finanzminister Hjalmar Schacht. Der Hauptprozess endete am 1. Oktober 1946; die Todesurteile wurden am 15. Oktober vollstreckt.

12 Kriegsverbrecher werden zum Tod verurteilt, 7 Angeklagte erhalten Haftstrafen zwischen 10 Jahren und lebenslänglich.

1946–49 fanden in Nürnberg noch zwölf Nachfolgeprozesse statt, die sich sowohl mit der Rolle von Einzelpersonen als auch von Organisationen beschäftigten. Da in Nürnberg keine deutschen Richter beteiligt waren und nur deutsche Kriegsverbrechen behandelt wurden, lehnte die öffentliche Meinung die Prozesse bald als »Siegerjustiz« ab. Die verhängten Haftstrafen wurden bei geänderter weltpolitischer Lage bis 1956 wieder aufgehoben. Durch den zunehmenden Ost-West-Gegensatz im Kalten Krieg verfolgten die USA ihr Ziel der Entnazifizierung und Volkserziehung nicht mehr mit der gleichen Energie. Westdeutschland wurde als Bollwerk im Kalten Krieg gebraucht.

3 Die Potsdamer Konferenz

Die Potsdamer Konferenz vom 17. Juli bis zum 2. August 1945 entscheidet über das weitere Schicksal Deutschlands.

Auf der Potsdamer Konferenz vom 17. Juli bis zum 2. August 1945 in Schloss Cäcilienhof in Potsdam legten die drei Siegermächte Großbritannien, USA und Sowjetunion Grundsätze für ihre Arbeit in Deutschland fest. Die Aufteilung des Deutschen Reiches in Besatzungszonen, die Abtretung Ostdeutschlands an Polen und die Entnazifizierung waren Positionen, auf die man sich schon auf der Konferenz von Jalta im Februar 1945 geeinigt hatte. Deutschland sollte nie wieder den Weltfrieden stören können. Es sollte aber Gelegenheit erhalten, sich auf demokratischer und friedlicher Grundlage neu zu gestalten, um dann »zu gegebener Zeit seinen Platz unter den freien und friedlichen Völkern der Welt einzunehmen«. Auf absehbare Zeit sollte es jedoch keine eigene Zentralregierung erhalten, sondern von den Siegermächten in ihren jeweiligen Besatzungszonen verwaltet werden. Die Demokratie wollte man durch die Zulassung politischer Parteien fördern.

Verwaltung Deutschlands durch vier Besatzungszonen; Demokratisierung durch Zulassung politischer Parteien.

Neben den vier Besatzungszonen sollten bis zur Regelung eines Friedensvertrags die deutschen Ostgebiete unter polnischer Verwaltung und die Nordhälfte von Ostpreußen mit Königsberg unter sowjetischer Verwaltung stehen. Polen erreichte, dass die Grenzziehung nicht strikt dem Lauf der Oder folgte, sondern auch die am Westufer gelegenen Häfen Stettin und Swinemünde an Polen fielen. Auch die Vertreibung der Deutschen aus Ungarn und der Tschechoslowakei, die bereits im Gang war, wurde in Potsdam bestätigt.

Festlegung von Reparationen und Demontage der Industrieanlagen; Abtrennung des Saarlands als französisches Protektorat.

Die Wirtschaft sollte kontrolliert werden, jedoch als Einheit bestehen bleiben. Das in Potsdam nicht vertretene Frankreich drängte auf eine erneute Besetzung des Ruhrgebiets wie schon nach dem Ersten Weltkrieg. Das Industrierevier kam daraufhin unter die Kontrolle einer Internationalen Ruhrbehörde. Frankreich setzte auch die Abtrennung des Saarlands durch, das als französisches Protektorat geführt wurde. Der Zahlung von Reparationen und der Demontage von Industrieanlagen wurde zugestimmt. Die Höhe der Reparationen von 20 Milliarden Dollar, die Stalin forderte,

wurde aber von Großbritannien und den USA nicht in dieser Höhe akzeptiert. Sie stimmten jedoch zu, dass die Sowjetunion nicht nur die Reparationen aus seiner eigenen Besatzungszone entnehmen, sondern noch zusätzlich ein Viertel der westlichen Industrieanlagen bekommen sollte.
Die Verschiedenheit der Positionen zwischen den westlichen Ländern und der Sowjetunion sollte sich immer mehr vertiefen und als »Kalter Krieg« die Weltpolitik bestimmen.

4 Neubeginn des politischen Lebens

Die Siegermächte hatten sich verständigt, dass Deutschland entnazifiziert und zur Demokratie hingeführt werden solle. Es zeigte sich in der weiteren Entwicklung, dass bei den westlichen Nationen und der Sowjetunion die Definition von Demokratie verschieden war. Jedoch ließen noch 1945 alle Besatzungsmächte in ihren Zonen politische Parteien zu.
Eine der ersten Parteien, die wieder zugelassen wurden, war die SPD. Sie war wie alle politischen Parteien außer der NSDAP 1933 verboten worden, hatte aber im Untergrund überlebt. Ihr erster Vorsitzender nach dem Krieg wurde Kurt Schumacher, der im Dritten Reich die meiste Zeit im KZ inhaftiert gewesen war. Schwieriger war die Geschichte der KPD verlaufen, die wegen der antikommunistischen Ideologie Hitlers und der NSDAP die am meisten verfolgte Partei des Dritten Reiches gewesen war. Die deutschen Kommunisten hatten ihre Mitglieder und ihre Strukturen im Untergrund nicht so gut wie die SPD erhalten können. Viele ihrer Vertreter waren in den Dreißiger- und Vierzigerjahren in die Sowjetunion gegangen. Dort fielen sie teilweise den stalinistischen »Säuberungen« zum Opfer. Einen eigenständigen deutschen Kommunismus wollte auch die Gruppe der Exil-KPD unter Walter Ulbricht nicht dulden, die gleich nach Kriegsende aus Moskau geschickt worden war. Begünstigt durch die sowjetische Besatzungsmacht konnte sie sich gegen die in Deutschland gebliebenen Kommunisten durchsetzen, die eine unabhängige deutsche Linie vertraten.

Die SPD und KPD können an alte Strukturen anknüpfen, CDU und CSU sowie die FDP werden neu gegründet.

Ehemalige Zentrumsanhänger, Mitglieder anderer konservativer Parteien und Personen aus beiden großen christlichen Kirchen fanden sich in einer neuen überkonfessionellen und überregionalen Partei zusammen, der Christlich Demokratischen Union (CDU). Ihr stand der ehemalige Zentrumsabgeordnete Konrad Adenauer vor. In Bayern war mit gleicher Zielrichtung die Christlich Soziale Union (CSU) entstanden, die als selbstständige Schwesterpartei der CDU bestehen blieb. Es hatten sich auch mehrere liberale Parteien gebildet. Sie schlossen sich 1948 zur Freien Demokratischen Partei (FDP) zusammen. Ihr erster Vorsitzender war der ehemalige DDP-Abgeordnete Theodor Heuss.

Bayern: Gründung der CSU.

Kommunistische Umgestaltung der SBZ

Besondere Förderung der KPD in der SBZ. »Es muss demokratisch aussehen, aber wir müssen alles in der Hand haben« (Ulbricht).

In der sowjetischen Besatzungszone (SBZ) förderte die russische Regierung eifrig die Gruppe der Exil-KPD um Walter Ulbricht, die in Moskau auf ihre Arbeit vorbereitet worden war.

Unter starkem politischen Druck musste sich am 21. April 1946 die SPD in der sowjetischen Besatzungszone mit der KPD zur »Sozialistischen Einheitspartei Deutschlands« (SED) zwangsvereinigen. Alle wichtigen Posten in der Partei wie in der Verwaltung in der SBZ waren anfangs paritätisch mit je einem Vertreter von SPD und KPD besetzt. Nach 1947 schwand der Einfluss der ehemaligen SPD völlig.

Die Maßnahmen in der sowjetischen Besatzungszone zielen auf einen sozialistischen deutschen Gesamtstaat.

Die SPD in den anderen drei Besatzungszonen widersetzte sich diesem Kurs, Kurt Schumacher kritisierte ihn scharf. In Westberlin fand eine Abstimmung unter SPD-Mitgliedern zur Frage einer Vereinigung mit der KPD statt, in der sich 82 Prozent dagegen aussprachen.

Die politische Ausrichtung nach dem sowjetischen Muster wurde durch eine Bodenreform und Enteignungen in der Wirtschaft ergänzt. Damit wurden schon 1945/46 die Weichen für einen sozialistischen deutschen Staat gestellt.

5 Die wirtschaftliche Entwicklung

5.1 Wirtschaftliche Entwicklung in der Sowjetzone

Hohe Reparationszahlungen an die Sowjetunion hemmen die wirtschaftliche Entwicklung in der sowjetischen Besatzungszone.

Die Sowjetunion, die im Zweiten Weltkrieg die meisten Opfer und Schäden erlitten hatte, wollte durch Demontage in Deutschland die eigene Industrie entschädigen. In der sowjetischen Besatzungszone ging ein Viertel des Gesamtbestands in sowjetischen Besitz über. Die Sowjets transportierten bis Ende 1946 über 1000 Industriebetriebe und das zweite Gleis aller Eisenbahnstrecken in ihr Land ab. Die ständigen Demontagen und Abgaben stellten eine große Belastung für die wirtschaftliche Entwicklung dar, die dadurch in der sowjetischen Zone gegenüber den Westzonen verlangsamt wurde.

September 1945: Bodenreform und Enteignungen.

Dem Ziel der Umgestaltung der SBZ nach sowjetischem Muster entsprach auch die Bodenreform ab September 1945. Alle Familien, die mehr als 100 Hektar Land besaßen, wurden entschädigungslos enteignet. Dies betraf ein Drittel des Landes. Das enteignete Land verteilte man dann an Landarbeiter, Kleinbauern und Heimatvertriebene aus den deutschen Ostgebieten.

Auch große und mittlere Industriebetriebe wurden enteignet, was fast die Hälfte aller Betriebe betraf. Sie wurden als Volkseigene Betriebe (VEB) unter SED-Funktionären weitergeführt.

5.2 Wirtschaftliche Entwicklung in den Westzonen

Schon 1946 ergaben sich durch die sowjetische Politik, in ihrer Zone feststehende Tatsachen zu schaffen, immer stärkere Differenzen zwischen den Westmächten und der UdSSR. Großbritannien und die USA vollzogen daraufhin einen politischen Kurswechsel und legten am 1. Dezember 1946 ihre beiden Besatzungszonen zu einem einheitlichen Wirtschaftsraum zusammen. Man nannte das die »Bizone«. Amerika legte ein großes Wirtschaftsprogramm auf. Dieses Europäische Hilfsprogramm (ERP – European Recovery

Der Marshallplan soll wirtschaftlichen Aufschwung bringen und die europäischen Länder so gegen den Kommunismus wappnen.

Program) wurde nach dem US-Außenminister George C. Marshall »Marshallplan« genannt. Es diente der Ankurbelung der Wirtschaft in den durch den Krieg heruntergekommenen europäischen Ländern. Der Marshallplan zeigte deutlich, dass man sich mitten in Europa bereits in zwei Lagern befand, die durch die Rivalität zwischen den USA und der UdSSR gekennzeichnet waren.

Nach dem Marshallplan flossen ab 1948 13 Milliarden US-Dollar nach Westeuropa. 1,6 Milliarden davon kamen den deutschen Westzonen zugute, zusätzlich 1,7 Milliarden andere Hilfsgelder. Die Zahlungen hatten großen Anteil an der Verbesserung der wirtschaftlichen Situation in Deutschland. Auf amerikanischen Druck schloss sich Frankreich im Frühling 1949 der Bizone an, die damit zur Trizone wurde.

20. Juni 1948: Währungsreform in den drei Westzonen; die sowjetische Besatzungszone bleibt ausgeschlossen.

Im Juni 1948 wurde in den drei Westzonen eine Währungsunion durchgeführt. Damit sollte die Inflation gestoppt und die Grundlage für die Zahlungen nach dem Marshallplan geschaffen werden. Jeder Bewohner der drei Westzonen erhielt am 20. Juni 1948 40 Deutsche Mark. Für 100 Reichsmark auf einem Sparbuch bekam man 6,50 DM.

5.3 Die soziale Marktwirtschaft

Die Bereinigung der Währung führte zu einem erstaunlichen Anwachsen des Warenangebots. Zwar waren seit etwa 1947 schon wieder Gebrauchsgüter hergestellt worden, jedoch hatte sie der Handel heimlich zurückgehalten. Die Schwarzmarktzeit wurde so verlängert. Für das neue, »gute« Geld konnte man plötzlich alles wieder kaufen.

Freie Wirtschaft und Maßnahmen zur sozialen Gerechtigkeit sollen »Wohlstand für alle« schaffen.

Der Wirtschaftsdirektor der Bizone, Ludwig Erhard (CDU), entwickelte in enger Zusammenarbeit mit den Amerikanern das neue Wirtschaftskonzept der sozialen Marktwirtschaft. Durch staatliche Hilfen und eine gerechte Steuerpolitik wollte der Staat zudem soziale Gerechtigkeit gewährleisten. So sollte »Wohlstand für alle« verwirklicht werden.

6 Die Entstehung zweier deutscher Staaten

6.1 Berlinblockade und Luftbrücke

1946 war in Bezug auf Berlin ein Krisenjahr. Nach der Zwangsvereinigung von SPD und KPD zur SED gab es im Oktober 1946 eine freie Magistrats- und Bezirkswahl. Dabei erhielten die SPD 48, die CDU 22 und die SED 20 Prozent der Stimmen.

1948 empfahl die Londoner Sechsmächtekonferenz ein föderatives Regierungssystem für Deutschland. Es sollte eine Verfassung erhalten und wirtschaftlich in Westeuropa integriert werden. Daraufhin nahm die Sowjetunion an den Sitzungen des Alliierten Kontrollrats in Berlin nicht mehr teil. Die gemeinsame Verwaltung der Besatzungszonen war damit gescheitert. Zu einer gefährlichen Krise kam es im Frühjahr 1948.

Die Sowjets wollten als Reaktion auf die Einführung der D-Mark in den drei Westzonen in ihrer Zone und in ganz Berlin eine eigene Währung, die Ostmark, einführen. Als sich die Westmächte daraufhin entschieden, in den Westsektoren gleichfalls die D-Mark zuzulassen, kam es zum offenen Konflikt. Die UdSSR sperrte am 28. Juni 1948 die Zugangswege nach Westberlin. So sollten die Westmächte gezwungen werden, Berlin aufzugeben. In dieser Lage veranlasste der amerikanische Militärgouverneur Lucius D. Clay die Einrichtung einer Luftbrücke.

Berlinblockade 1948/49: Die Sowjetunion will die Westmächte zwingen, Berlin aufzugeben.

Die Luftbrücke versorgt Berlin 13 Monate lang mit Lebensmitteln und Heizmaterial.

In einem beispiellosen Dauereinsatz flogen alle anderthalb Minuten Transportflugzeuge Lebensmittel und Kohlen in die abgeriegelte West-
…lfte Berlins. Die Sow-
…o die Berlin-
…st am 12. Mai
…er auf.

Vom 24. Juni 1948 bis zum 9. Mai 1949 dauerte die sowjetische Blockade Berlins. In dieser Zeit versorgten die alliierten »Rosinenbomber« die Stadt.

In Berlin begann sich durch den Ost-West-Gegensatz alles zu verdoppeln. Neben der Währung West und Ost wurde 1948 auch noch ein eigener Ostberliner Magistrat installiert. Im Oktober 1949 wurde der Ostsektor Berlins zur Hauptstadt der DDR erklärt. Wie das ganze Land, so wurde auch die Stadt geteilt.

6.2 Die Gründung der Bundesrepublik

Parlamentarischer Rat und Grundgesetz

Im Juli 1948 gaben in Frankfurt am Main die Militärgouverneure der Besatzungszonen die Frankfurter Dokumente an die Ministerpräsidenten der deutschen Länder. Damit forderten sie zur Einberufung einer verfassunggebenden Nationalversammlung auf, die eine föderalistische Republik schaffen sollte.

23. Mai 1949: Adenauer verkündet das Grundgesetz für den westdeutschen Teilstaat.

So trat im September 1948 in Bonn der Parlamentarische Rat zusammen. In den Ländern waren dazu 65 Vertreter gewählt worden. Den Vorsitz hatte der Christdemokrat Konrad Adenauer inne. In diesem Gremium wurde das Grundgesetz erarbeitet. Es wurde am 8. Mai 1949 mit 53:12 Stimmen angenommen. Alle westdeutschen Länder außer Bayern ratifizierten es.

Das Grundgesetz von 1949

- Die Grundrechte aller Menschen nehmen die erste Stelle des Gesetzes ein.
- Die Bundesrepublik ist ein föderativer Staat. Bundesrat, Bundestag und Bundespräsident sowie Bundeskanzler sind die staatlichen Organe.
- In Reaktion auf die zu starke Stellung des Reichspräsidenten in der Weimarer Republik soll der Präsident als Staatsoberhaupt nur noch repräsentative Aufgaben erfüllen. Er soll nicht vom Volk, sondern von einer eigenen Wahlversammlung gewählt werden.
- Konstruktives Misstrauensvotum: Eine Regierung kann nur gestürzt werden, wenn der Bundestag sich mit absoluter Mehrheit für einen anderen Kandidaten entscheidet.

Deutschland seit 1949

Als Ausdruck des Kalten Krieges war Deutschland in einen sozialistischen und einen westlich orientierten Staat geteilt worden. Während in Westdeutschland die Wirtschaft florierte und mit der D-Mark und sozialer Marktwirtschaft der beispiellose Aufschwung des »Wirtschaftswunders« geschah, war die wirtschaftliche Entwicklung in der DDR von Anfang an vom Mangel geprägt. Die neue deutsche Ostpolitik der Bundesrepublik Deutschland unter Bundeskanzler Willy Brandt schuf auch im Osten Vertrauen.

1 Die Bundesrepublik Deutschland 1950–1965

1.1 Wiederaufbau und Wirtschaftswunder

1949 hatten die Sozialdemokraten und die Gewerkschaften noch zum Generalstreik gegen die von Ludwig Erhard in Zusammenarbeit mit den Besatzungsmächten konzipierte »Soziale Markwirtschaft« aufgerufen, die auch manchen Vertretern in seiner eigenen Partei, der CDU, anfangs nicht recht geheuer war. Doch der Kurs schlug gut an. Durch die soziale Marktwirtschaft in Kombination mit der Währungsreform gelang eine Belebung der Wirtschaft. Die Zerstörungen durch den Krieg bewirkten einen Bauboom. Die meisten neuen Wohnungen entstanden im sozialen Wohnungsbau. Das bedeutet, der Staat unterstützte den Bau von Mietwohnungen und die Mieten. Außerdem konnten trotz der Bombenschäden in den Städten viele Gebäude und Industrieanlagen bald wieder benutzbar gemacht werden.

Rascher Beginn des Wiederaufbaus der zerstörten Städte und der Wirtschaft gibt neue Zuversicht und Selbstbewusstsein.

Arbeit war genug da und die Arbeitskräfte waren auch gut qualifiziert und motiviert. Man wollte möglichst schnell wieder heraus aus dem Elend, »wieder wer sein«. Nach den Zerstörungen des Krieges, die ja nicht nur materieller, sondern vor allem auch seelischer Natur waren, gab der wirtschaftliche Erfolg den Menschen wieder Selbstbewusstsein. Beim Ausbau der Produktionsanlagen halfen Gelder aus dem amerikanischen Marshallplan. Exportchancen boten sich durch den Koreakrieg von 1950–53. Da nämlich viele westeuropäische Länder für die Rüstung produzierten, was Deutschland als Aggressorstaat des Zweiten Weltkrieges natürlich verboten war, konnten deutsche Firmen Versorgungslücken bei anderen Gütern schließen (Maschinen, Möbel, Autos). Günstig wirkte sich auch aus, dass die deutsche Bevölkerung selbst einen großen Bedarf an Konsumgütern hatte. Die Menschen richteten sich in ihren wiederaufgebauten Häusern ein und leisteten sich auch schon einmal wieder etwas Neues. Dabei spielte auch der Wunsch eine Rolle, Dinge zu genießen, auf die man sehr lange hatte verzichten müssen. Denn nicht nur der Zusammenbruch nach dem Krieg hatte den Mangel bewirkt, sondern er war auch schon durch Verknappungen während des Krieges aufgetreten. Sehr gut verkäuflich waren gutes Essen, Kleidung und für die, die es sich leisten konnten, auch schon Autos. Der Automobilbau nahm eine Spitzenstellung in der deutschen Industrie ein. Zum Symbol dieser Zeit wurde der schon in den Dreißigerjahren entwickelte Volkswagen, der wegen seiner charakteristischen runden Form »Käfer« genannt wurde.

Ein Nachholbedarf an Konsumgütern kurbelt die Wirtschaft an: Der Volkswagen »Käfer« wird zu einem Symbol der Nachkriegszeit.

1.2 Sozialpolitik

1952 beschloss der Deutsche Bundestag ein Gesetz, das eine Entschädigung für die vielen Deutschen sein sollte, die als Flüchtlinge oder Vertriebene aus den deutschen Ostgebieten ihre Heimat und ihren gesamten Besitz verloren hatten.

1957 führte der Staat die Rentenreform durch. Wenn es gelang, die Renten und die Altersvorsorge der Menschen wieder in geregelte Bahnen zu lenken, konnte auch der Haushalt von Bund und Ländern entlastet werden. Die Ausgaben für Sozialleistungen waren sehr hoch. Die Renten wurden durch das neue Gesetz aus Beiträgen der Arbeitgeber und Arbeitnehmer wie auch aus öffentlichen Zuschüssen finanziert. Dieses System gilt noch heute. Weil die Renten immer von den gerade aktiven Arbeitnehmern bezahlt werden, spricht man vom »Generationenvertrag«.

Einführung des Rentensystems als »Generationenvertrag«.

1.3 Außenpolitik

Bundeskanzler Konrad Adenauer (1876–1967) bemühte sich sehr und auch mit Erfolg, bestehendes Misstrauen gegenüber der Bundesrepublik abzubauen und mit den Besatzungsmächten wieder auf einen guten Fuß zu kommen. Günstig für die angestrebte Wiederaufnahme in die Welt der westlichen Nachbarn war der »Kalte Krieg«, dem die Bundesrepublik Deutschland ihre Entstehung verdankte. In den USA und in Westeuropa hatte man Interesse an einem westdeutschen Staat, der nicht isoliert sein sollte, um dann vielleicht doch wie die DDR in der ehemaligen sowjetischen Besatzungszone kommunistisch zu werden.

Die Errichtung von sozialistischen Satellitenstaaten überall in Europa und die Berlinblockade von 1948/49 machten den westeuropäischen Ländern bewusst, dass sie durch die Politik der Sowjetunion einer gewissen Bedrohung ausgesetzt waren. Sie begannen also noch in den Vierzigerjahren, Verträge zu schließen. Frankreich dachte dabei auch über ein europäisches Militärbündnis nach. Es hatte bereits 1947 einen militärischen Beistandspakt mit Großbritannien geschlossen, dem 1948 auch die Beneluxstaaten Belgien, Niederlande und Luxemburg beigetreten waren. Es stellte sich nun die Frage, ob Westdeutschland an einer europäischen Verteidigung mitwirken könne.

Diskussion um die deutsche Wiederbewaffnung.

Adenauer kamen diese Überlegungen entgegen, war es doch sein politisches Ziel, die Bundesrepublik Deutschland in Westeuropa zu verankern. Die Diskussion um eine deutsche Wiederbewaffnung wurde auch im Innern heftig geführt. Die SPD vertrat im Gegensatz zu Adenauer die Ansicht, dass durch eine starke, auch militärische Zusammenarbeit mit den westeuropäischen Ländern und den USA die Chancen für eine Wiedervereinigung geringer würden. Außerdem waren viele im deutschen Bundestag wie in der Bevölkerung der Ansicht, noch nicht einmal zehn Jahre nach Kriegsende sei eine Wiederbewaffnung nicht gut.

1.4 Wiederbewaffnung und NATO-Beitritt

Frankreich, Italien, die Beneluxländer und die Bundesrepublik Deutschland schlossen 1952 in Paris einen Vertrag, um eine Europäische Verteidigungsgemeinschaft, die EVG, zu gründen. Die Länder verpflichteten sich zur gemeinsamen Verteidigung unter einem einheitlichen militärischen Oberbefehl. Dieser Verzicht auf nationale Souveränität führte jedoch zum Scheitern des Bündnisses, denn das französische Parlament lehnte deswegen 1964 die Ratifizierung des Vertrags ab. Doch existierte bereits seit 1949 das nordatlantische Verteidigungsbündnis NATO (North Atlantic Treaty Organization), dem neben einigen westeuropäischen Ländern auch die USA und Kanada angehörten. In diesen Pakt wurde die Bundesrepublik Deutschland am 5. Mai 1955 aufgenommen.

1964: Scheitern der Europäischen Verteidigungsgemeinschaft (EVG) im französischen Parlament.

Mit diesem Schritt wurde auch das Besatzungsregime für die drei Westzonen beendet. Die Alliierten behielten sich nur

noch Rechte in Berlin, bei den in Deutschland stationierten eigenen Truppen und in der Frage der deutschen Wiedervereinigung vor. Die Bundesrepublik hatte damit in weiten Teilen ihre Souveränität erlangt und Adenauer eines seiner Hauptziele erreicht.
Der Bundestag verabschiedete 1955 ein Gesetz, mit dem sich Männer freiwillig zur Bundeswehr melden konnten. 1956 wurde dann die Wehrpflicht eingeführt.

5. Mai 1955:
Aufnahme der Bundesrepublik Deutschland in die NATO, dadurch weitgehende Souveränität.

Kurt Schumacher (1895–1952)

Der Sozialdemokrat Kurt Schumacher hatte im Ersten Weltkrieg einen Arm verloren. 1930–33 war er für die SPD im Reichstag. Als Gegner des Nationalsozialismus musste er 1933–1943 und erneut 1945 in KZ-Haft verbringen. Nach dem Kriegsende begann er sofort mit dem Wiederaufbau der SPD. Er war ein entschiedener Gegner der Zwangsvereinigung seiner Partei mit der KPD zur SED in der Sowjetzone. 1946 wurde er zum Vorsitzenden der SPD gewählt. Anders als Adenauer und Heuss erreichte er kein hohes Staatsamt, aber als Oppositionsführer im Deutschen Bundestag hinterließ der durch die langen Haftjahre gezeichnete Mann großen Eindruck. Er lehnte Adenauers Politik der Westintegration ab, weil er sie als gegen sein politisches Ziel der Wiedervereinigung Deutschlands gerichtet ansah. Zudem bekämpfte er das restaurative Klima der Adenauerära.

1.5 Hallsteindoktrin

Auf den christdemokratischen Staatssekretär im Auswärtigen Amt Walter Hallstein geht der von der Bundesrepublik Deutschland seit 1955 vertretene »Alleinvertretungsanspruch« für ganz Deutschland zurück. Er bedeutete, dass die Bundesrepublik mit keinem Land diplomatische Beziehungen eingehen wollte, das völkerrechtlich die DDR anerkannte. Die Hallsteindoktrin hatte bis zur Wende in der deutschen Ostpolitik um 1970 Gültigkeit.

2 Die Entwicklung in der DDR

2.1 Stalinismus

Politische Opposition ist in der DDR nicht zugelassen; Schauprozesse nach sowjetischem Vorbild.

Die 1949 entstandene DDR wurde nach stalinistischem Muster organisiert. Die SED wurde als »marxistisch-leninistische« Kaderpartei organisiert, in der alle Macht allein in den Händen der Parteispitze lag. Jede innerparteiliche Diskussion musste unterbunden werden. Mit dieser strikten Hierarchie wurden alle Bereiche des staatlichen und gesellschaftlichen Lebens erfasst und eingeordnet. Nach sowjetischem Muster fanden auch in der DDR Schauprozesse mit erpressten Geständnissen statt, in denen die missliebigen Genossen durch Druck zur Selbstbezichtigung gezwungen wurden. Auch den stalinistischen Personenkult ahmte man nach.

2.2 Wirtschaft

Zurückbleiben der Gebrauchsgüterproduktion hinter der Schwerindustrie; es herrscht Mangel.

Die Zahl der Volkseigenen Betriebe (VEB) nahm ständig zu. Um 1950 sorgten sie bereits für 80 Prozent der Güter. Der Wiederaufbau der Schwerindustrie wurde bevorzugt, wodurch die Produktion von Gebrauchsgütern zurückblieb. Das führte dazu, dass noch immer Lebensmittel und Gegenstände des täglichen Bedarfs fehlten. Preiserhöhungen wirkten sich ungünstig aus. Die DDR-Führung musste nach Stalins Tod 1953 sogar von der Sowjetunion ermahnt werden, ihre Wirtschaft weniger hart zu fordern. Zwar übten die Berliner Genossen daraufhin sozialistische Selbstkritik und nahmen einige Preiserhöhungen zurück. Sie blieben jedoch bei ihrem Beschluss, die Arbeitsnormen weiter um 10 Prozent zu erhöhen. Gleichzeitig gab es auch noch Lohnkürzungen.

2.3 Gesellschaftliches Leben

Massenorganisationen wie FDJ und FDGB; staatliche Kontrolle und Schikane durch die »Stasi«.

Das gesellschaftliche Leben sollte durch Massenorganisationen beeinflusst werden. Für Kinder gab es die Jungen Pioniere, für Jugendliche die Freie Deutsche Jugend (FDJ). Auch die zahlreichen Organisationen für die Erwachsenen wurden stets von Funktionären der Einheitspartei geleitet. Die Arbeitnehmer waren in der Massenorganisation Freier Deut-

scher Gewerkschaftsbund FDGB organisiert. Das militärische Denken wurde schon bei den männlichen Jugendlichen gefördert, die in der FDJ paramilitärische Spiele lernten.
Politische Oppositionelle wurden durch die Staatssicherheit (Stasi) inhaftiert, verhört, eingeschüchtert und bestraft. In der stalinistischen Zeit existierten Lager für politische Gegner, die, was den Ort betraf, zum Teil sogar an die Konzentrationslager des Nationalsozialismus anknüpften wie etwa in Weimar-Buchenwald.
1952 wurden die Länder Thüringen, Sachsen, Sachsen-Anhalt, Brandenburg und Mecklenburg durch 14 Bezirke ersetzt.

2.4 Aufnahme in den RGW

Die Sowjetunion schuf schon 1949 für die sozialistischen Staaten des Ostblocks eine Wirtschaftsgemeinschaft, wie sie sich ähnlich auch in Westeuropa entwickelte. Die UdSSR reagierte mit ihrer Gründung des Rates für gegenseitige Wirtschaftshilfe (RGW) auf das ERP-Programm der Amerikaner nach dem Marshallplan. An diesem Programm ließ die Sowjetunion die Länder ihres Einflussbereichs selbstverständlich nicht teilnehmen. Im September 1950 wurde die DDR in den Rat für gegenseitige Wirtschaftshilfe aufgenommen. Das Gremium diente einer engeren Verzahnung der Wirtschaften des Ostblocks. Es herrschte eine gewisse Arbeitsteilung, nach der die DDR überwiegend für die Energiewirtschaft, Elektrotechnik und den Maschinenbau zuständig sein sollte.

September 1950:
Die DDR wird Mitglied im Rat für gegenseitige Wirtschaftshilfe (RGW).

2.5 Aufnahme in den Warschauer Pakt

Nachdem die Bundesrepublik Deutschland in das westeuropäische Bündnis NATO aufgenommen worden war, vollzog die DDR den gleichen Schritt in das östliche Verteidigungsbündnis. Am 14. Mai 1955 wurde sie in den Warschauer Pakt aufgenommen. Die anderen Gründungsmitglieder waren neben der Sowjetunion Polen, die Tschechoslowakei, Ungarn, Rumänien, Bulgarien und Albanien. Der Oberbefehl lag bei einem Sowjetmarschall und auch das Oberkommando war überwiegend durch Funktionäre der UdSSR ver-

14. Mai 1955:
Aufnahme der DDR in den Warschauer Pakt.

treten. Nur wenige Militärs aus den sozialistischen Staaten durften in der Spitze mitarbeiten. Die UdSSR reservierte sich auch das Monopol über die strategischen Waffen, die Hochseeflotte, die Fernbomber und die Atomwaffen. Als einziges Land hatten sie in allen Mitgliedsländern Truppen stationiert. Diese Einheiten konnten immer rasch vor Ort sein und einschreiten, wenn es in irgendeinem Mitgliedsstaat zu Unruhen und einer politischen Entwicklung kam, die nicht auf der von der Sowjetunion vorgeschriebenen Linie lag.

2.6 Der Aufstand vom 17. Juni 1953

17. Juni 1953: Die wirtschaftliche Misere führt zu einem Aufstand, der brutal niedergeschlagen wird.

Am 17. Juni streikten und demonstrierten die Arbeiter in Ostberlin und an 300 anderen Orten. Der Protest war offenbar bei den Bauarbeitern an der Ostberliner Stalinallee ausgebrochen und setzte sich in der Berliner Innenstadt sowie in anderen Städten fort. Die Forderungen gingen nach einer Rücknahme der Normerhöhungen in der Produktion und besseren wirtschaftlichen Bedingungen. Es wurde auch nach deutscher Einheit, nach Freiheit und nach freien Wahlen gerufen, aber der konkrete Anlass und das Hauptmotiv lagen sicher in der wirtschaftlichen Misere. In Berlin wurden die Aufständischen von sowjetischen Panzern auseinander getrieben. Um 21 Uhr trat eine Ausgangssperre in Kraft. In Mitteldeutschland gingen die Unruhen auch noch am nächsten Tag weiter, wurden aber brutal unterdrückt. Nach dem Aufstand machte die Staatsführung ein paar Zugeständnisse. Sie nahm die Normerhöhungen zurück und verbesserte die Lebensmittelversorgung.

2.7 Flucht und Mauerbau 1961

Wirtschaftlicher Aufschwung im Westen lässt Hunderttausende DDR-Bürger über die Grenze flüchten.

Die politische Situation im Land und auch die Nachrichten über den wirtschaftlichen Aufschwung im Westen ließen viele Menschen in die Bundesrepublik Deutschland flüchten. 1950–53 waren es über 800 000 Menschen. Dies war wegen des guten Ausbildungsstands vieler dieser Flüchtlinge auf die Dauer auch ein Aderlass für die Wirtschaft der DDR. Schon 1952 wurden an der Grenze der DDR zur Bundesrepublik erste Stacheldrahtzäune gegen die Fluchtwilligen errichtet.

»Sprung in die Freiheit«: Ein Angehöriger der Volkspolizei rettet sich während des Mauerbaus in den Westen.

Die DDR verlor Hunderttausende Bürger durch die Flucht in den Westen. Im Jahr 1961 waren es schon über 200 000 Menschen. Als Schlupfloch erwies sich Berlin, wo man ungehindert von Ost nach West gelangen konnte. Am 13. August versperrte die DDR den Fluchtweg durch den Bau der Berliner Mauer. Die Mauer aus Betonelementen schloss Westberlin auf über 50 Kilometer Länge wie ein Ring ein. Auch an der innerdeutschen Grenze wurden die Sperranlagen massiv ausgebaut. Auf Flüchtende sollte laut Schießbefehl für die Grenztruppen geschossen werden. Dennoch gelang es immer wieder Personen, zum Teil auf abenteuerlichen Wegen, in den Westen zu flüchten. Etwa 80 Menschen starben an der Berliner Mauer.

13. August 1961: Mauerbau in Berlin; Ostberliner Grenzsoldaten erhalten Schießbefehl.

Die Westmächte verhielten sich abwartend. Sie bestanden auf den Erhalt ihrer Sektoren und die freien Verbindungen zwischen der Bundesrepublik Deutschland und Westberlin. Adenauer bot der UdSSR eine »österreichische«, das heißt neutrale Lösung für ganz Deutschland an. Der amerikanische Präsident Kennedy erklärte sich mit einiger zeitlicher Verzögerung in einer viel beachteten Rede mit den Berlinern solidarisch. Es wurde aber auch klar, dass die Westmächte nicht um Berlins willen einen Krieg mit der UdSSR riskieren würden.

John F. Kennedys Berliner Rede: »Ich bin ein Berliner!«.

3 Die Bundesrepublik Deutschland in den Sechziger- und Siebzigerjahren

3.1 Das Ende der Ära Adenauer

Oktober 1963: Bundeskanzler Adenauer tritt zugunsten Ludwig Erhards zurück.

Konrad Adenauer hatte die Bundestagswahlen von 1949, 1953 und 1957 gewonnen und die Anfangsjahre der Bundesrepublik entscheidend geprägt. Als er 1961 zum vierten Mal zur Wahl antrat, war er bereits 85 Jahre alt. Da es Bestandteil der Koalitionsabmachungen von 1961 mit der FDP gewesen war, dass Adenauer 1963 zurücktreten und seine Amtszeit beenden sollte, trat er, wenn auch nicht gerade gerne, am 15. Oktober 1963 zugunsten des Wirtschaftsexperten Ludwig Erhard zurück. Dieser hatte bereits lange erfolgreich als Wirtschaftsminister gearbeitet.

Erhard war als Kanzler starker Kritik aus der eigenen Partei ausgesetzt, weil die CDU nicht mehr so leicht die Wahlen gewann. Die SPD hatte sich in ihrem Godesberger Programm 1959 zur sozialen Marktwirtschaft und der Westbindung der Bundesrepublik Deutschland bekannt und viele Wähler gewonnen. Vor allem die Wahlniederlage der CDU in der nordrhein-westfälischen Landtagswahl 1966 schmerzte die Partei. Hinzu kam nach Jahren des Wirtschaftswachstums eine erste Rezession. Die negative Stimmung schlug ironischerweise auf Erhard, den »Vater des Wirtschaftswunders«, zurück. 1966 kam es zu Differenzen mit dem Koalitionspartner FDP über den Bundeshaushalt. Die FDP-Minister verließen das Kabinett. Erhard hätte nun mit der SPD koalieren müssen, was er nicht befürwortete. So trat er im Dezember 1966 zurück. CDU/CSU entschieden sich für Kurt Georg Kiesinger als seinen Nachfolger, der zu einer großen Koalition mit der SPD bereit war.

1.12.1966: Die SPD gewinnt Wähler; der koalitionsbereite Kurt Georg Kiesinger (CDU) wird Kanzler.

3.2 Die große Koalition

Unter Kiesinger wurde der ehemalige Berliner Bürgermeister Willy Brandt (SPD) Vizekanzler. Die große Koalition aus CDU/CSU und SPD konnte in kurzer Zeit die Wirtschaftskrise überwinden. In einer so genannten konzertierten Aktion arbeiteten Arbeitgeber und Gewerkschaften, die Banken und die Gemeinden ebenso zusammen wie die Regierung. Schon 1968 boomte die deutsche Wirtschaft wieder.

Notstandsgesetze und APO

Studentenproteste gegen die konservative Vätergeneration sowie gegen Gesellschaft, Autorität und Staat.

Nachdem die Bundesrepublik durch ihren NATO-Beitritt zum größten Teil souverän geworden war, hatte die CDU-Regierung Notstandsgesetze für den Fall einer Bedrohung des Staates gefordert. Darüber war innenpolitisch eine Debatte entstanden, die sich unter Erhard verschärft hatte. Durch die Verabschiedung der Notstandsgesetze 1968, die die Grundrechte außer Kraft setzen konnten, fühlten sich vor allem Intellektuelle bedroht. Da die FDP-Opposition im Bundestag durch die große Koalition nur über ein Fünftel der Parlamentssitze verfügte, gründete sich als allgemeine Protestbewegung die so genannte Außerparlamentarische Opposition (APO). Studenten führten Großdemonstrationen gegen den Vietnamkrieg und das Schahregime in Persien. Bei einer Anti-Schah-Demonstration wurde der Student Benno Ohnesorg von einem Berliner Polizisten erschossen. Dieser Fall führte zu Demonstrationszügen in vielen Städten. Auf den APO-Führer Rudi Dutschke wurde ein Attentat verübt. In der Folge kam es zu heftigen Auseinandersetzungen von Demonstranten mit der Polizei. Der Protest richtete sich auch gegen die konservative Vätergeneration, die als Lehrer und Professoren die kritischen jungen Leute ausgebildet hatten. Es war auch ein Aufbegehren gegen das beharrliche Schweigen dieser Generation zur eigenen Schuld im Zweiten Weltkrieg. Gleichberechtigung und sexuelle Befreiung gehörten ebenfalls zu den Forderungen. Man trat gegen die Macht der rechten Presse an, die man im Springerkonzern und seinem Flaggschiff »Bild« verkörpert sah. Zur Argumentation las man Marx, Lenin und Mao.

Frauenbewegung fordert Emanzipation und Liberalisierung der Abtreibung.

Die zweite deutsche Frauenbewegung, die im Zuge der allgemeinen Proteste entstand, forderte die Emanzipation und thematisierte das Klischeebild vom »Heimchen am Herd«. Vor allem traten die Frauen für eine Liberalisierung des Paragraphen 218 des Strafgesetzbuchs, also der Abtreibung ein. Im Grunde klagte die junge Generation die restaurativen

Tendenzen der Bundesrepublik Deutschland an. Es war ein demokratischer Aufbruch.

3.3 Die sozialliberale Koalition

20. Oktober 1969: Willy Brandt wird erster sozialdemokratischer Bundeskanzler.

Mit Willy Brandt wurde erstmals ein Sozialdemokrat Bundeskanzler. 1969 errang die SPD 42,7 Prozent der Stimmen und ging eine Koalition mit der FDP ein, mit der sie in wichtigen Fragen übereinstimmte. Brandts Regierungsprogramm lässt sich auf die Formel »Reformen im Innern, Entspannung nach außen« bringen. Mit seiner neuen Ostpolitik machte Willy Brandt Geschichte. Durch die Anerkennung der Grenzen zu den östlichen Nachbarn und das Eingeständnis der großen Schuld der Deutschen am und im Zweiten Weltkrieg verhalf sie Deutschland zu großem Ansehen. Es war ein wesentlicher Beitrag zur weltweiten Entspannungspolitik in den Siebzigerjahren.

Entspannung durch Schuldeingeständnis und der Anerkennung der deutschen Ostgrenzen.

3.4 Die deutsche Ostpolitik

März 1970: Nach 23 Jahren Trennung erstes Treffen der Staatsoberhäupter des geteilten Deutschlands.

Zum Auftakt der neuen deutschen Ostpolitik trafen sich zum ersten Mal seit 23 Jahren staatlicher Trennung die Regierungschefs der Bundesrepublik Deutschland und der DDR. Willy Brandt stattete dem Ministerpräsidenten der DDR, Willy Stoph, im März 1970 in Erfurt einen Besuch ab. Stoph reiste seinerseits im Mai 1970 nach Kassel.

23. August 1970: Moskauer Vertrag: Gewaltverzicht, Anerkennung der deutschen Ostgrenzen.

Am 23. August wurde in Moskau der Deutsch-Sowjetische Vertrag geschlossen. Beide Staaten verpflichteten sich zu gegenseitigem Verzicht auf Gewaltanwendung wie auch Gewaltandrohung. Gegenseitige Gebietsansprüche wurden ausgeschlossen. Die Bundesrepublik anerkannte ausdrücklich die bestehenden Ostgrenzen Deutschlands, die Oder-Neiße-Linie und auch die Grenzen zur DDR. Das war auch ein Anerkennen der realen politischen Lage. Für viele Deutsche war es ein schmerzlicher Schritt, weil es auch einen Verzicht auf die ehemalige Heimat in Schlesien, Pommern und Ostpreußen bedeutete. Willy Brandt wurde dafür in der Bundesrepublik hart angegriffen. Der Vertrag verbesserte die Beziehungen Westdeutschlands zur UdSSR und bildete die Basis für die Verträge mit Polen, der CSSR und der DDR sowie für das Viermächteabkommen über Berlin.

Der Deutsch-Polnische Vertrag wurde am 7. Dezember 1970 in Warschau unterzeichnet. Auch Polen gegenüber sicherte die Bundesrepublik Deutschland die Oder-Neiße-Linie als polnische Westgrenze und die Unverletzlichkeit der Grenzen ausdrücklich zu. Die Partner erklärten, ihre Beziehungen normalisieren und entwickeln zu wollen. Polen sagte Ausreiseerleichterungen für in Polen lebende Deutsche zu.

7. Dezember 1970: Warschauer Vertrag: Anerkennung der polnischen Westgrenze.

Bei seinem Besuch in Warschau besichtigte Willy Brandt auch das Gelände des ehemaligen Warschauer Gettos. Vor dem Denkmal für die Opfer kniete er in einer spontanen Geste plötzlich nieder. Dieser Kniefall angesichts der großen Schuld Deutschlands an den Verbrechen des Zweiten Weltkrieges brachte ihm international hohe Achtung ein und ließ die Welt ein Bild von einem gewandelten Deutschland sehen.

»Kniefall« Willy Brandts im ehemaligen Warschauer Getto.

Das Viermächteabkommen über Berlin vom 3. September 1971 zwischen Großbritannien, Frankreich, den USA und der UdSSR bestätigte die Verantwortlichkeit der vier Mächte für Berlin, die alle ihre unterschiedlichen Rechtsauffassungen ausklammerten. Die Sowjetunion verpflichtete sich, den Transitverkehr nach Berlin nicht zu behindern. Die Verbindung der Westsektoren Berlins zur Bundesrepublik Deutschland sollte »entwickelt« werden. Dafür wurde festgehalten, dass diese kein Bestandteil der Bundesrepublik Deutschland seien und auch nicht von ihr regiert würden.

3. September 1971: Viermächteabkommen über Berlin bestätigt Verantwortlichkeit der USA, UdSSR, Frankreichs und Großbritanniens über die Stadt.

1972 schlossen die Bundesrepublik Deutschland und die DDR einen Verkehrsvertrag, der vom Transitabkommen mit den deutschen Besatzungsmächten unabhängig war. Er regelte die Reisemöglichkeiten zueinander. In der Folge stiegen die Zahlen von westdeutschen Reisenden in die DDR stark an. 1973 überschritten sie die 2-Millionen-Marke.

Auch der Grundlagenvertrag mit der DDR vom 21. Dezember 1972 garantierte die bestehenden Grenzen und deren Unverletzbarkeit. Beide Staaten erklärten, die Sicherheit und Zusammenarbeit in Europa sowie die internationale Rüstungskontrolle und Abrüstung zu fördern. Als Ergebnis wurden diplomatische Beziehungen aufgenommen. Die Bundesrepublik wich von ihrem Alleinvertretungsanspruch nach der Hallsteindoktrin ab. Es wurden »Ständige Vertretungen«

21. Dezember 1972: Grundlagenvertrag und Aufnahme diplomatischer Beziehungen zwischen der Bundesrepublik und der DDR.

bei dem jeweils anderen Staat eingerichtet. Reiseerleichterungen und weitere Grenzübergänge unterstrichen das beiderseitige Interesse an humanitären Erleichterungen. Die DDR erreichte ihre Anerkennung als Staat durch die Bundesrepublik und war dafür zu Zugeständnissen bereit.
Im Bundestag gab es heftigen Protest gegen den Grundlagenvertrag, die sich bis zur Infamie gegen Brandt steigerten. Ein Misstrauensvotum gegen Brandt scheiterte. Die CDU/CSU-Opposition rief das Bundesverfassungsgericht an, ob der Vertrag nicht grundgesetzwidrig sei, da er Rechtspositionen bezüglich der deutschen Grenzen aufgegeben habe und gegen das Wiedervereinigungsgebot des Grundgesetzes verstoße. Das Verfassungsgericht entschied, dass der Vertrag rechtens sei. Willy Brandt wurde für seine Ost- und Friedenspolitik 1971 mit dem Friedensnobelpreis geehrt.
Die DDR reagierte auf die brandtsche Ostpolitik und das Anwachsen westdeutscher Besucherzahlen infolge des Grundlagenvertrags mit der »2-Nationen-Theorie«, nach der auf deutschem Boden zwei souveräne Staaten existierten. In der Verfassung von 1974 wurde der Begriff »deutsche Nation« gestrichen. Die Bundesrepublik hingegen verweigerte die völkerrechtliche Anerkennung der DDR und blieb bei ihrer Auffassung, dass es nur eine deutsche Staatsangehörigkeit gebe. Danach waren Bürger der DDR, die in die Bundesrepublik Deutschland kamen, deutsche Staatsbürger. Dennoch brachte der Grundlagenvertrag mit der Bundesrepublik für die DDR den lange erwarteten internationalen Erfolg. Sie wurde in den Siebzigerjahren von 123 Regierungen völkerrechtlich anerkannt. Im September 1973 wurden beide deutsche Staaten Mitglied der Vereinten Nationen.

September 1973: Beitritt der Bundesrepublik und der DDR zu den Vereinten Nationen; völkerrechtliche Anerkennung beider deutscher Staaten.

3.5 Schmidt wird Bundeskanzler

Juli 1974: Helmut Schmidt wird Bundeskanzler; Fortsetzung der Entspannungspolitik.

Willy Brandt trat 1974 wegen der Guillaumeaffäre, der Unterwanderung seines Mitarbeiterstabs durch einen Spion der DDR, zurück. Sein Nachfolger wurde der Sozialdemokrat Helmut Schmidt, dessen Spezialgebiet die Wirtschaft war. Schmidt setzte die Entspannungspolitik fort und bekämpfte die Wirtschaftskrisen, die sich aus den Ölpreiserhöhungen von 1973 und 1979 entwickelt hatten. Mit der drastischen

Erhöhung der Ölpreise durch die Araber stiegen die industriellen Produktionskosten ebenso wie die Lebenshaltungskosten, die Arbeitslosenzahlen und die Staatsverschuldung. Schmidts Kanzlerschaft bleibt aber vor allem verbunden mit der Bekämpfung des Terrorismus in Deutschland.

3.6 Terrorismus in der Bundesrepublik Deutschland

Politische Morde und Entführungen

10. November 1974: Der Berliner Kammergerichtspräsident von Drenkmann wird erschossen.

27. Februar 1975: Der Berliner CDU-Vorsitzende Peter Lorenz wird entführt. Am 5. März kommt er im Austausch gegen fünf RAF-Häftlinge frei.

7. April 1977: In Karlsruhe wird der Generalbundesanwalt Siegfried Buback mit zwei Begleitern erschossen.

30. Juli 1977: Mord am Bankier Jürgen Ponto in Oberursel.

5. September 1977: Entführung des Arbeitgeberpräsidenten Hanns-Martin Schleyer in Köln. Vier seiner Begleiter werden erschossen. Er wird in Frankreich gefangen gehalten. Als die Flugzeugentführung in Mogadischu scheitert, wird Schleyer getötet.

13. Oktober 1977: Parallel zur Schleyerentführung entführen Terroristen die Lufthansamaschine »Landshut« mit deutschen Urlaubern an Bord. Ermordung des Flugkapitäns. Die Maschine wird in Mogadischu von der deutschen Spezialeinheit GSG 9 gestürmt. Drei Terroristen sterben.

18. Oktober 1977: Selbstmord von Andreas Baader, Gudrun Ensslin und Jan-Carl Raspe im Hochsicherheitsgefängnis von Stuttgart-Stammheim.

Die Terroristengruppe RAF (Rote-Armee-Fraktion) war aus den Studentenunruhen der Achtundsechzigerzeit hervorgegangen und verstand sich als Fortführung der Bewegung im »bewaffneten Kampf«. 1972 wurden Bombenanschläge auf amerikanische Militäreinrichtungen, Polizeistationen, Kaufhäuser und Verlagsgebäude der Springerpresse verübt. Die so genannte Baader-Meinhof-Gruppe, benannt nach Andreas Baader und der Journalistin Ulrike Meinhof, wurde teilweise schon 1972 verhaftet. Die Prozesse waren sehr langwierig und von Befangenheitsanträgen, Hungerstreiks zur Erlangung besserer Haftbedingungen und Ausschlusses einiger Verteidiger vom Verfahren gekennzeichnet. Sie endeten mit hohen Haftstrafen. In Stuttgart-Stammheim wurde eigens ein Hochsicherheitsgefängnis für die Terroristen gebaut. Die Anschläge, politischen Morde und Entführungen führten zu erregten Diskussionen und einer Polarisierung in der gesamten Bevölkerung. »Sympathisant« war ein Schimpfwort und auch über die Wiedereinführung der Todesstrafe wurde geredet.

1977:

Der Terror der RAF gipfelt im »Heißen Herbst« mit der Entführung Schleyers und der Lufthansamaschine »Landshut« nach Mogadischu.

Das Jahr 1977 wurde durch eine Terrorserie zum Krisenjahr. Die Ereignisse gipfelten im so genannten »Heißen Herbst«. Zeitgleich wurden der Arbeitgeberpräsident Hanns-Martin Schleyer und eine Lufthansamaschine voller deutscher Urlauber entführt, um Häftlinge aus Stuttgart-Stammheim freizupressen. Im Entführungsfall Peter Lorenz war es gelungen, fünf Terroristen im Tausch freizubekommen. Es war für Schmidt und den Krisenstab eine schwere Entscheidung, sich entgegen der Bitten der Familie Schleyer konsequent und nicht erpressbar zu zeigen. Das Kanzleramt entsandte den Nahostexperten Hans-Jürgen Wischnewski nach Somalia, um die Verhandlungen mit den arabischen Entführern der Lufthansamaschine zu führen. Die auf Terroristenbekämpfung spezialisierte Grenzschutzeinheit GSG 9 stürmte schließlich am 13. Oktober 1977 das Flugzeug. Bei dem Einsatz wurden drei der Terroristen erschossen. Die Befreiung der Geiseln löste in der Bundesrepublik Deutschland Erleichterung aus, doch war immer noch Hanns-Martin Schleyer in der Gewalt seiner Entführer. Sie ermordeten ihn und legten seine Leiche in einem geparkten Auto in Mühlhausen im Elsass ab. Dort wurde sie am 19. Oktober aufgefunden.

4 Die friedliche Revolution in der DDR

4.1 Unzufriedenheit in der DDR

Marode Wirtschaft

Die wirtschaftliche Lage in allen Ländern des Ostblocks wurde immer schlechter. Planwirtschaft, Bürokratie und das Behindern von Eigeninitiative hatten zu einer Stagnation geführt. Die Belastungen durch die permanente Hochrüstungspolitik wirkten sich auf der anderen Seite als Konsumgütermangel unmittelbar auf die Menschen aus. Gleichzeitig führte die Knappheit zu Korruption und Schwarzmarkt. In der Parteihierarchie höher gestellte Personen hatten Privilegien. Sie konnten in speziellen Läden Güter einkaufen, die es anderswo nicht gab. Sie hatten die Möglichkeit zu reisen und erhielten große Autos und Ferienhäuser. Für die Masse blieb die Schattenwirtschaft, in der sie mit großem Geschick Dinge zu organisieren verstanden. Die DDR hatte lange die Schwerindustrie bevorzugt, aber es war nichts Neues nachgekommen. So waren die Anlagen total veraltet. Vielerorts konnte man nur noch den Mangel verwalten.

Stasistaat und Regimekritiker

Die Stasi als »Staat im Staate« mit über 80 000 hauptamtlichen Mitarbeitern und unzähligen Informanten.

Die DDR erweiterte ihre Überwachung der Bürger. Der Staatssicherheitsdienst (Stasi) hatte über 80 000 hauptamtliche Mitarbeiter und beschäftigte daneben ein Heer von Informanten, so genannte informelle Mitarbeiter (IM). Die Stasi wurde allmählich zum »Staat im Staate«.

Auch unter der Regierung Erich Honeckers ab 1971 blieb es bei der harten Verfolgung Andersdenkender. Der Physiker Robert Havemann wurde in den Siebzigerjahren unter Hausarrest gestellt. Der Wirtschaftswissenschaftler Rudolf Bahro deckte in einem im Westen erschienenen Buch die Misswirtschaft in der DDR auf. Nach mehreren Jahren Haft durfte er in die Bundesrepublik Deutschland ausreisen. Einen Sonderfall stellte der Musiker Wolf Biermann dar. Er war 1953 freiwillig in die DDR gekommen und wurde 1976 während einer Konzertreise in der Bundesrepublik Deutschland ausgebürgert.

Gewaltfreier Protest beginnt sich in der Evangelischen Kirche zu formieren.

Seit den Siebzigerjahren hatten sich Jugendliche meist unter dem Dach der Evangelischen Kirche in der DDR zu Umwelt- und Friedensgruppen zusammengeschlossen. Sie setzten sich auch für Menschenrechte ein. Das Motto der Friedensbewegung war das Bibelwort »Schwerter zu Pflugscharen«. Gottesdienste mit Friedensgebeten wurden zu Treffpunkten des gewaltfreien Protests.

4.2 Abstimmung mit den Füßen

Am 2. Mai 1989 begannen mit einem Loch im Zaun die Berliner Mauer und der Eiserne Vorhang zu fallen. Bei einer symbolischen Veranstaltung an der ungarischen Grenze hatten DDR-Urlauber in Ungarn die Grenze zu Österreich passiert. Ungarn öffnete seine Westgrenze. Der Außenminister Gyula Horn schnitt den Stacheldraht an der Grenze symbolisch mit einer Drahtschere durch. Den ganzen Sommer hindurch flüchteten massenhaft DDR-Bürger über Ungarn nach Österreich und von dort nach Westdeutschland. Im September und Oktober wurden auch die bundesdeutschen Botschaften in Prag und Warschau zu Fluchtzentren. Auf dem Gelände der deutschen Botschaft in Prag herrschte im Oktober 1989 Überfüllung. Die Flüchtlinge kampierten schon im Treppenhaus und im Garten. Da konnte Bundesaußenminister Hans-Dietrich Genscher ihnen sagen, dass ihre Ausreise genehmigt worden sei.

September/Oktober 1989: Massenflucht von DDR-Bürgern über die Botschaften in Prag, Warschau und Budapest nach Westdeutschland.

4.3 Großdemonstrationen

Nach Wahlfälschungen bei den DDR-Kommunalwahlen im Mai 1989 kam es zu Massenprotesten. Es wurde schnell nicht mehr nur gegen den Wahlbetrug protestiert. Auch die Forderung nach Wohlstand, Demokratie und Reisefreiheit sowie nach der deutschen Einheit wurde auf Plakaten und in Sprechchören gestellt. Immer mehr Menschen schlossen sich den Demonstrationszügen an. Die Stasi versuchte mehrfach, die Demonstranten zu Ausschreitungen zu provozieren. Doch die Demonstranten blieben friedlich. Die Demonstrationen fanden in zahlreichen Städten statt. Am größten waren die Kundgebungen in Berlin und in Leipzig.

Die Gewaltlosigkeit der Demonstrationen bietet dem Staat keine Gelegenheit zum militärischen Eingreifen.

Leipzig, Oktober 1989: Bei den Montagsdemonstrationen skandieren Tausende von DDR-Bürgern »Wir sind das Volk«.

4.4 Die Öffnung der Mauer

Am 7. Oktober 1989 feierte die DDR-Führung den 40. Jahrestag ihrer Staatsgründung. Ehrengast zu den Feierlichkeiten in Berlin war der sowjetische Staatspräsident Michail Gorbatschow. Von Journalisten auf Reformen in der DDR angesprochen, sagte er den Satz: »Wer zu spät kommt, den bestraft das Leben.« Er sollte damit Recht behalten. Wenig später wurde Erich Honecker durch seine Politbürokollegen gestürzt und Egon Krenz übernahm die Macht. Aber auch diese neue Führung konnte nichts mehr an der Einstellung der Bürger ändern, die auf der Straße Freiheit, freie Medien und Reisefreiheit, die Entmachtung der SED und immer wieder die deutsche Einheit forderten.

Der sowjetische Präsident Gorbatschow mahnt zu Reformen: »Wer zu spät kommt, den bestraft das Leben.«.

Die Regierung Krenz wollte der dringendsten Forderung nachgeben und ein neues Reisegesetz ausarbeiten. Am Abend des 9. November 1989 gab das Politbüromitglied Günter Schabowski eine Pressekonferenz und verkündete dabei irrtümlich das Reisegesetz wie auch dessen sofortige Geltung. Daraufhin begaben sich Tausende zu den Grenzübergängen nach Ostberlin und forderten, durchgelassen zu werden. Kurz nach 23 Uhr wurden die Grenzübergänge geöffnet. An der Mauer wurde überall gefeiert, die Menschen aus Ost und West lagen sich in den Armen. Auch an den folgenden Tagen nutzten Hunderttausende die Gelegenheit, in den Westen zu fahren.

9. November 1989: Öffnung der Grenzen nach Westdeutschland.

5 Der Weg zur deutschen Einheit

5.1 Runder Tisch in der DDR

Das SED-Politbüro unter Krenz verlor bei den Ereignissen die Kontrolle und seine Macht. Wichtiger wurde jetzt die Volkskammer und die neue Regierung Modrow. Am runden Tisch fanden sich SED-Politiker mit Vertretern der Bürgerrechtsgruppen zusammen, um miteinander zu verhandeln. Für alle politischen Häftlinge wurde eine Amnestie vereinbart. Das Ministerium für Staatssicherheit wurde aufgelöst.

5.2 Kohls 10-Punkte-Programm

28. November 1989: Bundeskanzler Kohl legt 10-Punkte-Plan vor.

In der Bundesrepublik reagierte Bundeskanzler Helmut Kohl mit einem 10-Punkte-Programm, das er am 28. November 1989 dem Bundestag vorstellte. Darin schlug er einen Staatenbund Bundesrepublik Deutschland/DDR vor. Die DDR sollte zur EG Zugang erhalten. Die Entwicklung Deutschlands sollte in den europäischen Prozess und in die Ost-West-Beziehungen eingebettet werden. Punkt 10 sah die Einheit des deutschen Volkes in freier Selbstbestimmung vor.

Die Entwicklung war aber schneller als alle Planung. Vor allem die Bürger der DDR drängten auf ihren Demonstratio-

Zwei-plus-vier-Vertrag

Am 12. September 1990 erreichen Kohl und Genscher den so genannten Zwei-plus-vier-Vertrag zwischen den beiden deutschen Staaten und den Alliierten. Er enthält im Wesentlichen drei Bestimmungen:

1. Deutschland anerkennt die Grenze zu Polen als unverrückbar und verzichtet endgültig auf seine ehemaligen Ostgebiete.
2. Die Sowjetunion zieht ihre Truppen aus der ehemaligen DDR ab.
3. Alle vier Siegermächte des Zweiten Weltkrieges beenden die Besetzung Deutschlands. Das Land erhält die volle Souveränität.

Deutschland nach der Vereinigung

Sehr bald nach der Vereinigung der beiden deutschen Staaten wurde zum ersten Mal der gesamtdeutsche Bundestag gewählt. Am 2. Dezember 1990 wurde die Bundesregierung aus CDU und FDP mit 54,8 Prozent der Stimmen bestätigt.

6.1 Wirtschaftliche Situation

Für die Wirtschaft der ehemaligen DDR hatte die Währungsunion fatale Folgen. Die bisherigen Absatzmärkte bei den östlichen Nachbarn brachen weg, weil die D-Mark-Preise für sie nicht erschwinglich waren. Für den westdeutschen Markt waren die DDR-Produkte nur bedingt geeignet. Hingegen wurden die neuen Bundesländer ein guter Absatzmarkt für Westprodukte, zumal die Bevölkerung auf diese Produkte neugierig war und sie kaufte. Viele DDR-Betriebe mussten schließen. Die Folge war eine hohe Arbeitslosigkeit, die vor allem Frauen betraf.

Von der Bundesrepublik wurde die Treuhandgesellschaft eingesetzt, die mit der Privatisierung von DDR-Unternehmen begann. Unklare Eigentumsverhältnisse machten die Modernisierung oder Neugründung von Unternehmen schwer. Der Bund und die alten Bundesländer stellten Milliarden zur Verfügung. Es wurde eine Sondersteuer erhoben, der »Solidaritätszuschlag«, mit dem die deutsche Einheit finanziert werden soll.

6.2 Soziale Dimension

Mit der Vereinigung von DDR und Bundesrepublik Deutschland wurde von beiden Seiten unhinterfragt einseitig das westdeutsche System übernommen. In Westdeutschland sah man keine Notwendigkeit zu Änderungen. In der ehemaligen DDR hingegen änderte sich alles.

Der Vereinigungsprozess war schwierig. Dennoch hat Willy Brandt mit seinem Satz recht behalten, den er am 10. November 1989 auf dem Balkon des Schöneberger Rathauses gesprochen hat: »Jetzt wächst wieder zusammen, was zusammengehört.«

Auf einen Blick: Deutschland seit 1949

1950

- September: Die DDR wird in den Rat für gegenseitige Wirtschaftshilfe RGW aufgenommen.

1952

- Gründung der Europäischen Verteidigungsgemeinschaft (EVG).

1953

- 17. Juni: Arbeiteraufstand in Berlin und anderen Städten der DDR.

1955

- 5. Mai: Die Bundesrepublik wird NATO-Mitglied.
- 14. Mai: Die DDR wird Mitglied im Warschauer Pakt.

1956

- Wiedereinführung der Wehrpflicht in der Bundesrepublik.

1961

- 13. August: Bau der Berliner Mauer.

1963

- Oktober: Rücktritt Konrad Adenauers als Bundeskanzler, Kabinett Erhard.

1966

- Dezember: Rücktritt Erhards als Bundeskanzler; große Koalition unter Kurt Georg Kiesinger.

1970

- März: Besuch Willy Brandts in Erfurt.
- 23. August: Moskauer oder Deutsch-Sowjetischer Vertrag.
- 7. Dezember: Warschauer oder Deutsch-Polnischer Vertrag der Bundesrepublik. Kniefall Willy Brandts am Denkmal im ehemaligen Warschauer Getto.

1971

- Erich Honecker wird Staatschef in der DDR.

1972

- 3. September: Viermächteabkommen über Berlin.
- 21. Dezember: Grundlagenvertrag der Bundesrepublik mit der DDR.

1973

- Aufnahme der Bundesrepublik und der DDR in die UNO.

1974

- Rücktritt Willy Brandts wegen der Guillaumeaffäre, Kanzlerschaft Helmut Schmidts.

1975

- Entführung des Berliner CDU-Vorsitzenden Peter Lorenz. Austausch gegen fünf RAF-Häftlinge.

1977

- 7. April: Ermordung des Generalstaatsanwalts Siegfried Buback.
- 30. April: Ermordung des Bankiers Jürgen Ponto.
- 5. September: Entführung des Arbeitgeberpräsidenten Hanns-Martin Schleyer.
- 13. Oktober: Entführung eines deutschen Flugzeugs nach Mogadischu. Befreiung der Geiseln. Ermordung Hanns-Martin Schleyers.
- 18. Oktober: Selbstmord der Terroristen Andreas Baader, Gudrun Ensslin und Jan-Carl Raspe.

1989

- 2. Mai: Ungarn öffnet seine Grenzen zum Westen. Beginn der Fluchtwelle aus der DDR.
- September/Oktober: Botschaftsflüchtlinge in Warschau und Prag dürfen ausreisen.
- 7. Oktober: 40. Jahrestag der Gründung der DDR.
- 9. November: Fall der Berliner Mauer.
- 28. November: Kohl präsentiert sein 10-Punkte-Programm im Bundestag.

1990

- 18. März: Freie Wahlen zur Volkskammer der DDR.
- Zwei-plus-vier-Vertrag mit den Westmächten und der UdSSR zur Absicherung der deutschen Einheit.
- 2. Juli: Währungs-, Wirtschafts- und Sozialunion.
- 3. Oktober: Beitritt der DDR zur Bundesrepublik Deutschland.

Die zweite Hälfte des 20. Jahrhunderts

Die Weltpolitik in dieser Zeit ist geprägt vom Gegensatz zwischen den Supermächten USA und UdSSR. Entspannungspolitik sichert den Frieden in den starren Blöcken. In Asien entsteht neben Japan mit China eine zweite Großmacht. Nach der Kolonialherrschaft werden die afrikanischen Länder selbstständig. Wie auch viele Staaten in Lateinamerika und Asien zählen sie zu den Entwicklungsländern. Mit dem Zerfall der Sowjetunion entstehen ab 1989 viele Staaten neu und die weltgeschichtliche Konstellation ändert sich.

1 Der Ost-West-Konflikt und der Kalte Krieg

1.1 Die Teilung Europas

In allen russisch besetzten Ländern Mittel- und Osteuropas förderte die UdSSR die Machtübernahme kommunistischer Regimes und gliederte diese Staaten ihrem Einflussbereich ein. So entstanden sozialistische Satellitenstaaten der Sowjetunion in halb Europa: Bulgarien und Albanien 1946, Polen und Rumänien 1947, die Tschechoslowakei 1948, Ungarn und die DDR 1949.

Winston Churchills Rede über den »Eisernen Vorhang«

Der britische Premierminister Winston Churchill stellte in einer Rede am 5. März 1946 die Spaltung Europas fest: »Von Stettin an der Ostsee bis hinunter nach Triest an der Adria ist ein ›Eiserner Vorhang‹ über den Kontinent gezogen. Hinter jener Linie liegen alle Hauptstädte der alten Staaten Zentral- und Osteuropas. Warschau, Berlin, Prag, Wien, Budapest, Belgrad, Bukarest und Sofia. Alle jene berühmten Städte ... sind nicht nur dem sowjetischen Einfluss ausgesetzt, sondern auch in zunehmendem Maße der Moskauer Kontrolle unterworfen.«

Aufstände im Ostblock

In den sozialistischen Staaten Europas kam es immer wieder zu Aufständen:

- 1953 in der DDR: Der Arbeiteraufstand in Berlin und an anderen Orten wurde niedergeschlagen. Zu den Forderungen gehörten freie Wahlen und die deutsche Einheit.
- 1956: In Polen protestierten die Arbeiter gegen die hohen Preise.
- Ungarn trat unter Imre Nagy aus dem Warschauer Pakt aus. Am 4. November marschierte die Rote Armee ein und erstickte den Aufstand. Nagy wurde hingerichtet.
- 1968 Tschechoslowakei: Intellektuelle und der Reformer Alexander Dubcek wollten eine Wirtschaftsreform und einen »Sozialismus mit menschlichem Antlitz« erreichen.

Am 21. August beendeten sowjetische Panzer den »Prager Frühling«.

- 1980 Polen: Ein Streik auf der Danziger Leninwerft unter Führung des Elektrikers Lech Walesa führte dazu, dass der Staat die illegale Gewerkschaft »Solidarnosc« als politische Partei zulassen musste. 1981 wurde das Kriegsrecht über das Land verhängt.

1.2 Westliche Eindämmungspolitik

Die Trumandoktrin

Der amerikanische Präsident Harry S. Truman entwickelt angesichts der zunehmenden Teilung der Welt zwischen dem demokratischen System im Westen und dem sowjetischen im Osten eine politische Theorie. Danach sei es die Pflicht der freien Völker, vor allem der USA, anderen Ländern beizustehen, damit diese ihr eigenes Geschick bestimmen könnten. Dieser Beistand sollte vor allen Dingen ein wirtschaftlicher und finanzieller sein.

Wirtschaftshilfe

Trumandoktrin und Marshallplan stabilisieren Westeuropa wirtschaftlich.

Mit dem politischen Konzept der Trumandoktrin wollten die USA den sowjetischen Einfluss eindämmen. Den von einer kommunistischen Einflussnahme gefährdeten Ländern sollte wirtschaftlich geholfen werden. Diese Politik setzte der Marshallplan um. Er galt für alle europäischen Länder, auch wenn die unter sowjetischer Besatzung stehenden durch die Sowjetunion an der Teilnahme gehindert wurden.

Die NATO

4. April 1949: Gründung der NATO, westliches Militärbündnis auf Initiative der USA.

Nach europäischen Vorstufen 1947 und 1948 entstand auf amerikanische Initiative ein westliches Militärbündnis, die NATO (North Atlantic Treaty Organization). Sie wurde am 4. April 1949 von den USA, Großbritannien, Kanada, Frankreich, Dänemark, Italien, Belgien, Luxemburg, den Niederlanden, Norwegen, Portugal und Island gegründet. Den unmittelbaren Hintergrund bildete die russische Berlinblockade, die auch anderen europäischen Völkern ihre mögliche Gefährdung zeigte und Amerika als Schutzmacht etablierte.

Am 18. Februar 1952 traten Griechenland und die Türkei bei. Deutschland wurde am 5. Mai 1955 aufgenommen.

Politische Bündnisse in Westeuropa

1951: Schumanplan und Montanunion.

Der französische Außenminister Robert Schuman entwickelte 1950 einen Plan zu einer westeuropäischen Institution für die Kohle- und Stahlindustrie. Der Schumanplan wurde 1951 als Europäische Gemeinschaft für Kohle und Stahl (Montanunion) umgesetzt. Zu ihren Mitgliedern gehörten Frankreich, Italien, die Beneluxländer und erstmals auch die Bundesrepublik Deutschland. 1952 unternahmen die Länder der Montanunion auch den Versuch, eine eigene militärische Verteidigung für Europa zu organisieren und schlossen den Pariser Vertrag über eine Europäische Verteidigungsgemeinschaft (EVG). Frankreich ratifizierte den Vertrag nicht, die EVG scheiterte.

Die Europäische Wirtschaftsgemeinschaft (EWG)

25. März 1957: Römische Verträge: Ausbau der Montanunion zur EWG; Gründung der Euratom zur friedlichen Nutzung der Kernenergie.

Frankreich, Italien, die Beneluxländer und die Bundesrepublik Deutschland gingen auf dem Weg zu einer politischen Einigung Europas einen Schritt weiter. Am 25. März 1957 bauten sie die Montanunion durch die Römischen Verträge zu einer Europäischen Wirtschaftsgemeinschaft (EWG) aus. Stufenweise sollten alle Zoll- und Handelsschranken zwischen den Mitgliedsländern abgebaut werden und so ein einheitlicher Wirtschaftsraum entstehen. Gleichzeitig wurde die Europäische Atomgemeinschaft Euratom gegründet, in der man für eine friedliche Nutzung der Kernenergie zusammenarbeiten wollte.

Großbritannien konnte sich nicht zum Beitritt zur EWG entschließen und trat alternativ für die Gründung einer europäischen Freihandelszone ein, um die wirtschaftlichen Vorteile ohne die politischen Konsequenzen nutzen zu können.

1960: Gründung der EFTA (European Free Trade Association).

So entstand in einer gewissen Konkurrenz zur EWG 1960 die EFTA (European Free Trade Association) zwischen Großbritannien, den skandinavischen Staaten Dänemark, Norwegen und Schweden, Österreich und Portugal.

Beitrittsversuche von EFTA-Ländern zur EWG scheiterten am französischen Widerstand.

1.3 Die UNO

Die Gründung der UNO

Schon während des Zweiten Weltkrieges waren die Alliierten übereingekommen, nach dem Krieg eine internationale Organisation zu gründen, die den Frieden sichern sollte. Dieser Plan wurde mit der Gründung der Vereinten Nationen (UN, United Nations) in die Tat umgesetzt. Am 26. Juni 1945 unterzeichneten 51 Staaten in San Francisco die UN-Charta. Sie stellt die Satzung der Vereinten Nationen dar. Deutschland und Japan als Friedensbrecher und besiegte Nationen des Zweiten Weltkrieges waren nicht zugelassen.

26. Juni 1945: Unterzeichnung der UN-Charta.

Organisation der UNO

- Das höchste Ziel der UNO ist die Wahrung des Weltfriedens und der internationalen Sicherheit.
- Sitz der UNO (United Nations Organization) ist New York.
- Der Generalsekretär leitet die Arbeit der verschiedenen UN-Organisationen und leitet die Geschäfte.
- Die Vereinten Nationen haben themenbezogene Organisationen, zum Beispiel das Kinderhilfswerk UNICEF, das Erziehungshilfswerk UNESCO oder die Weltgesundheitsorganisation WHO (World Health Organization).
- Ein wichtiges Organ ist der Sicherheitsrat der UN. Er kann in allen internationalen Konflikten angerufen werden. Problematisch ist sein Einstimmigkeitsgebot. Jedes Mitgliedsland kann durch sein Veto einen Beschluss verhindern.
- Die UN unterhält den Internationalen Gerichtshof mit Sitz in Den Haag.
- Die UN unterhält keine eigenen Truppen. Mitglieder stellen Soldaten für einzelne Einsätze. Sie werden wegen ihres blauen Schutzhelms Blauhelme genannt.

Die UNO im Kalten Krieg

Die geringe politische Macht der UNO zeigte sich deutlich im Ost-West-Konflikt der Fünfziger- und Sechzigerjahre. Beide Supermächte nutzten die UNO zu propagandistischen Zwecken. Spektakulär war der Auftritt des sowjetischen

Regierungschefs Nikita Chruschtschow bei der UN-Vollversammlung 1960, als dieser einen Schuh auszog und damit auf den Tisch klopfte. Schauplatz der ideologischen Kämpfe war häufig der Sicherheitsrat der Vereinten Nationen. Das sowjetische Veto verhinderte Aktionen der UNO 1948 in der Tschechoslowakei, 1949 in der Berlinkrise oder bei den Volksaufständen von 1956 und 1968. Im Algerienkrieg Frankreichs waren die Vereinten Nationen ebenso machtlos. Doch auch die USA ignorierten die UNO im Vietnamkrieg.

1.4 Naher Osten – ein internationaler Krisenherd

Die Suezkrise

1956 verkündete der ägyptische Staatspräsident Nasser die Verstaatlichung der bisher von Frankreich und Großbritannien kontrollierten Suezkanalgesellschaft.

Suezkrise 1956 und israelischer Angriff auf Ägypten.

Großbritannien und Frankreich unterstützten einen Angriff Israels auf Ägypten auf der Halbinsel Sinai. Erst auf Druck der Supermächte USA und Sowjetunion kam es zu einem Waffenstillstand. Den Suezkanal bewachten UN-Soldaten.

Die Gründung des Staates Israel und die vier Nahostkriege

In das britische Protektorat Palästina waren während des Zweiten Weltkrieges sehr viele Juden eingewandert, die dort einen eigenen Staat errichten wollten. Die UNO-Vollversammlung 1947 entschied sich für eine Teilung des Landes in einen palästinensischen und einen jüdischen Staat. Die Palästinenser lehnten diesen Teilungsplan ab.

14. Mai 1948: Ben Gurion ruft den Staat Israel aus.

Am 14. Mai 1948 rief der israelische Politiker David Ben Gurion die Gründung des Staates Israel aus. Israel musste in vier Nahostkriegen gegen seine arabischen Nachbarn um seine Existenz kämpfen. Im Sechstagekrieg von 1967 dehnte es sein Staatsgebiet durch Eroberungen aus. In die Nahostkrisen waren stets die USA und der Westen aufseiten Israels, die Sowjetunion eher aufseiten der Araber einbezogen.

2 Entkolonialisierung

Nach dem Zweiten Weltkrieg kam es in vielen Kolonien zu Unabhängigkeitsbewegungen. Zu stark wurden die Folgen der Ausbeutung sichtbar. Vor allem aber hatten diese Länder im Zweiten Weltkrieg gekämpft und dadurch an nationalem Selbstbewusstsein gewonnen.

2.1 Asien

In Indien setzte sich der in England ausgebildete Mahatma Gandhi (1869–1948) an die Spitze der nationalen Unabhängigkeitsbewegung. Er propagierte den gewaltfreien Widerstand. Die spektakulären Demonstrationen Gandhis und der Unabhängigkeitsbewegung erregten weltweit Interesse und Sympathie. Die Unabhängigkeitsbewegung wurde trotz Gandhis Bemühungen um den Erhalt der indischen Einheit durch religiöse Konflikte zwischen Hindus und Moslems gespalten. Am 15. August 1947 erreichten Indien und auch seine islamische Abspaltung Pakistan die Unabhängigkeit von der britischen Herrschaft.

Gandhi (1869–1948) propagiert gewaltfreien Widerstand gegen die britische Herrschaft.

Gegen die französische Kolonialherrschaft in Indochina erhob sich ebenfalls Widerstand. Der Kommunistenführer Ho Chi Minh rief im September 1945 die Republik Vietnam aus. Frankreich stimmte auf der Indochinakonferenz 1954 einer Teilung des Landes in einen unabhängigen kommunistischen Staat im Norden und einen französisch und westlich beeinflussten Südteil zu.

1954: Indochina wird geteilt.

Indonesien war eine niederländische Kolonie gewesen und hatte sich im August 1945 für unabhängig erklärt. Als die Niederlande Truppen schickten, griffen die UNO und die USA ein. Die USA drohten den Niederlanden, ihre Marshallplanhilfen für den Wiederaufbau des Landes einzustellen. Daraufhin zogen die Niederlande ihre Truppen zurück.

Unabhängigkeit Indonesiens durch Hilfe der UNO und der USA.

2.2 Afrika

In Tunesien gab es schon vor dem Ersten Weltkrieg eine Nationalbewegung. In den Dreißigerjahren forderte sie die Unabhängigkeit, die Tunesien 1956 erhielt. Marokko war zwischen Spanien und Frankreich geteilt. In den Zwanzigerjahren kam es in beiden Zonen zu Aufständen. 1956 wurde Marokko in die Unabhängigkeit entlassen. In Algerien zeigte sich Frankreich der Unabhängigkeitsbewegung gegenüber völlig unnachgiebig. Nach 1954 führte die harte französische Haltung zu einer Aufstandsbewegung, die die »Grande Nation« mit der Entsendung immer weiterer Truppen beantwortete. Frankreich hörte nicht auf internationale Appelle und isolierte sich aber politisch. 1962 beschloss General de Gaulle, das Land freizugeben.

Harte Haltung Frankreichs gegen Unabhängigkeit Algeriens.

Großbritannien, die größte Kolonialmacht Afrikas, entließ seine afrikanischen Kolonien ohne Kolonialkriege in die Unabhängigkeit. Teilweise blieben im »Commonwealth of Nations« Verbindungen erhalten. Süd- und Nordrhodesien hatten schon seit den Zwanzigerjahren Selbstverwaltungen. Rhodesien benannte sich als selbstständiges Land mit dem afrikanischen Namen Zimbabwe. In Kenia wehrten sich von Weißen vertriebene Einheimische 1952–55 im Mau-Mau-Aufstand. Das Land wurde 1963 unabhängig.

1952–55: Mau-Mau-Aufstand in Kenia.

Portugal schlug Aufstände in Angola (1961), in Portugiesisch-Guinea (1963) und 1964 in Mosambik nieder Der Kolonialkrieg war teuer und Portugal kein reiches Land; dennoch wurde die Unabhängigkeit erst Mitte der Siebzigerjahre gewährt.

Südafrika war schon seit 1931 Republik. Die weiße Minderheitsregierung wies den Schwarzen so genannte »Homelands« zu und errichtete das System der Apartheid (Rassentrennung). Dieses Unrechtssystem hatte bis in die Neunzigerjahre hinein Bestand. 1994 fanden die ersten freien Wahlen in dem Land statt, der Führer der Befreiungsbewegung Nelson Mandela wurde der erste schwarze Präsident.

Apartheid in Südafrika bis in die Neunzigerjahre.

Namibia, die einstige deutsche Kolonie Deutsch-Südwestafrika, stand nach dem Ersten Weltkrieg unter Völkerbundverwaltung, die dann von der Republik Südafrika wahrgenommen wurde. Südafrika verleibte sich das Land ein. Namibia wurde erst 1990 als letzter Staat in Afrika selbstständig.

3 Kalter Krieg und erstes »Tauwetter«

3.1 Die Ära Kennedy in den USA

1960 wurde John Fitzgerald Kennedy (1917–1963) Präsident der Vereinigten Staaten. Er besaß große persönliche Ausstrahlung und gewann Vertrauen für seinen Kurs der »New Frontiers« (neue Grenzen/Herausforderungen), zu denen er Amerika führen wollte.

John F. Kennedy: »Fragt nicht, was euer Land für euch tun kann, fragt, was ihr für euer Land tun könnt!«.

Kennedy hatte in einer Rede die Landung von Amerikanern auf dem Mond bis zum Jahrhundertende angekündigt. Er unterstützte die amerikanische Bürgerrechtsbewegung unter dem schwarzen Baptistenprediger Martin Luther King (1929–1968), die mit gewaltlosen Demonstrationen das Ende der Rassentrennung und gleiche Rechte für die Schwarzen forderte.

Martin Luther King (1929–1968) kämpft für die Rechte der Schwarzen.

Außenpolitisch zeigte er durch sein Verhalten bei der Errichtung der Berliner Mauer 1961, dass die USA die sowjetische Einflusssphäre respektierten. Kennedys außenpolitischer Sündenfall war die amerikanische Unterstützung für die Invasion in Kuba 1961, die zu einer verschärften Konfrontation mit der UdSSR und zur Kriegsgefahr führte. Seither betrieb er Entspannungspolitik.

Kennedy verkörperte Jugendlichkeit und Modernität. Überall wurden große Hoffnungen auf ihn gesetzt. Daher war es weltweit ein großer Schock, als er am 22. November 1963 in Dallas/Texas ermordet wurde.

22. November 1963: Ermordung John F. Kennedys in Dallas.

3.2 Die Ära Chruschtschow in der Sowjetunion

Unter dem neuen Staats- und Parteivorsitzenden Nikita Chruschtschow (1953–64) überwand die Sowjetunion den Stalinismus. Er distanzierte sich vom Terror der stalinistischen Säuberungen. Chruschtschow wollte mit seiner Politik des »Tauwetters« das Land aus der Erstarrung der Stalinjahre reißen.

Entstalinisierung unter Chruschtschow.

Die Konsumgüterindustrie sollte stärker gefördert werden. Dabei wollte man sogar die USA überflügeln. Amerika war durch den Ost-West-Konflikt ohnehin zur festen Größe geworden, an der man sich messen musste. Wenn es gelang, die USA in irgendeinem Bereich zu schlagen, war das gleichzeitig ein Sieg des Kommunismus über den Kapitalismus. Dies galt für die Außenpolitik ebenso wie für die Industrie oder auch Sport, Forschung oder die Raumfahrt.

Der Wettlauf zum Mond

- 4. Oktober 1957: Die Sowjetunion setzt den ersten künstlichen Satelliten Sputnik 1 aus. Dieser Erfolg löst im Westen den »Sputnikschock« aus.
- 12. April 1961: Jurij Gagarin umrundet als erster Mensch die Erde in einem Raumschiff.
- 25. Mai 1961: US-Präsident Kennedy stellt in einer Rede das Ziel einer Mondlandung auf.
- 20./21. Juli 1969: Die Amerikaner Neil Armstrong und Edwin Aldrin betreten als erste Menschen den Mond.

3.3 Die Kubakrise

Fidel Castro verbündet sich mit der Sowjetunion.

Auf Kuba war 1959 der Kommunist Fidel Castro an die Macht gekommen. Seine Regierung enteignete auch amerikanische Firmen, worauf die USA mit einem noch bestehenden Boykott reagierten. Kuba verbündete sich daraufhin mit der Sowjetunion.

15.–28. Oktober 1962: Kubakrise wegen der Stationierung russischer Raketen auf Kuba.

1961 unterstützten die USA einen Versuch von Exilkubanern, vom US-Staat Florida aus Kuba einzunehmen und Castro zu stürzen. Die Landung in der kubanischen Schweinebucht scheiterte und schadete dem Ansehen der USA in der Welt. Chruschtschow begann nun mit der Stationierung von Flugabwehr- und Mittelstreckenraketen auf Kuba. Die Raketenabschussbasen lösten große Bestürzung in den USA aus. Es stellte sich die Frage, wie man auf eine solche Bedrohung reagieren sollte und ob eine Reaktion in einen neuen Weltkrieg münden würde.

In dieser Kubakrise führte die US-Marine eine Seeblockade durch, die neue Raketentransporte auf russischen Schiffen stoppen sollte. Da lenkte Chruschtschow ein und handelte geschickt einen Kompromiss aus. Die USA sollten auf eine Invasion in Kuba verzichten und ihre die Sowjetunion bedrohenden Raketen in der Türkei abbauen. Die Sowjets würden dafür ihre Raketen auf Kuba demontieren.

3.4 Entwicklung in Asien

Die Dominotheorie

Die USA und ihre westlichen Verbündeten hingen der Dominotheorie an, um die Zustände in Südostasien zu erklären. Sollte ein südostasiatisches Land an den Kommunismus fallen, würde wie bei einem Dominoeffekt die ganze Region kommunistisch werden. Dies galt es vor allem durch zwei Maßnahmen zu verhindern:

- Wirtschaftliche und finanzielle Unterstützung für Indien, Indonesien, Japan, die Philippinen, Südkorea, Südvietnam, Taiwan.
- Abschreckung der Sowjetunion durch militärische Bündnisse mit asiatischen Staaten.

China unter Mao Tse-tung

1949: Mao Tse-tung ruft kommunistische Volksrepublik China aus.

Die chinesischen Kommunisten hatten sich in einem langen Bürgerkrieg gegen die nationalistische Republik durchgesetzt. Am 1. Oktober 1949 rief der KP-Führer Mao Tse-tung die kommunistische Volksrepublik China aus.

1950 führten die Kommunisten die Landreform durch, die Grundherren wurden enteignet. Die Industrialisierung des Landes sollte 1953–57 durch einen Fünfjahresplan vorangetrieben werden. Die Sowjetunion schickte zur Unterstützung 10 000 Fachkräfte. Der Aufbau des sozialistischen Staates wurde von blutigem Terror begleitet, der sich gegen alle Nichtkommunisten richtete. Als es 1960 zu einer schweren Wirtschaftskrise kam, förderten liberale Vertreter der KP wieder das Privatland und einen freien Markt. Mao aber verurteilte die liberale Richtung als konterrevolu-

Mao Tse-tung, der Vorsitzende der KP und Gründer der Volksrepublik China

1966–1976: »Kulturrevolution« in China, Ausrottung chinesischer Tradition, Terror und rigorose Verfolgung Andersdenkender.

tionär. Von 1966 bis 1976 ließ er die »Große Proletarische Kulturrevolution« durchführen, die zu einer rigorosen Verfolgung Andersdenkender führte. Alle Reste der alten chinesischen Tradition sollten ausgerottet werden. Da keine neue Führungsschicht entstehen sollte, wurden alle Gebildeten stark verfolgt und zu Zwangsarbeit auf dem Land verpflichtet. Terror überzog das Land, während auf der anderen Seite ein Personenkult um Mao stattfand.

Die kommunistische Regierung arbeitete lange eng mit der Sowjetunion zusammen. Differenzen zur UdSSR ergaben sich, weil man in China den alleinigen Führungsanspruch der KPdSU für die gesamte kommunistische Welt nicht akzeptierte und eine eigene Politik mit Waffenlieferungen an die Befreiungsbewegungen der Dritten Welt betrieb. China war zudem Atommacht geworden. 1960 kam es zum offenen Bruch mit der Sowjetunion. Aus der Gegnerschaft zu Russland erwuchs eine teilweise Öffnung nach Westen.

Japan nach dem Krieg

Japan war nach der bedingungslosen Kapitulation vom 2. September 1945 von amerikanischen Truppen besetzt worden. Ähnlich wie in Deutschland förderten die USA auch in Japan die demokratische Entwicklung zugleich mit der wirtschaftlichen. Nach dem Sieg der Kommunisten in China 1949 und dem Koreakrieg 1950–53 wurde die Anlehnung Japans an die USA noch enger. Die USA hatten Interesse an Japan als einem westlichen Bündnisgenossen in Asien. Daher gaben sie ihm 1951 im Friedensvertrag von San Francisco die Souveränität zurück.

Japan erhält Souveränität zurück.

Der Koreakrieg 1950–53

Korea war ähnlich wie Vietnam in einen kommunistischen Nordteil und einen eher westlich orientierten Südteil gegliedert. Als nordkoreanische kommunistische Truppen am 25. Juni 1950 die Grenze, als die der 38. Breitengrad festgelegt war, überschritten, marschierte eine UN-Truppe ein. Sie bestand fast überwiegend aus amerikanischen Soldaten.

Dieses Heer nahm Nordkorea bis fast an die chinesische Grenze ein. China fühlte sich bedroht und griff seinerseits in den Krieg ein. Daraufhin forderte der amerikanische General MacArthur, der im Zweiten Weltkrieg in Südostasien gekämpft hatte, den Einsatz von Atomwaffen. Präsident Truman lehnte dies ab. Die Front bewegte sich immer um den 38. Breitengrad herum, ohne dass eine Partei den Sieg gewinnen konnte. Im Waffenstillstand 1953 wurde der alte Stand eines kommunistischen Nordstaates und eines westlichen Südkorea bestätigt. Die beiden koreanischen Staaten kamen sich erst Ende der Neunzigerjahre mit humanitären Erleichterungen wieder ein Stück näher.

1953: Teilung Koreas in kommunistischen Nordstaat und westlich geprägtes Südkorea.

Der Vietnamkrieg 1954–1979

Die Sowjetunion belieferte die kommunistische nordvietnamesische Republik kontinuierlich mit Waffen für den Guerillakrieg gegen Südvietnam. Als 1964/65 der Vietcong, so die Bezeichnung für die kommunistisch geführten Guerillakämpfer, fast den gesamten Süden Vietnams eingenommen hatte, entschlossen sich die USA unter Präsident Lyndon B. Johnson zum militärischen Eingreifen. Dadurch sollte gemäß der Dominotheorie ein weiteres Ausgreifen des Kommunismus verhindert werden. Immer mehr amerikanische Soldaten kamen ins Land. Sie übten Vergeltungsaktionen gegen den Vietcong aus und flogen erbarmungslose Bombeneinsätze.

1964/65: Kommunistische Guerillakämpfer (Vietcong) kontrollieren Südvietnam; die USA schreiten ein.

Auch die Amerikaner handelten brutal gegen die Zivilbevölkerung und trugen zur Verwüstung des Landes bei. In den USA wie überall in der westlichen Welt regte sich immer stärkere Kritik am brutalen Vorgehen der amerikanischen Truppen. Johnsons Nachfolger im Präsidentenamt, Richard Nixon, leitete 1969 Waffenstillstandsverhandlungen ein. 1973 wurde in Paris ein Abkommen geschlossen, nachdem sich die Amerikaner aus Vietnam zurückziehen und Südvietnam selbstständig bleiben sollte. 1974 begann aber Nordvietnam eine neue Angriffswelle, bis 1976 Nord- und Südvietnam offiziell als kommunistische Republik vereinigt werden konnten.

1976: Nord- und Südvietnam werden offiziell als kommunistische Republik vereinigt.

Vietnam war für die amerikanische Öffentlichkeit ein Trauma. Seit dem Einsatz amerikanischer Truppen im Zweiten Weltkrieg hatte man sich daran gewöhnt, für eine »gute«

Vietnamkrieg als amerikanisches Trauma.

Sache zu kämpfen. Jetzt erlebte Amerika einen sinnlosen, schmutzigen Krieg mit hohen Opfern, in dem die eigenen Truppen schuldig an Mord und Vergewaltigung geworden waren.

4 Entspannungspolitik der Siebzigerjahre

»Heißer Draht« zwischen Washington und Moskau löst Kalten Krieg ab.

Der Ernst der Kubakrise hatte gezeigt, dass beide Supermächte eine Sicherung gegen die mögliche Konflikteskalation brauchten. Washington und Moskau richteten 1963 eine direkte Telefonverbindung ein, den so genannten Heißen Draht. Damit sollte die unmittelbare Gefahr eines Kriegsausbruchs zwischen den Weltmächten gebannt werden. Das Konzept der Konfrontation, des Kalten Krieges, wurde allmählich abgelöst durch die Politik der friedlichen Koexistenz. Die beiden feindlichen Blöcke sollten nebeneinander existieren und bewaffnete Konflikte eher vermeiden. Auseinandersetzungen sollten nicht militärisch geführt werden, sondern auf anderen Feldern wie etwa in Wirtschaft, Forschung und Sport.

4.1 Rüstungskontrolle

Sowohl die USA wie auch die Sowjetunion und alle Länder der jeweiligen Blöcke in Ost und West gaben Milliarden für die Rüstung aus. Das Gleichgewicht des Schreckens kostete Unsummen an Geld. Zugleich hatte sich durch die Einsetzbarkeit von Atombomben (ab 1945) und von Wasserstoffbomben (ab 1952) eine neue Dimension der Vernichtung ergeben. Bei allen größeren internationalen Konflikten der Fünfziger- und Sechzigerjahre schwang stets die Angst vor einem Atomkrieg mit. Zwar konnten sich die beiden Supermächte noch nicht zur Abrüstung, wohl aber zur Rüstungskontrolle entschließen.

Seit 1969 befanden sich die USA und die UdSSR im Prozess der SALT-Verhandlungen (SALT, Strategic Arms Limitation Talks, Gespräche über die Begrenzung strategischer Waffen). Im ersten Vertrag vom 26. Mai 1972 ging es um die ABM-

Waffen (Anti Ballistic Missile, Abwehrraketen) und vor allem die Interkontinentalraketen mit ihrer enormen Reichweite. Die Verhandlungen zu SALT II dauerten sechs Jahre und wurden am 18. Juni 1979 in Wien vertraglich abgeschlossen. SALT II wurde wegen des sowjetischen Einmarsches in Afghanistan von den USA nicht ratifiziert.

Seit 1969 SALT-Gespräche über die Begrenzung strategischer Waffen; Beginn der Rüstungskontrolle.

Rüstungskontrolle durch Verträge

- SALT I (1969–1972):
  Beschränkung der Interkontinentalraketen
- SALT II (1973–1979):
  Höchstgrenzen auch für Atombomben aus Flugzeugen und U-Boot-Raketen (2250 Systeme pro Seite)

4.2 Die KSZE

Ein weiteres wichtiges Mittel zur Friedenssicherung trotz der starren Blockbildung war die Konferenz für Sicherheit und Zusammenarbeit in Europa (KSZE) in Helsinki, die am 3. Juli 1973 eröffnet wurde. Das Ziel war die Verbesserung der internationalen Beziehungen. Der Helsinkiprozess dauerte zwei Jahre. 1975 wurde wiederum in Helsinki die Schlussakte präsentiert. Es handelte sich dabei nicht um einen Vertrag, sondern um Absichtserklärungen, die in zehn Punkten zusammengefasst wurden. Darin wurde die Achtung der Menschenrechte und das Selbstbestimmungsrecht der Völker unterstrichen. Nach 1975 bildeten sich in den Ostblockstaaten zahlreiche kritische Gruppen, die sich in ihrer Arbeit auf die Helsinkischlussakte beriefen.

Seit 3. Juli 1973: Verbesserung der internationalen Beziehungen in der KSZE.

1975: Schlussakte der KSZE unterstreicht Menschenrechte und Selbstbestimmungsrecht der Völker.

Die KSZE war ein Gesprächsprozess zwischen Ost und West, der der Entspannungspolitik in den Siebzigerjahren entsprang. Neben der KSZE kam es auch zu verbesserten Beziehungen zwischen den USA und China und zu der friedenssichernden und entspannenden Wirkung der deutschen Ostpolitik.

4.3 Die Europäische Gemeinschaft (EG)

1967 wurden Montanunion, Euratom und EWG zur Europäischen Gemeinschaft mit Sitz in Brüssel erweitert. Der große einheitliche Markt entwickelte sich stark und steigerte den

1967: Erweiterung von Montanunion, Euroatom und EWG zur EG.

Wohlstand. 1973 traten Großbritannien, Irland und Dänemark bei. 1981 wurde Griechenland EG-Mitglied, 1986 Spanien und Portugal. Die EG wurde damit neben den USA zur stärksten Wirtschaftsmacht. Der Wohlstand stieg in allen Mitgliedsländern. Zu den Problemen zählen die hohen Subventionen für die Landwirtschaft, die von dieser produzierten Überschüsse und die Korruption.

4.4 Die Friedenspolitik im Nahen Osten seit den Siebzigerjahren

1964: Entstehung der palästinensischen Befreiungsorganisation PLO.

1979: Friedensvertrag zwischen Israel und Ägypten.

Über 1 Million Palästinenser war durch die Nahostkriege und die israelische Siedlungspolitik aus ihrer Heimat vertrieben worden. 1964 entstand als ihre nationale Vertretung die palästinensische Befreiungsorganisation PLO. Sie versuchte durch weltweite Terrorakte auf sich aufmerksam zu machen. In Israel führten Palästinenser Überfälle und Sprengstoffanschläge durch. Das israelische Militär beantwortete die Aktionen durch Vergeltungsschläge. US-Präsident Carter vermittelte in Verhandlungen in Camp David 1979 einen Friedensvertrag zwischen Israel und Ägypten. Israel gab den Sinai an Ägypten zurück und wurde dafür als Staat anerkannt. Der israelische Ministerpräsident Menachem Begin und Anwar as-Sadat wurden dafür mit dem Friedensnobelpreis ausgezeichnet.

5 Nord-Süd-Konflikt

5.1 Kriterien für Entwicklungsländer/Dritte Welt

Das Konzept der »Dritten Welt« ist ein etwas fragwürdiges Modell der reichen Länder des Westens, um die ärmsten Länder zu beschreiben und sich von ihnen abzusetzen. »Erste Welt« sind die reichen Industrienationen des Westens, »Zweite Welt« die ärmeren sozialistischen Länder Europas und Asiens. »Dritte Welt« ist der große Rest der Welt, die armen Länder der Erde in Asien, Afrika und Lateinamerika. Für die ärmsten Länder wird teilweise sogar die Kategorie der »Vierten Welt« verwendet. Richtiger ist der Begriff »Entwicklungsland«, den die Weltbank in den Sechzigerjahren eingeführt hat.

Kriterien für ein Entwicklungsland

- Hoher Anteil an Analphabeten, geringer Bildungsstand
- Niedriges Pro-Kopf-Einkommen und geringes Bruttoinlandsprodukt
- Mangelnde Industrialisierung
- Agrarstaat mit rückständiger Landwirtschaft
- Hohes Bevölkerungswachstum
- Hohe Arbeitslosigkeit

5.2 Afrika

Die meisten Staaten Afrikas errangen ihre Unabhängigkeit in den Fünfziger- und Sechzigerjahren, ohne nach über einem Jahrhundert der kolonialen Unterdrückung überhaupt auf die Freiheit vorbereitet zu sein. Der Fachkräftemangel und die fehlende Bildung machten sich nach dem Wegfall der Kolonialverwaltungen bemerkbar. Die politischen Grenzen waren von den europäischen Mächten mit dem Lineal und völlig an den ethnischen Gegebenheiten vorbei gezogen worden, sodass es in vielen der jungen Staaten zu Kämpfen rivalisierender Volksgruppen kam. Korruption wurde ein Dauerproblem. Durch Raubbau waren in vielen Gebieten die natürlichen Ressourcen erschöpft. Bürgerkriege führten zu Flüchtlingswellen. In Äthiopien und Somalia litt die Bevölkerung unter katastrophalen Hungersnöten.

Bürgerkriege, Hungersnöte und Bevölkerungsexplosion.

Gleichzeitig nahm in der zweiten Hälfte des 20. Jahrhunderts die Bevölkerung explosionsartig zu. Der Kalte Krieg führte auch in Afrika zum Aufbau sozialistischer und westlich orientierter Staaten. Wegen der unterschiedlichen Förderung waren die sozialistisch geprägten Staaten in ihrer Entwicklung zurückgeworfen. Sie haben bis heute die schlechtere Infrastruktur und sind weniger bekannt. Daher haben sie auch geringeren Anteil am wirtschaftlich bedeutenden Tourismusgeschäft.

5.3 Lateinamerika

Reiche Eliten, Gefahr der Diktatur.

Die Länder Lateinamerikas erkämpften sich ihre Unabhängigkeit schon im 19. Jahrhundert. Sie leiden bis heute unter Armut, Verslumung der Städte, Umweltzerstörung und Korruption. Eine reiche Elite und das Militär beherrschen die meisten Staaten. Sie erwiesen sich in der Geschichte auch als diktaturanfällig.
Die USA übten in einzelnen Staaten starken Einfluss aus. Die wirtschaftliche Abhängigkeit von Amerika ließ diese Länder zu so genannten Bananenrepubliken werden.

6 Die Achtzigerjahre – Rückfall in den Kalten Krieg?

6.1 Der sowjetische Einmarsch in Afghanistan

Eine schwere Krise für die weltweite Entspannungspolitik bedeutete der Einmarsch der Sowjetunion in Afghanistan Weihnachten 1979. Dort war die kommunistische Regierung durch islamistischen Widerstand in Schwierigkeiten geraten. Für die Rote Armee war Afghanistan kein Erfolg. Sie kämpfte zehn Jahre lang gegen eine schwer greifbare islamistische Guerilla.

6.2 Der NATO-Doppelbeschluss

NATO-Doppelbeschluss: Wiederaufrüstung mit modernen Atomwaffen.

Vor dem Hintergrund der Afghanistankrise mussten westliche Geheimdienste feststellen, dass die Sowjetunion trotz aller Entspannungspolitik und der SALT-Gespräche stark aufgerüstet hatte. Ab 1976 hatte sie zielstrebig ihre Mittelstreckenwaffen auf den modernen Typ SS 20 umgerüstet. Diese stationierten die Sowjets in der DDR und anderen Ostblockstaaten und bedrohten so ganz Westeuropa. Die Erkenntnis bewirkte einen Schock in der westlichen Öffentlichkeit und Politik. 1982/83 fasste die NATO ihren Doppelbeschluss: Wiederaufrüstung mit modernen Atomwaffen und Rüstungskontrollgespräche. Als die Sowjetunion keinen Abrüstungswillen erkennen ließ, trat der zweite Teil des Beschlusses in Kraft, die so genannte Nachrüstung. In der Bundesrepublik Deutschland, Belgien, Großbritannien und Italien wurden Atomraketen aufgestellt.

6.3 Die Entwicklung im Nahen Osten

Der Golfkrieg 1991

Am 2. August 1990 marschierten irakische Truppen auf Befehl ihres Diktators Saddam Hussein in Kuwait ein und nahmen die Ölfelder in Besitz. Die UNO verhängte einen Wirtschafts- und Handelsboykott gegen den Irak und forderte das Land auf, seine Truppen bis zum 15. Januar 1991 aus Kuwait abzuziehen. Doch der vom Westen gegen den islamistischen Iran aufgerüstete Irak fühlte sich stark genug, das Ultimatum zu ignorieren. Die USA unter Präsident George Bush machten sich aus weltpolitischem Interesse an der wegen des Öls wichtigen Golfregion zum Anwalt Kuwaits. Am 17. Januar 1991 leiteten sie die »Operation Desert Storm« (Operation Wüstensturm), den Angriff auf den Irak ein. Im Februar gab Saddam Hussein auf und zog die irakischen Truppen aus Kuwait ab.

2. August 1990: Einmarsch irakischer Truppen in Kuwait.

1991: USA beginnen Angriff auf Irak.

Der islamische Fundamentalismus

Überall in der arabischen Welt förderten die Geistlichen eine fundamentalistische Richtung des Islam, die den Koran in einer strengen Auslegung zur Richtschnur der Politik machte. Diese religiös motivierte Bewegung wuchs in allen muslimischen Staaten zu einem ernst zu nehmenden politischen Faktor an. Islamisten versuchten in mehreren Staaten die Macht zu übernehmen. Teilweise gingen islamistische Gruppen durch Terroranschläge in Staaten vor, die ihre radikalen Ansichten nicht übernehmen mochten.

1978/79 führten iranische Fundamentalisten in Persien einen islamischen Volksaufstand gegen das unpopuläre Regime des Schahs Reza Pahlewi durch. Leiter und geistiges Oberhaupt der Bewegung war Ayatollah Khomeini. Die Geistlichen diktierten in der Islamischen Republik Iran das gesellschaftliche und politische Leben.

Strenge Koranauslegung als Richtschnur der Politik.

Westlich orientierte Politiker und Intellektuelle sind islamistischem Terror ausgesetzt.

1. April 1979: Khomeini ruft die Islamische Republik Iran aus.

Israel und die PLO

Seit 1987 Intifada gegen Israel. 1988: PLO ruft Palästinenserstaat aus.

1988 rief die PLO im Westjordanland und im Gazastreifen einen eigenen Palästinenserstaat aus und kämpft seither für dessen Anerkennung. Seit 1987 läuft die Intifada, ein von der PLO gelenkter Aufstand meist jugendlicher männlicher Palästinenser, die immer wieder Konflikte mit Israel provozieren. Der israelische Ministerpräsident Rabin und PLO-Chef Arafat unterzeichneten am 4. Mai 1994 das Gaza-Jericho-Abkommen, das den Palästinensern im Gazastreifen und im Westjordanland um Jericho Selbstbestimmung einräumt. Yizhak Rabin wurde 1995 von einem fanatischen orthodoxen Juden ermordet.

7 Die Welt um die Jahrtausendwende

7.1 Modernisierung der Wirtschaft in China

Reformen für die Wirtschaft, aber keine Liberalisierung der Gesellschaft.

Nach Maos Tod 1976 wurde Deng Xiaoping vom gemäßigten Reformflügel der KP zum mächtigsten Politiker. Er begann eine Reform, um Anschluss an die führenden Industrieländer zu finden. In bescheidenen Grenzen wurden marktwirtschaftliche Anreize wie Leistungsprämien und private Kleinbetriebe eingeführt. Nicht gewollt war aber eine Liberalisierung der Gesellschaft. Die chinesische Demokratie- und Bürgerrechtsbewegung wurde immer wieder unterdrückt. Den Gipfelpunkt bildete das Massaker auf dem Platz des Himmlischen Friedens in Peking, wo am 4. Juni 1989 demonstrierende Studenten von der Armee niedergeschossen wurden. Auch die anschließende Säuberungswelle kostete viele Opfer. Für die freie Welt ergab sich daraus ein bis heute bestehendes moralisches Dilemma: Bei den erhofften guten Geschäften in dem riesigen Markt China stört die Frage nach den Menschenrechten.

4. Juni 1989: Massaker auf dem Platz des Himmlischen Friedens in Peking.

7.2 Entwicklung in Europa
Die Ära Gorbatschow und der Umbruch in Osteuropa

1982 starb der sowjetische Staats- und Parteichef Leonid Breschnew. Seine beiden Nachfolger waren krank und nur kurze Zeit im Amt. Die sowjetische Führungskrise fand erst 1985 mit der Wahl von Michail Sergejewitsch Gorbatschow zum Generalsekretär der KPdSU ihr Ende.

11. März 1985: Michail Gorbatschow wird Generalsekretär der KPdSU; Reformen durch »Glasnost« und »Perestrojka«.

Er führte sein Land zu überfälligen Reformen, die er mit den Schlagworten »Glasnost« (Klarheit, Transparenz) und »Perestrojka« (Umbau) beschrieb. Dem Westen kündigte er Abrüstungsverhandlungen und einseitige Abrüstungsschritte an. Daraus entwickelten sich 1991 der START-I- und 1993 der START-II-Vertrag (Strategic Arms Reduction Talks), in denen eine Verringerung der Atomwaffen um 66 Prozent vereinbart wurde. Allmählich, nicht zuletzt durch die Ereignisse in Deutschland, wurde klar, dass er nicht mehr bereit war, Freiheitsbewegungen in den Staaten des Warschauer Pakts mit Waffengewalt niederzuschlagen. Die Staaten des Warschauer Pakts, der Pakt als solcher, selbst die Einheit der Staaten der UdSSR lösten sich auf. Die baltischen Länder erlangten nach 50 Jahren ihre Selbstständigkeit wieder.

Für seine großen Verdienste um den Weltfrieden wurde Michail Gorbatschow 1990 der Friedensnobelpreis verliehen.

Im Sommer 1991 kam es zu einem Putschversuch in Russland. Gorbatschow wurde gefangen gesetzt. In Moskau konnte sich der russische Präsident Boris Jelzin mithilfe der Bevölkerung gegen den Angriff behaupten. Die UdSSR löste sich zum Jahresende 1991 auf.

Sommer 1991: Putschversuch von Regierungsmitgliedern; Boris Jelzin wird Präsident.

Im Dezember 1991 schloss sich ein Teil der ehemaligen Sowjetrepubliken zu einer Gemeinschaft unabhängiger Staaten (GUS) unter russischer Führung zusammen. Russland führte unter den Präsidenten Jelzin und Putin einen blutigen Krieg gegen die abtrünnige Teilrepublik Tschetschenien. Die Nationalitätenkonflikte und die katastrophale wirtschaftliche Lage sind die großen Probleme sowjetischer Innenpolitik. Nationalismus, Angst vor einem Verlust an internationaler Bedeutung und des Status als Supermacht bestimmen in der Gegenwart das Bild der Sowjetunion.

Dezember 1991: Zusammenschluss der Gemeinschaft unabhängiger Staaten (GUS) unter russischer Führung.

Nationalitätenprobleme

Nach dem Zerfall der Sowjetunion bildeten sich in Europa zahlreiche Staaten neu. Innerhalb dieser Gruppe teilte sich 1992 die Tschechoslowakei in zwei selbstständige Staaten auf: Tschechien und die Slowakei.

Im ehemaligen Jugoslawien wurde aus nationalistischem Wahn und Gewinnsucht Krieg geführt. Der Serbenführer Slobodan Milosevic, Präsident Jugoslawiens bis 2000, und der kroatische Präsident Franjo Tudjman versuchten durch Gewalt ihre Einflussbereiche auf Kosten des zerfallenen sozialistischen Staats zu erweitern. Serbien rechtfertigte seine Gewalttaten gegen Kroatien, das zu 90 Prozent von Albanern bewohnte Kosovo und Bosnien-Herzegowina mit dem Schutz serbischer Minderheiten. Wegen der Morde und Massenvergewaltigungen gegen die Zivilbevölkerung griff die westliche Welt zweimal ein. 1995 wurde auf amerikanische Vermittlung das Abkommen von Dayton geschlossen. Es sah eine von der UNO zu überwachende Aufteilung Bosnien-Herzegowinas in eine muslimisch-kroatische und eine serbische Hälfte vor. 1999 entschloss sich die NATO angesichts serbischer Massenmorde und riesiger Flüchtlingsströme zu Luftangriffen auf das Kosovo. Anschließend sorgten internationale Truppen für die Entwaffnung der serbischen Verbände. Nach Wahlfälschungen im Jahr 2000 zeigten die Serben in Demonstrationen Milosevic und seinem Regime ihre Ablehnung und wählten sich frei ihre eigene Regierung.

Krieg in Jugoslawien; Morde und Massenvergewaltigungen.

1999: Luftangriffe der NATO auf das Kosovo, Entwaffnung serbischer Verbände.

Die Erweiterung der EG zur EU

Im Vertrag von Maastricht 1991 wurden erweiterte Kompetenzen für die Europäische Gemeinschaft beschlossen, die seit 1993 Europäische Union (EU) heißt. Die Einführung der gemeinsamen Währung des Euro als offizielles Zahlungsmittel wurde für 2002 festgelegt. 1995 kamen Finnland, Österreich und Schweden als neue Mitglieder hinzu. Viele osteuropäische Länder haben inzwischen Antrag auf die Mitgliedschaft in der EU gestellt. Mit Polen, Ungarn, Tschechien und der Slowakei, den Baltenrepubliken sowie Bulgarien und Rumänien laufen Beitrittsverhandlungen.

Einführung des Euro als gemeinsame Währung am 1.1.2002.

Auf einen Blick: Die zweite Hälfte des 20. Jahrhunderts

1945

- 26. Juni: Gründung der UNO.

1949

- 4. April: Gründung der NATO.

1951

- Gründung der Europäischen Gemeinschaft für Kohle und Stahl (Montanunion).

1955

- 14. Mai: Gründung des Warschauer Pakts der sozialistischen Staaten Europas.

1956

- Oktober/November: Aufstand in Ungarn wird niedergeschlagen.

1957

- 25. März: Gründung der Europäischen Wirtschaftsgemeinschaft (EWG).

1959

- Kommunistische Machtübernahme in Kuba unter Fidel Castro.

1961

- 14. August: Mauerbau in Berlin.

1962

- 15.–28. Oktober: Kubakrise wegen der Stationierung russischer Raketen auf Kuba.

1964

- Eintritt der USA in den Vietnamkrieg (bis 1973).

1966

- Beginn der Chinesischen Kulturrevolution (bis 1976).

1967

- 5.–11. Juni: Sechstagekrieg Israels gegen Ägypten und Syrien.
- Gründung der Europäischen Gemeinschaft (EG).

1968

- Prager Frühling. Die Reformbewegung unter Alexander Dubcek wird gestoppt.

1973

- 6.–22./25. Oktober: Yom-Kippur-Krieg Ägyptens und Syriens gegen Israel.
- Pariser Abkommen. Die USA ziehen ihre Truppen aus Vietnam ab.

1975

- Die KSZE-Schlussakte von Helsinki.

1979

- Camp-David-Abkommen zwischen Israel und Ägypten.
- 24. Dezember: Sowjetischer Einmarsch in Afghanistan.

1980

- Solidarnoscaufstand in Polen. Danach Verhängung des Kriegsrechts.

1982

- NATO-Doppelbeschluss: Verhandlungen mit der UdSSR und atomare Nachrüstung in Europa.

1989

- 4. Juni: Massaker auf dem Platz des Himmlischen Friedens in Peking. Der Staat lässt demonstrierende Studenten niederschießen.
- November/Dezember: In der DDR, Tschechoslowakei, in Polen, Ungarn und Rumänien stürzen die Menschen die sozialistischen Regime.

1991

- 17. Januar: Golfkrieg. Internationale Truppen unter den USA verdrängen den Irak aus Kuwait.
- 31. Dezember: Selbstauflösung der Sowjetunion.

1993

- Erweiterung der EG zur Europäischen Union (EU).

Fotonachweis

S. 14 (Nofretete): Interfoto Pressebild-Agentur Bildarchiv, München
S. 25 (Akropolis): Keystone Pressedienst, Hamburg
S. 47 (Caesar): Interfoto
S. 57 (Heinrich VII. im Kampf gegen die Mailänder): Interfoto
S. 72 (Castel del Monte): Keystone
S. 100 (Jakob Fugger): Interfoto
S. 105 (Ludwig IV.): Interfoto
S. 132 (Wiener Kongress): Interfoto
S. 142 (Frankfurter Paulskirche): Interfoto
S. 147 (Industrieszene): ILN (The Illustrated London News)
S. 153 (Kaiserproklamation): Interfoto
S. 161 (Bismarck): ILN
S. 165 (Wilhelm II.): ILN
S. 168 (Attentat Sarajewo): ILN
S. 177: »Stützen der Gesellschaft« von George Grosz; Interfoto
S. 189 (Inflation): ILN
S. 193 (Reichsparteitag): Interfoto
S. 196 (Hitler): ILN
S. 205 (Münchner Abkommen): ILN
S. 217 (Ruinen Köln): Bundespresseamt (Presse- und Informationsamt der Bundesregierung, Bundesbildstelle, Berlin)
S. 223 (Nürnberger Gerichtshof): ILN
S. 229 (Berliner Luftbrücke): Bundespresseamt
S. 233 (Berliner Mauer): Bundespresseamt
S. 241 (Volkspolizist): Interfoto
S. 251 (Montagsdemonstration): Bundespresseamt
S. 257 (Unterzeichnung UN-Charta): Keystone
S. 267 (Mao Tse-tung): ILN

Register

W

X

Y

Z